DIE SIND JA NACKT!
KEINE ANGST, DIE
WOLLEN NUR SPIELEN.

GEBRAUCHS-
ANWEISUNG FÜRS
THEATER

Für B. L. und C. S.

Erste Auflage 2009
© 2009 DuMont Buchverlag, Köln
Alle Rechte vorbehalten

Titelillustration: PERSCHEID / Distr. Bulls
Layout: Neil Holt
Umschlaggestaltung: Christine Sieber
Gedruckt auf säurefreiem und
chlorfrei gebleichtem Papier
Druck und Verarbeitung: B.o.s.s
Druck und Medien GmbH, Goch

Printed in Germany
ISBN 978-3-8321-8066-9

DIE SIND JA NACKT! KEINE ANGST, DIE WOLLEN NUR SPIELEN.

GEBRAUCHS- ANWEISUNG FÜRS THEATER

Peter Michalzik

DUMONT

INHALT

9 EINLEITUNG

22 KAPITEL 1
WAS IST EIN SCHAUSPIELER?

54 KAPITEL 2
ERLEBNISSE IM PARKETT

82 KAPITEL 3
WORAUS THEATER ZUSAMMENGESETZT IST

112 KAPITEL 4
REGIESPRACHEN: DER MARKT DER MARKEN
115 René Pollesch
123 Nicolas Stemann
124 Christoph Schlingensief
135 Frank Castorf
144 Christoph Marthaler
152 Andreas Kriegenburg und Armin Petras
160 Rimini Protokoll, Volker Lösch und ein paar andere
167 Luk Perceval
172 Johan Simons
178 Alte Meister
187 Jürgen Gosch
194 Stefan Pucher

206 KAPITEL 5
DAS DRAMA MIT DEN DRAMATIKERN

228 KAPITEL 6
ALTE STÜCKE

255 NACHWORT MIT MICROPORT

262 FOTO- UND BILDNACHWEIS

EINLEITUNG

Wenn ein Mann leicht bekleidet oder nackt vor einer größeren Menschenmenge steht, ist man entweder auf einer Strip-Party, einer Off-Fashion-Show oder im Theater. Am wahrscheinlichsten ist allerdings das Theater. Man kann es immer noch nicht ganz glauben, was da geschieht: Es sitzt eine größere Menge Menschen im abgedunkelten Raum und vorne, im Licht, steht einer, sagt und macht irgendetwas und lässt nebenbei sein Gemächt an der frischen Luft baumeln. Schön sieht das nicht aus.

Wenn der Mann oder die Männer dann auch noch furzen, koten, sich umbringen und Frauenkleider anziehen, kann man ziemlich sicher davon ausgehen, dass man wirklich im guten alten deutschen Stadttheater ist. Da hat man das Abo aufs Nackte. Offenbar eine unverbrüchliche Konstante.

Wie hat man sich einmal darüber aufgeregt! Wie lange ist das schon her! Meine erste Erinnerung an Nackte auf der Bühne muss knapp vierzig Jahre alt sein. Meine Eltern kamen aus dem Theater, ich war noch wach und sie, wahrscheinlich mein Vater, sagten etwas wie:»Schon wieder Nackte!« Er war wütend und enttäuscht.

Oho, dachte ich damals in meinem Kinderbett. Ich verstand nicht viel, aber es klang irgendwie aufregend. Viel hat sich seitdem nicht geändert. Die Nackten sind im Theater geblieben, anrüchig ist das nicht mehr, die Zuschauer sind gleichgültiger geworden. Nur dass man auch sonst überall Nackte zu sehen und zu kaufen bekommt, ist heute wirklich anders.

Vor ein paar Jahren gab es in Düsseldorf, eine Stadt, deren Theater in den letzten Jahren sonst eher wenig von sich reden gemacht hat, noch einmal eine Aufführung mit Nackten, die für Aufregung sorgte. Man ließ damals ja auch nichts aus. Das Erste, was die Männer, es waren wirklich nur Männer auf der Bühne, taten, als sie auftraten, war, sich auszuziehen. Sie blieben dann den Rest der Aufführung nackt, später lief ihnen der flüssige Kot an den Beinen herunter oder sie hatten

Frauenkleider und Pumps an. Es wurde geschissen, gepisst, gekotzt, geblutet. Das alles zelebrierte die Aufführung mit dem verfeinerten Gestus des Connaisseurs. Sabbern und Suddeln mit abgespreiztem kleinem Finger sozusagen, Ferkeleien mit Hautgout.

Diese Aufführung, es war der *Macbeth* von Jürgen Gosch, brachte das Publikumsblut noch einmal gehörig in Wallung. Zuschauer verließen entrüstet den Saal, Zeitungen schäumten. Blut, Kot und Sperma waren die Schlagworte, da hatten wir es wieder, das große alte Thema: Das deutsche Stadttheater, dieser hoch subventionierte Betrieb, ist Schweinkram, ein Saustall privater Perversionen.

Man kann sich darauf verlassen: Ziemlich genau seit im Theater öffentlich geschissen und gevögelt wird, gibt es die Diskussion um die Subvention. Dafür sollen wir auch noch Geld ausgeben? Pflegt man Goethe, ist das Geld doch irgendwie gut angelegt. Aber so?

■ Ferkeleien mit Hautgout: Jürgen Goschs *Macbeth* in Düsseldorf brachte noch einmal das Theaterblut in Wallung. Der Mann mit der Krone ist Ernst Stötzner.

Tatsächlich ist das deutsche Theater das beste und reichste Theater der Welt. Nirgendwo gibt es so viele Bühnen, nirgendwo sind sie so gut ausgestattet, nirgendwo gibt es so viel gutes und unterschiedliches Theater zu sehen. Aber das deutsche Theater befindet sich auch seit Jahrzehnten in einer Krise, man könnte auch sagen, es steckt in einer ziemlich beschissenen Situation.

Das Theater ist bedroht. Sparen geht kaum mehr, nach Jahrzehnten der Kürzung. Schauspieler verdienen beim Fernsehen am Tag das, was sie im Theater in einem Monat bekommen. Skandale regen niemanden mehr auf. Die Klassikerinterpretation, jahrzehntelang das Rückgrat jedes ambitionierten Spielplans, droht sich zu erschöpfen. Neue Theaterstücke erzählen oft viel vom Autor und wenig von der Welt. Neobürger gefallen sich darin, das Theater für eine minderwertige Kunst zu halten und einzig Aufführungen gelten zu lesen, die ein lebendiges Theatermuseum sind.

Von allen Seiten wird das Theater in die Mangel genommen. Sogar das Theater selbst hasst das Theater. An der Berliner Volksbühne, lange Jahre das führende deutsche Stadttheater, schimpft man regelmäßig auf das Stadttheater. Es gehört sozusagen zum guten Ton. Theaterregisseure kommen sich besonders originell und mutig vor, wenn sie öffentlich sagen, dass sie privat lieber ins Kino gehen. Als ob es etwas Besonderes wäre, dass man in seiner Freizeit nicht so gern in seine Arbeitsstätte geht.

Hollywoodschauspieler denken tatsächlich, dass man keine Beschäftigung hat, wenn man Theater macht. Unser amtierender Bundespräsident soll nach einer Vorstellung in Berlin, der er beiwohnte, hinter die Bühne gekommen sein und die Schauspieler gefragt haben, was sie denn hauptberuflich machen. Vielleicht sollte dem Herrn Köhler mal jemand sagen, dass das zwar keine Spitzenverdiener sind, aber dass sie einem alten ehrwürdigen Beruf nachgehen, älter jedenfalls als Bundespräsident. Und an manchen Unis, in den sogenannten Instituten für Theaterwissenschaften, sind sie so performativ-experimentell-postdramatisch oder sonst was drauf, dass sie es für einen Verrat am Guten, Wahren und Schönen halten, wenn man im Theater einen Klassiker aufführt. So als würde man damit direkt die Monarchie wieder einführen. Es ist schon bitter: Alle, wirklich alle schimpfen auf das Theater. Was hat es uns nur getan, das liebe kleine deutsche Theater?

So ist der Besuch eines Theaters über die Jahre etwas diffus Problematisches geworden. Man denkt an Bildung, man denkt an Kunst, man denkt an wichtige Gefühle und Gedanken, Faust und Hamlet, man denkt daran, dass man da etwas verstehen muss und dass man hinterher am besten etwas Kluges sagt. Man denkt, dass man selbst ein Dramaturg sein muss, wenn man ins Theater geht. Und bleibt zu Hause.

In den öffentlichen Diskussionen, die in den vergangenen Jahren über das Theater geführt wurden, geht es immer wieder um Nackte und Blut. Als ob das das Einzige wäre, was man dort zu sehen bekommt. Manchmal geht es noch um Regisseure, die nur noch ihren Obsessionen folgen. Es wird über die Zerstörung und Verhunzung der schönen alten Stücke geklagt. Es geht um ein Theater, in dem angeblich keine Menschen mehr gezeigt werden, sondern schlaue Ideen. Man hört sich das an und spürt wieder: Langeweile. Man weiß sicher, dass man dort nicht hinmöchte. Man denkt an undurchschaubares Zeug, das nach Kunst aussieht und das man nicht versteht. Kunst, wenn man das Wort in diesem Zusammenhang schon hört, schwups, bekommt man schon ein ungutes Gefühl. Und bleibt immer noch zu Hause.

Aber damit hier keine Missverständnisse aufkommen: Langweilige Klassikerrezitationen will man natürlich auch nicht. So toll ist es ja nun auch wieder nicht, stundenlang den Schönheiten alter Texte zu lauschen, als seien sie Bibeln des Bürgertums, die man sich immer wieder vorsagen muss.

Nein, in Wahrheit ist es ganz einfach: Es ist die Lust, die einem abgeht, wenn man ans Theater denkt. Man erwartet nicht, dass man starke Gefühle hat, dass man wirklich lachen muss, dass man richtig zum Nachdenken angeregt wird, dass man überrascht wird, dass man aus der Fassung gerät, wenn man ins Theater geht. Wenn man danach gefragt wird, wann man das letzte Mal im Theater war, sagt man, als sei man ertappt worden, dass man schon manchmal ins Theater gehe, eigentlich, aber dass man jetzt schon länger nicht mehr da gewesen sei. »Ich habe das Theater immer sehr geliebt, und dennoch gehe ich fast nie mehr hin«, hat der französische Literaturwissenschaftler Roland Barthes 1965 geschrieben. Mit seinem schön melancholischen Satz hat er früh ein eigenartiges Grundgefühl auf den Punkt gebracht.

Irgendwie ist Theater also von einer Lustbarkeit zu einer Last geworden. Ein wenig hat sich das in den vergangenen Jahren zu wenden begonnen, es wird wieder mehr gelacht, gefühlt und gestaunt im Theater, aber die Defizite, die Jahrzehnte der Theaterunlust und -flucht hinterlassen haben, sind unübersehbar und tiefgehend: Die Kunst des Theaterbesuchs, das selbstverständliche Wissen um das richtige Verhalten in Foyer und Parkett, das Spiel mit jenen Regeln, die das Ganze erst zu einem Genuss macht, ist verloren gegangen. Man nimmt das Theater nicht mehr wahr.

Wir sind eine Gesellschaft von Theaterentwöhnten. Die Kenntnis von den Grundbegriffen der Bühne, worauf kommt es grundsätzlich an, wenn man ins Theater geht, was macht das Theater zu einem Genuss, was machen die da vorne eigentlich, in welchen Sprachen wird heute im Theater gesprochen, ist nur noch bei einem kleinen Insiderkreis vorhanden. Das ist kein Wunder: Wenn alle auf das Theater schimpfen, woher sollen Lust, Liebe, Kenntnis und Erkenntnis kommen? Das macht es dem guten und dem neuen Theater schwer, erkannt zu werden. Vielleicht ist Teufelskreis für diesen Zusammenhang dann doch ein zu großes Wort, aber dass wir uns in einem Kreislauf aus Überdruss und Missachtung bewegen, ist unübersehbar.

Es geht in diesem Buch darum, jene Momente zu finden und wiederzufinden, die das Herz des Theaters sind. Es geht um Handreichungen für den Theaterbesuch. Das aktuelle Theater ist besser als sein Ruf, dieses kleine Buch hilft, das zu sehen. Es möchte Lust machen, es möchte die Augen öffnen. Es ist eine Einladung: Das Theater öffnet seine Arme, um Sie zu empfangen. Dazu erinnert das Buch Sie daran, was Sie im Grunde wissen, aber was zurzeit vergessen wird: was das Theater ist.

Dies Buch ist also eine Gebrauchsanweisung für das Theater, ein Lehrbuch meinetwegen auch. Aber da es ja das Theater wiederentdecken will, muss es auch eine Polemik sein. Eine Polemik gegen die Feinde des Theaters. Denn die sind mitten unter uns. Sie sitzen nicht in den Kulturverwaltungen, wo man ans Sparen denkt. Es sind auch nicht die, die zu Hause bleiben. Die Feinde des Theaters kommen von unterschiedlichen Seiten, sie können sogar im Parkett sitzen. Selten sind es die Ignoranten, meistens die Ideologen. Wir werden im Verlauf des Buches einige von ihnen kennenlernen.

Hier geht es aber nicht um eine Debatte über Theater. Das Theater braucht keine Debatten mehr. Erst am Ende macht sich das Buch ein paar Gedanken über den Skandal. Es versucht sich auch nicht an einer Theorie. Es tut nicht mehr, als das Selbstverständliche so zu formulieren, dass man es wieder versteht. Theater ist, wenn Sie einem Schauspieler zuschauen. Solche Wahrheiten sind sehr einfach und darum geht es. Auch im Theater gibt es jene Art einfacher Wahrheiten, die den Fußball meistens zu so einer runden und klaren Sache machen. Deswegen soll und muss hier auch zunächst vom Schauspieler die Rede sein. Er ist das Theater.

Dann aber muss sofort vom Zuschauer geredet werden, denn der Zuschauer ist genauso wichtig für das Theater wie der Schauspieler.

Das Theater kann auf alles verzichten, nicht aber auf den Schauspieler und den Zuschauer. Dass die Zuschauer das Zuschauen verlernen, genau das gehört zu den Dingen, die das Theater heute bedrohen.

Und dann, wenn wir den Schauspieler und den Zuschauer als das Zentrum der Veranstaltung vergegenwärtigt haben, dann wandern wir einmal durch das Theater selbst, nicht durch den Bau, sondern durch die Elemente des Theaters, die Situationen, Zutaten und Regeln, aus denen Theater heute gemacht wird. Es folgen ein paar Erläuterungen zu den aktuellen Regiesprachen, gefolgt von Gedanken über neue und alte Stücke. Dabei geht es hier nie um Vollständigkeit, nie um Tiefgründigkeit, nie um Theorie, aber es geht darum, einmal das Gebiet des heutigen Theaters durchwandert zu haben, einmal so weit gegangen zu sein, dass man sich hier wieder ein bisschen zu Hause fühlen kann.

Dieses Buch legt meine Sicht des Theaters dar, so wie ich es seit einigen Jahren erlebe. Es sagt, warum ich Theater für eines der schönsten Dinge halte, mit denen man sich beschäftigen kann. Das Buch soll meinen Spaß am Theater vermitteln, den klein karierten Streit um das Theater hinter sich lassen. Es ist nicht lang, es hasst Rechthaberei, es ist subjektiv, es ist angreifbar, es ist alles andere als vollständig. Das Buch ist eine Einladung, es will den Raum wieder erfinden, den man betritt, wenn man ins Theater geht. Dieser Raum ist nicht nur der Theaterbau, er ist auch mehr als ein geistiger und emotionaler Raum, es ist ein Raum der Sitten. Sitten sind im Theater wichtig, denn sie sind in Form und Konvention geronnene Gebräuche. Sie sind der wesentliche Teil der unausgesprochenen Übereinkünfte einer Gesellschaft.

Es wird erzählt und geplaudert, aber es wird nicht gerechtet oder argumentiert. Eine Anekdote ist willkommen, eine Grundsatzerörterung nicht. Das Theater kann die grundsätzlichen Fragestellungen nicht mehr hören, es kann sie nicht mehr brauchen. Sie laufen seinem Geist

■ Die Schnösel vom Wiener Burgtheater reden über einen, der Benedict heißt. Der Mann mit dem Bauch ist Nicolas Ofczarek, das Stück *Viel Lärm um Nichts*.

zuwider. Das Theater ist ein Zwitter, es liebt die Zweideutigkeit, es ist keine Philosophie, kein Manifest, keine Politik. Dieses Buch will kein Theaterführer sein, sondern ein Theaterverführer.

Wenn ich mir eine Situation vorstelle, die für mich für das Theater steht, muss ich an den 9. Dezember 2006 in Wien denken. Die Stadt strahlte an diesem Abend erleuchtet von unzähligen Glühbirnen, wunderschön. Die Stimmung war entspannt. Im Theater, es war das Burgtheater, war die Bühne nackt. Sie war nicht nur leer, sie war nackt. Wenn es je einen Raum ohne Mauern, ohne Wände und alle anderen Arten von Sichtschutz gab, dann hier, in diesem Moment. Ein paar Schnösel redeten da über jemanden, der Benedict heißt. Sie sagten, dass er ein hartherziger Mensch sei. Offenbar war der Benedict ebenfalls ein Schnösel. Ihr Freund schien er auch zu sein.

Der Witz aber war ein anderer. Die Schnösel redeten und sie wussten dabei, dass dieser Benedict ihnen zuhörte. Das war im Übrigen auch allen anderen klar, die an diesem Abend im Burgtheater waren, so um die tausend Zuschauer also. Der Benedict saß ja direkt neben den Schnöseln. Und natürlich wussten die Schnösel auch, dass der Benedict wusste, dass sie das wussten. Wie das bei solchen Spielchen halt ist. Er konnte sie ja auch sehen, und er konnte sehen, dass sie ihn sehen.

Da konnte der Benedict gleich zwischen ihnen sitzen, was er dann auch tat, und sie konnten immer noch so tun, als sei er nicht da. Ein altes und altbekanntes, aber merkwürdigerweise auch immer wieder junges und frisches Spiel war das, das da aufgeführt wurde. Die Schnösel erzählten sich, wie sehr die Beatrice trotz alledem in den Benedict verliebt sei und wie schrecklich es sei, dass er nichts von ihr wissen wolle. Sie wussten, dass er weiß, dass das erfunden ist, und sie wussten, dass er ihnen am Ende doch glauben würde.

Hier wurde also alles gewusst, gesehen und erkannt, jeder sah jeden, und doch musste man nur ein Wort sagen, und schwupp, war der Benedict trotz seiner bisherigen Sprüche in die Beatrice verliebt. Amor vincit omnia, über alles siegt die Liebe, heißt ein alter Spruch. Er findet sich das erste Mal bei Vergil. Daraus ist ein immerwährendes Komödienmotiv geworden, das oft sehr harmlos wirkt. Aber in der Szene im Burgtheater war dieses Motiv nicht nur liebenswert, sondern auch brisant. Denn in der Szene steckte noch etwas anderes, was dann ganz und gar nicht mehr harmlos ist: Liebe, dein Name ist Verblendung, sagte sie. Auch Liebe kann Lüge sein. Auch Lüge kann Liebe sein. Man kann sich alles, auch das intensivste Gefühl, vormachen.

Tausend Augenpaare schauten, wie gesagt, dabei zu. Und niemand im Publikum dachte, so ein Schwachsinn, der weiß doch, dass die ihn verliebt machen wollen. Ja klar weiß er es, aber es funktioniert trotzdem. Mehr noch: Sie führten uns vor, wie Theater funktioniert. Wir machen uns gemeinsam etwas vor.

Die Szene ist auch ein Bild der Verblendung, die wir sehenden Auges immer und immer wieder eingehen, und sie ist ein Bild der grenzenlosen Macht der Vorstellungskraft. Was wir uns gemeinsam vorstellen, das ist so. Es ist eines der ältesten Spiele des Theaters, ein in zahlreichen Variationen gespieltes Spiel, jeder kennt es, aber wenn es von den Schauspielern so gespielt wird wie damals im Dezember, dann ist es lustig wie beim ersten Mal.

Die Schauspieler taten damals auf der Bühne miteinander, was sie sonst mit den Zuschauern immer tun. Sie taten so, als seien die anderen nicht da. Dadurch, es ist ein uraltes Gesetz des Theaters, sind die anderen, also wir, die Zuschauer, dann ganz besonders da. Manchmal taten die Schnösel aber auch gar nicht so, als seien die anderen nicht da, dann sprachen sie direkt zum Benedict oder zu uns. Da zeigte sich dann, was das Ganze ist: Es ist das Her-weg-Spiel, du bist da, du bist nicht da, du siehst mich, du siehst mich nicht, es ist vielleicht das älteste Spiel, das es gibt, Sigmund Freud hat es von seiner kleinen Nichte beschrieben, jeder Flirt baut darauf auf, Shakespeare hat seine Stücke daraus gebaut, das Barock war daraus gemacht. Es ist jener Moment, in dem das Kind sich die Augen zuhält, meint, dass man es nicht mehr sieht, und vor Lust schreit, wenn man es findet.

Das ist einer der originären Momente des Theaters, naiv und obszön, kreischend und philosophisch, melancholisch und über-dreht, vielschichtig und banal, offensichtlich und geheimnisvoll. Der Moment ist sozusagen ein grundlegender Baustein der Grammatik des Theaters, etwas, das immer entsteht, wenn es Theater gibt.

KAPITEL 1

WAS IST EIN SCHAUSPIELER?

Von Natur aus ist er weder Verführer noch Charmeur. Einfühlung ist auch nicht seine Stärke. Er ist groß, seine Haut ist bleich und er muss einmal ziemlich ungelenk gewesen sein. Er wirkt fahrig, die ihn nur von der Bühne her kennen, denken sich ihn eher als den anstrengenden Typ. Und trotzdem wird Joachim Meyerhoff geliebt. Der Regisseur Jan Bosse ist auch nach Jahren der Zusammenarbeit immer noch darüber erstaunt, wie sehr Meyerhoff geliebt wird. Am meisten geliebt wird er für die Rollen, die er bei Bosse spielt: Joachim Meyerhoff war der Benedict in Shakespeares *Viel Lärm um nichts* am Burgtheater, von dem in der Einleitung die Rede war, er war bei Bosse Hamlet und Mephisto.

Meyerhoffs Fähigkeit, den Menschen angenehm zu sein, ist groß. Sie ist so groß, dass ihn tatsächlich sogar die lieben, die seine Art, Theater zu spielen, eigentlich verachten. Er ist ein Protagonist des neues Theaters, des Ungestümen, des Bedingungslosen und Krassen, aber ihn lieben auch die, die Einfühltheater wollen. Meyerhoff ist einer jener Schauspieler, die die Grenzen, die im Theater seit Jahren gezogen werden, hier Gefühl, da Kunst, hier Konservatismus, dort Avantgarde, durch sein hinreißendes Spiel einreißen. Ein anderer großer Schauspieler, Sepp Bierbichler, hat vor ein paar Jahren gesagt, dass die Erneuerung des Theaters wahrscheinlich vom Schauspieler ausgehen werde. Er muss dabei an Menschen wie Joachim Meyerhoff gedacht haben.

Der großartige Hamlet, den Meyerhoff in Zürich mit Hornbrille spielte, ist von vielen bewundert worden. Der bis hin zum berühmten Monolog unendliche Male durchgekaute Text erschien hier ganz frisch – sagen Sie doch mal, schien Meyerhoff sich ans Publikum zu wenden, was ist nun besser, ein ungerechtes Schicksal zu ertragen oder sich zu wehren? Wie sehen Sie das denn? Und wir dachten mit. Dieser Hamlet bewegte sich weit in die etwas peinliche Welt des Mitmachtheaters hinein, und doch erfuhr der Zuschauer hier genau, was Denken im Theater heißen kann. Die Zeit ist aus den Fugen und ich kam, sie zu richten! Ja ja, ist ja gut, aber wie? Wie soll ich das denn machen? Haben Sie eine Idee? Meyerhoff nahm das so vollkommen ernst, dass aus dem zweifelnd gedankenschweren Melancholiker, den wir doch alle mehr oder weniger kennen, ein richtiger Denk-Maniac wurde.

Bis heute, das nur nebenbei, ist Meyerhoff in keinem Film zu sehen. Er ist wahrscheinlich der einzige ganz große Schauspieler, den Leinwand oder Fernsehen bisher nicht für sich entdeckt haben. Es muss etwas damit zu tun haben, dass er so ganz Theater ist. Er ist so unglaublich gegenwärtig, dass man sich nur schwer vorstellen kann, wie ein Film ihn einfangen soll. Natürlich kränkt ihn die Missachtung durch das Kino, wie jeden eitlen Menschen (und wer glaubt wirklich, dass man Spielen kann wie Meyerhoff und dabei nicht eitel sein kann). Aber trotzdem würde er nie mitmachen, nur um einen Film zu drehen, wenn ihn das Buch nicht überzeugte.

Niemand hat ihn entdeckt, er, der nach vielen Stationen in der Provinz sehr spät bekannt wurde und seit 2005 Burgschauspieler ist. Niemand hat ihn zu sich selbst gebracht oder erweckt. Der Schauspieler Joachim Meyerhoff hat sich selbst erschaffen. Auch er ist ein Kind der Krise des Theaters. Auch er arbeitet daran, sich an den eigenen Haaren aus dem Sumpf zu ziehen. Er hat, anfangs um seine Angst und Scheu zu überwinden, Soloabende erarbeitet, durch die er geworden ist, was er heute ist, durch die er seine Spielweise gefunden hat und die bis heute das Zentrum seiner Arbeit sind. Meyerhoff erzählt hier nur von sich und er überrascht sich dabei doch selbst. »Es ist merkwürdig, dass sich dabei die Vergangenheit für mich genauso öffnet, wie die Zukunft offen vor uns liegt.« Darin steckt natürlich ein wenig Mystik, man glaubt es ihm trotzdem aufs Wort.

In jedem der sechs Teile geht es um Verlust. Nicht Spiel, Spaß oder Show sind das eigentliche Thema der Arbeit von Joachim Meyerhoff, sondern der Tod. Man kann sich diesen Schauspieler vorstellen, wie er nachts, nach der Probe, auf der Bühne steht, wenn sie noch das Leben atmet, das gerade da war, und es doch ganz still geworden ist. Wie er sich durch diesen leeren, zugleich gähnenden und erfüllten Raum bewegt, seine Rolle noch einmal durchspielt und durchdenkt, wenn er sie ausbaut und verfeinert, Schritt für Schritt, Stein für Stein. Ihn ruft eine Mischung aus Liebe zu diesem Ort und dem handwerklichen Wunsch, die Rolle weiter zu perfektionieren.

Dieses einsame Denken, Sprechen, Gehen und Lauschen ist auch das, was Jan Bosse meint, wenn er sagt, dass Meyerhoffs Theaterkunst letztendlich Dialog mit den Toten sei. Das sollten wir uns merken, es wird uns wieder begegnen: ein Dialog mit den Toten. Heiner Müller hat darüber nachgedacht und seine ganze Theaterwelt daraus gebaut. In letzter Zeit sehen die Bühnenräume oft wie Gruften aus, in die man wie in ein Totenreich hinabsteigt. Und wirklich ist ja Theater, wenn es sich an die alten Texte wendet, immer ein Dialog mit Toten.

■ Die Zeit ist aus den Fugen und ich kam sie zu richten. Aber wie? Joachim Meyerhoff zeigte in Zürich einen sehr zeitgemäßen und komischen Hamlet.

Trotzdem ist Meyerhoff alles andere als ein esoterischer Schauspieler, er hat eine auffällige Liebe zur Spielerei und zum Kostüm. Er kommt in irgendwelchen Verkleidungen, die er sich gerade ausgedacht hat, zur Probe, um auszutesten, wie das der Figur passt. Er begreift die Verkleidung als Möglichkeit, eine Figur und damit eine Welt zu finden. Neben dieser elementaren Spiel- und Verkleidungslust ist Meyerhoff aber auch ein denkender Schauspieler. Er mag es sehr, zu denken, und er tut es dauernd. Vielleicht sind Denken und Spielen im Theater keine Gegensätze, sondern gehören zusammen.

Vielleicht liegt das Geheimnis seiner Verführungskunst darin, dass Meyerhoff vor allem das Denken sicht-, hör- und miterlebbar macht. Er baut keine Innenwelten auf, er entwickelt nicht das Innenleben seiner Figuren vor uns, sondern er macht Denkbewegungen konkret. »Sein oder Nichtsein, die Alternative ist ganz einfach«, sagt er, »aber die Welt dahinter, die kann ich nicht spielen.« Er mag Denken, er mag Schweiß, besonders aber mag er die Verbindung von beiden. Und das ist eine Verbindung, die es nur auf der Bühne gibt. »Das ist nicht domestiziert, es kann sogar etwas Monströses bekommen. Und es ist so flüchtig.«

Es ist typisch für Meyerhoff, dass er dabei an das Glück denkt, das man beim Lesen philosophischer Texte hat, wenn man einen Gedanken das erste Mal versteht und für einen Moment meint, die Welt wirklich zu begreifen. Das ist Theaterlust, diese Mischung aus Denken und Schwitzen, die dem Zuschauer in ihren besten Momenten das Gefühl gibt, etwas ganz begriffen zu haben.

Meyerhoff gibt dem Theater seine Spielwut genauso wie die metaphysische Leichtigkeit zurück. Vielleicht ist er ein für unsere Zeit typischer Theaterschauspieler. Andere spielen ähnlich: Der Hamlet, den Philipp Hochmair vor ein paar Jahren unter der Regie von Nicolas Stemann in Hannover spielte, ist ein Verwandter von Meyerhoffs Dänenprinz. Er war energetisch genauso aufgeladen, eine bis zum

Bersten gefüllte Batterie stand da auf der Bühne und suchte sich zwischen unmöglichen Alternativen zurechtzufinden. In diese Reihe würde auch der Hamlet von Christoph Schlingensief gehören, den er zunächst, als er ihn 2003 in Zürich aufführte, selbst spielen wollte. Auch Schlingensief wäre so ein aufgedrehter Kerl gewesen. Er wäre ein Beispiel für das gewesen, was Meyerhoff »Turbowichtel« nennt. Es gibt heute eine Menge Schauspieler in ganz unterschiedlichen Stücken, die auffallend hochgetunt sind, die Zylinderköpfe aufgebohrt, die Hüften tiefergelegt.

*

Tatsächlich ist die Antwort auf die Frage, was ein Schauspieler ist, aber seit Jahrzehnten verworren und sie wird immer nur noch verworrener. Verworren ist sie zunächst dadurch, dass Schauspieler längst auch Film- und Fernsehschauspieler sind, ein Metier, in dem ganz andere Regeln und Anforderungen gelten, die aber auch auf den Theaterschauspieler abfärben. Der Beruf Schauspieler hat mittlerweile zwei ziemlich unterschiedliche Anforderungsprofile, das der Bühne und das der Kamera. Das schafft neue Probleme und Herausforderungen, gibt Schauspielern aber auch ein weites Betätigungsfeld und vielfältige Verdienstmöglichkeiten.

Dummerweise prägt der durchschnittliche TV-Darsteller das Bild des Schauspielers in der Öffentlichkeit nachhaltig. Im Fernsehen ist der Schauspieler heute ein braver, bürokratenhafter Rollenvertreter. Mit dem Schauspieler im Theater hat das nicht mehr viel zu tun.

Die Verwirrung geht aber noch tiefer. Eigentlich weiß niemand mehr, worauf es beim Schauspielen ankommt und welche Rolle der Schauspieler im Theater spielt. Deswegen folgt hier zunächst ein kleiner Exkurs in die Schauspielgeschichte.

Klassischerweise ist das Schauspiel eine Unterfunktion der Rhetorik. Eine klassische Sprech- oder Schauspielausbildung übte Regeln ein, in denen einigermaßen verbindlich festgelegt war, wie über

Gestik, Mimik und Sprache bestimmte Gefühle übermittelt werden können. Das war die später so geschmähte Kunst des Deklamierens. Es gab also einmal einen mehr oder minder genauen Katalog von Regeln, nach denen sich ein Schauspieler zu richten hatte, wenn er eine Rolle in Bühnensprache übersetzte. Hast du Angst, hebe die Arme, wie wenn du einen Feind abwehrst, willst du Vertrauen erwecken, öffne die Handflächen, rufst du die Götter an, blicke nach oben, und moduliere weich, zurückhaltend und zögerlich, wenn du Zweifel darstellst.

Natürlich kann man sich darüber leicht lustig machen, man hat das ja auch oft getan. Niemand aber sollte der Meinung sein, dass es ohne diese rhetorischen Regeln der Darstellung von Gefühlen auch nur einen kleinen Moment authentischen Ausdrucks des Innenlebens geben könnte. Wir alle, im Leben mehr oder weniger großartige Schauspieler unserer selbst, richten uns andauernd nach solchen Regeln, ohne dass sie für uns jemals aufgeschrieben werden mussten. Wir haben sie nach wie vor verinnerlicht und sie ermöglichen uns bis heute, uns verständlich zu machen und adäquat auszudrücken. Ohne Sprachregeln gibt es keinen Ausdruck.

Auch im Theater hat diese Form von Rhetorik ihren Sinn. Er liegt darin, Texte für die Zuschauer transparent zu machen. Die Darstellung folgt vollständig dem Text, sie ordnet sich ihm unter und arbeitet durch Gestik, Mimik und Stimmführung den Sinn des Gesagten heraus. Ihre klassische Form fand diese Art Theater im französischen Klassizismus, dort waren die Kopf- und Handbewegungen genau vorgeschrieben, die der Schauspieler zu vollführen hatte, und seine Qualität lag in der technischen Genauigkeit, mit der er die Vorgaben erfüllte.

In den klassischen Dramen der deutschen Literatur sind solche Regeln bereits etwas aufgeweicht, aber sie sind grundsätzlich für eine solche Art des Schauspiels geschrieben worden. Goethe hatte eine ganz bestimmte Sprechkultur vor Augen. Nachdem er seine Sturm-

und-Drang-Phase hinter sich hatte, fühlte er sich immer mehr dem französischen Ideal verpflichtet. Wenn es heute – wo diese Art Sprechkultur nicht mehr praktiziert wird – immer wieder heißt, dass Schauspieler nicht mehr sprechen können oder dass sie den Sinn der Texte nicht mehr verständlich machen könnten, dann hat das immer noch mit dieser alten klassischen Formsprache zu tun. Diese Haltung hat etwas sehr Rückwärtsgewandtes – aber eben auch eine gewisse Berechtigung.

Außerdem gab es für Schauspieler lange Zeit die feststehenden Rollenfächer wie den jugendlichen Helden, den bösartigen Alten oder die zartfühlende Geliebte. Diese Rollenmuster kommen uns heute kindisch, schablonenhaft und damit grobschlächtig vor. Möglicherweise aber sind sie substanzieller, als wir denken. Jahrhundertelang, mindestens seit der Commedia dell'Arte, stellten diese Muster das Gerüst des Theaters dar, sie lebten bis weit hinein ins Literaturtheater der größten Autoren fort. Bei Shakespeare und Molière, bei den großen Spaniern, Lope de Vega und Calderón, und den Italienern, Goldoni und Gozzi, in Deutschland noch bis zu Lessing, bevölkern diese Figuren die Dramen. Auch im 19. Jahrhundert sind noch Spuren von ihnen zu finden. Und sie haben in unserer Zeit in den TV-Soaps, die weltweit das beliebteste Unterhaltungsgenre sind, eine Wiederauferstehung erlebt, die niemand, der sich ausschließlich mit der Geschichte des Theater befasste, in der diese Rollenmuster ein für alle Mal überwunden schienen, für möglich gehalten hätte.

Nun ist es lange her, dass die Regeln des deklamatorischen Sprechens und der feststehenden Rollenprofile aus der Mode gekommen sind. Schon im 18. Jahrhundert weichten sich die Regeln auf, der gesamte Körper wurde zum Instrument, die Szene drückte sich nicht mehr allein über das Wort und seine gestische Unterstreichung, sondern über das Spiel des Körpers aus. Der Schauspieler vollführte emphatische Bewegungen, der Ausdruck steigerte sich bis ins Wilde,

Ausdrucksstärke wurde das Ideal. Auch das würde heute affig wirken, wir würden vor allem das Theatralische, das Gespielte und Gekünstelte daran wahrnehmen.

Gleichzeitig ist uns aber die Leidenschaft für die Leidenschaft und die Ausdrucksstärke geblieben. Auch für uns ist ein guter Schauspieler ein leidenschaftlicher Schauspieler. Der Schauspieler, der sich für seine Rolle verzehrt und von Gefühlsstürmen entflammt ist, entspricht nach wie vor einem Ideal. Wenn er glüht und sein Gefühl verströmt, bekommen wir etwas fürs Geld. Es ist ja so: Wenn er oder sie reichlich Körperflüssigkeit auf der Bühne absondert, Tränen, Schweiß, Speichel, haben wir das Gefühl, einem Auswringen des inneren Gewebes beizuwohnen, und goutieren das. Die Hingabe, die der Schauspieler damit zeigt, ist nach wie vor Gegenstand der Bewunderung.

Dagegen begann sich, auch das schon Ende des 19. Jahrhunderts, eine Auffassung des Schauspielers durchzusetzen, die ebenfalls bis heute bestimmend ist, die immer weiter ausformuliert wurde und die sich weiter aufgefächert hat. Es geht dabei um Wahrhaftigkeit. Um etwas, das der Deklamatorik fehlt und worüber der Gefühlssturm hinwegbraust. Für das Theater war das etwas Neues: Zu fühlen, was man spielt, und so eine Wahrhaftigkeit des Ausdrucks zu erreichen, die dem rhetorischen und dem glühenden Schauspieler nicht möglich ist. Es ging um eine andere Form der Beglaubigung. Deshalb ging es um Einfühlung in die Rolle. Und das ist es, woran wir bis heute intuitiv denken, wenn wir an die Arbeit eines Schauspielers denken.

Und das genau ist auch der Punkt, wo sich der Theaterschauspieler und der durchschnittliche Fernsehschauspieler berühren. Wenn der TV-Beamte mehr oder minder glaubhaft seine Rolle abliefert, dann ist es ebenfalls genau dieses Ideal der Glaubwürdigkeit, an dem er sich orientiert. Die vielen durchschnittlichen Beispiele, die im Fernsehen zu sehen sind, führen zur Abnutzung dieser Methode. Gleichzeitig kann sich das Theater nicht von ihr lösen, da sie durch das Fernsehen sozusagen allgegenwärtig ist, sie die Seh- und Wahrnehmungsgewohnheiten des Zuschauers geprägt haben.

In Wirklichkeit ist es enorm schwierig, Glaubwürdigkeit herzustellen. Es wurden elaborierte Techniken entwickelt, wie ein Schauspieler persönliche Erfahrungen in die Arbeit an seiner Rolle übertragen kann. Konstantin Stanislawski, der Leiter des Moskauer Künstlertheaters, an dem auch Anton Tschechows große Stücke uraufgeführt wurden, war der Erste, der diese neue Auffassung vom Schauspieler in ein System überführte. Das Actor's Studio in New York unter Lee Strassberg war in den fünfziger, sechziger, siebziger und achtziger Jahren die Hochburg dieser Schauspielauffassung, die in Darstellern wie Marlon Brando oder Robert de Niro ihre Überlegenheit demonstrierte und bis heute die bestimmende Richtung der amerikanischen Schauspielerausbildung ist, man denke etwa an Johnny Depp. Die im deutschen Theater aber auch in Sätzen wie »Du, ich fühl das jetzt aber nicht«, wenn Schauspieler irgendwelche banalen Handlungen vollführen sollten, ihre verheerende Wirkung zeigte. Du sollst nicht fühlen, du sollst spielen, wollten unzählige Regisseure da schreien. Leider haben sie es meistens nicht getan.

*

Mit der Wahrhaftigkeit war der Gegensatz zwischen Rhetorik und Gefühl in der Welt. Ein wahres Gefühl kann nicht rhetorisch sein. Einmal etabliert, bestimmte dieser Gegensatz lange und fast ausschließlich die Wahrnehmung dessen, was Schauspieler tun. Im ersten theaterwissenschaftlichen Seminar, das ich besuchte, es war in den Achtzigerjahren, wurden verschiedene Schauspieltheorien aus vergangenen Jahrhunderten durchgenommen. Man begann das Nachdenken über Theater damals also mit den einschlägigen Texten über Kernpositionen der Schauspielkunst. Es wurden etwa zwölf solcher Texte gelesen.

Am Ende aber blieb von dem vielfältigen Material nur ein Gegensatz zwischen zwei Positionen übrig. Man stellte Stanislawski und die Erfindung der Rolle aus dem eigenen Gefühlsleben heraus der rhetorischen Auffassung gegenüber, die am deutlichsten der französische Aufklärer Denis Diderot formuliert hatte. Der Schauspieler, der am wenigsten fühlt, ist am meisten Herr seiner selbst, hatte Diderot gesagt. Und damit verfügt er am souveränsten über die äußeren Mittel der Darstellung, er ist am ehesten in der Lage, die entsprechenden Gefühle in uns zu wecken, sagte Diderot im *Paradox über den Schauspieler*. Der gute Bertolt Brecht wurde in diesem Zusammenhang als direkter Nachfolger von Diderot gesehen. Seine Verfremdungstheorie ist eine neue, zeitgemäße Umsetzung des alten Paradoxes über den Schauspieler, des distanzierten Darstellers, der uns trotzdem zu bewegen weiß.

Bis in die Achtzigerjahre hinein überkreuzten sich verschiedene Traditionslinien in unserem Verständnis vom Schauspieler, aber diese Linien waren klar und beschreibbar. Heute ist die Verwirrung komplett. Wenn über Schauspieler, nicht nur in der Öffentlichkeit, geredet wird, egal ob von ihnen selbst oder anderen, bewegt sich das auf niedrigstem Niveau. Eine Schauspielerin spielt eine Mutter, die ihr Kind verloren hat: man fragt sie, wie es ist, ein Kind zu verlieren. Ein Schauspieler spielt einen Ganoven: man fragt ihn, wie es sich anfühlt, ein Ganove zu sein. Die Fähigkeit, über Schauspieler zu reden, scheint verloren gegangen. Kaum dass man in der Lage ist, zu sagen, dass einem ein Schauspieler gefallen hat, geschweige denn was einem gefallen hat oder warum.

Man spricht von Präsenz, hört sich dabei sehr nach Insider an, meint damit aber nur, dass es Schauspieler gibt, die man lieber ansieht als andere. Irgendwie hat man auch die Sache mit der klassischen Rhetorik und der Einfühlungstheorie noch in Erinnerung, das aber in äußerst schwammiger und ungeklärter Weise. Man weiß nicht, was man gut und was man schlecht finden soll. Man spricht davon, dass der Schauspieler in seiner Rolle aufgeht, und meint damit, dass Rolle und Schauspieler nicht zu unterscheiden sind. Man hält das für ein Lob. Man hat keine Ahnung, was Schauspieler eigentlich tun, man denkt es sich so, dass sie sich halt in ihre Rolle hineindenken und -fühlen und dass sie irgendwelche Techniken verwenden, um das dann darzustellen.

Was also ist ein Schauspieler? Ein Schauspieler ist jemand, der etwas spielt, dabei aber gleichzeitig nach der Wahrheit sucht. Im Spiel steckt – auch wenn wir uns an Schiller erinnern, der dem Spiel die ganze Würde des Ernstes gab – nach unserer Vorstellung vor allem Unwahrhaftigkeit: Man tut ja nur so als ob, man erfindet sich seine Welt. Es ist nicht ernst. Deshalb verträgt es sich schwer mit der Wahrheit. Doch ein Schauspieler ist trotzdem einer, der gleichzeitig spielen und wahr sein will. So hat es Ulrich Matthes, einer der größten Schauspieler, die zurzeit sowohl vor den Kameras als auch auf den Bühnen stehen, einmal gesagt.

In der Verstellung des Schauspielers ist eine bestimmte Form von Wahrheit über uns selbst zu finden. Auch im Theater ist das noch eine bestimmende Auffassung, an der sich zum Beispiel ein bekannter

Regisseur wie Luc Bondy orientiert. Dazu gehört, dass das Spiel nur funktioniert, wenn es von allen vollkommen ernst genommen wird. Matthes hat diese Vorstellung vom Schauspieler um die Idee bereichert, dass man sich ein Gefühl von Scham bewahren muss, um sich so wie ein Schauspieler exhibitionieren zu können. Auch hierin liegt eine eigenartige Dialektik: Nur wer sich schämt, kann sich so offenbaren, dass für den Zuschauer etwas Wahres sichtbar wird.

Ein weiterer schöner Gedanke, der zu dieser Theaterauffassung gehört: Es ist schwerer, auf der Bühne natürlich zu sein, als zu spielen. Das wurde von mehreren Theaterweisen der letzten Jahrzehnte wie Peter Brook oder Jerzy Grotowski in Variationen immer wieder behauptet. In neuester Zeit hat es der belgische Choreograf Alain Platel auf seine Weise gesagt. Natürlich sein, sagt Platel, ist eine sehr schwierige Form, zu spielen, die viel Erfahrung, genaue Beobachtung und feinfühlige Regie erfordere. Ein Fehler wäre es, wenn man denkt, dass natürlich sein bedeute, man selbst zu sein. Wenn man einen Schauspieler oder eine Schauspielerin bittet, bei sich zu sein, sehe man oft Panik in seinen beziehungsweise ihren Augen. Das aber sei ein guter Anfang, um mit den Proben zu beginnen.

Man kann solche Sätze in vielfacher Hinsicht interpretieren, sie sind ja gerade deswegen schön, weil sie etwas Schillerndes, Orakelndes, schwer Einzuordnendes haben. Das macht sie in der Theaterwelt bis heute so beliebt. Auf jeden Fall haben sie alle ihren Ursprung in der Idee, dass es im Theater um Wahrheit und nicht um Rhetorik geht, und als man begann, ein System dafür zu entwickeln, wie die Identifikation mit der Rolle vor sich gehen kann.

Eine kleine Überlegung am Rande: Dieser Gedanke ist viel älter, als man heute gemeinhin glaubt. Auch Hamlet, der nachweislich nicht erst im neunzehnten oder zwanzigsten Jahrhundert, sondern schon im 17. Jahrhundert die Bühnen betrat, erhofft sich im dritten Akt des Stückes, das seinen Namen trägt, vom Auftritt einer

Schauspielertruppe, dass die Wahrheit über den Mord an seinem Vater ans Licht kommt. Auch Hamlet denkt beim Spiel also an Wahrheit, in seinem Fall sogar an die Wahrheit in ihrer härtesten Form, die kriminologische Wahrheit nämlich. Dafür hält er möglichst wahrhaftiges, ungekünsteltes Spiel für vorteilhaft. Wenn sie wahrhaftig spielen, so sein Gedanke und Motto für die Schauspieler, wird es den neuen Mann seiner Mutter und Mörder seines Vaters so treffen, dass man es ihm ansieht.

Schon hier also ist es der Gegensatz zwischen Spiel und Wahrhaftigkeit, der die Wahrnehmung bestimmt. Es geht darum, dass der Schauspieler überzeugt, dass er eine Illusion herstellt und dadurch den Zuschauer auf sich selbst zurückwirft. Offenbar ist die Sehnsucht nach Wahrheit im Spiel also weitaus zeitloser, als man glaubt.

Sätze über Verstellung und Wahrheit, Schein und Sein drücken jene eigenartige Faszination aus, die vom Schauspieler und seinem Tun ausgeht. Sie fangen etwas ein, das bis heute zum Theater jenseits aller Theorie gehört und es zum Spiegel unserer selbst macht.

Schauspieler selbst beurteilen ihre eigene oder die Arbeit ihrer Kollegen meist ganz anders als in solch hehren Kategorien: Schauspieler fragen sich ständig, ob sie nicht etwas zu viel oder zu wenig gemacht haben, ob sie zu dick aufgetragen haben oder zu zurückhaltend waren, ob sie zu sehr draufgedrückt oder unterspielt haben. Zentral ist die Frage des Timings. Hat die Kollegin Kleinschmidt ihren Schrei nicht etwas zu früh ausgestoßen? Schauspieler wissen genau um die entscheidende Bedeutung des richtigen Augenblicks: Sie achten vor allem darauf, dass sie den richtigen Moment für ein Wort oder eine Geste erwischen.

Eine bekannte Technik der schauspielerischen Bühnenökonomie lautet: Moderat anfangen, um dann im Verlauf der Aufführung genug Raum für Steigerungen zu haben. Der Regisseur Jürgen Gosch hat dem in seiner typischen Art widersprochen: Hoch oder bei hundert

Prozent anfangen, um sich dann zu steigern, sagt er seinen Schauspielern gern.

Im Zentrum steht die Frage, ob man gut rübergekommen ist. Das – und nichts anderes – ist für den Schauspieler selbst die Kernfrage. Schauspieler machen ihren Beruf, egal was sie sonst erzählen, weil sie von uns angesehen und bewundert werden wollen. Sie wollen uns keine Wahrheit vermitteln, sondern sie möchten unsere Augen leuchten sehen.

*

In den letzten Jahren hat sich noch einmal viel getan und die Situation des Schauspielers ist noch unübersichtlicher geworden. Im Film darf man nicht sehen, dass jemand schauspielert. Das ist hier die wichtigste, von allen akzeptierte Regel. Man darf nicht sehen, dass ein Schauspieler an das Publikum denkt. Der Filmschauspieler muss allein das verkörpern, was seine Figur in dem einen Moment tut.

Das färbt auf das Theater ab. Gleichzeitig sträubt sich das Theater dagegen. Eine Antwort des Theaters auf diese Situation sind zum Beispiel die immer häufiger werdenden Aufführungen, die mit Microports arbeiten. Durch den angeschlossenen Verstärker und die Boxen können die Schauspieler auch auf der Bühne leise und damit natürlicher – das heißt wie im Film – sprechen. Das zeigt sich auch in Aufführungen, die durch simultane Videoübertragungen auf große Leinwände eine Darstellung von Intimität ermöglichen, wie es sie sonst nur im Kino gibt.

Ein wirklicher Ausweg aber kann das nicht sein. Das Theater gibt damit seine Eigenständigkeit auf. Es gibt im Theater seit längerer Zeit eine enorme Scheu vor Pathos – und Gefühl überhaupt. Pathos wirkt, schaut man es mit Fernsehaugen an, übertrieben und lächerlich. Gefühl ist dann etwas, das peinlich ist. Man spielt also möglichst cool und unaufwendig. Irgendwie so nebenbei.

Das läuft der oben beschriebenen Tendenz, in der die Schauspieler sich auspressen wie einen Schwamm, um Leidenschaft zu produzieren, genau entgegen. Und es wird von Schauspielern gemacht, die von Natur aus meist ganz anders sind, die nicht nach Unterkühlung, sondern Wärme und Hitze suchen, die unter anderem Schauspieler geworden sind, weil sie ihr reiches emotionales Innenleben ausdrücken wollen. Aber sie spüren sehr schnell, wenn das Publikum etwas peinlich findet, und reagieren darauf mit minimalistischem Spiel. Denn übertrieben und peinlich, das ist etwas, was sie nun ganz sicher nicht sein wollen. So ist Pathos im Theater mittlerweile etwas Seltenes – und Kostbares – geworden, was verteidigt werden muss.

*

Auch die Theaterszene selbst hat höchst unterschiedliche Auffassungen davon, wie Schauspieler sein sollen. Nicht nur innerhalb der Freien Szene oder experimenteller Theatergruppen, sondern auch im deutschen Stadt- und Staatstheater, das die meisten freien Bewegungen mittlerweile für sich vereinnahmt hat und neue immer schneller schluckt. Das bringt einen großen Reichtum der Spielweisen auch an diesen Häusern hervor, es macht die Anforderungen, die an einen Schauspieler gestellt werden, aber auch unglaublich vielfältig.

Nicht alle Schauspieler entsprechen dem Typus Meyerhoff, wie er am Anfang beschrieben wurde, es gibt jede Menge anderer Spielweisen. Was der Schauspieler bei Luk Perceval tut, wo sehr viel über Körperlichkeit geschieht, unterscheidet sich so grundlegend von dem, was ein Schauspieler bei Jürgen Gösch macht, wo sehr viel um den Zustand kreist, in dem er sich befindet. Und bei René Pollesch sehen wir wieder etwas völlig anderes, nämlich jemanden, der sich ver- und entäußert, während bei Jossi Wieler die Schauspieler die Rolle durch Konzentration und Versenkung suchen.

Der Regisseur Martin Kušej spricht davon, dass er mit unterschiedlichen Sonnensystemen von Schauspielern arbeitet, um zu kennzeichnen, welche Welten zwischen seinen Mitstreitern in einer einzigen Aufführung liegen können. Bei Franz Grillparzers *König Ottokar*, das bei den Salzburger Festspielen herauskam und dann am Wiener Burgtheater gezeigt wurde, spielten zusammen: Nicholas Ofczareck, eine Art Verkörperung des Wiener Volkstheaters, Bibiana Beglau, die stark über ihre körperliche Ausstrahlung wirkt, und Elisabeth Orth, die sich der klassischen Schauspieltradition verpflichtet fühlt.

Die Hauptrollen spielten Michael Mertens und Tobias Moretti. Der eher treuherzig und bodenständig wirkende Tobias Moretti war der zwielichtige Ottokar. Michael Mertens, der es liebt, das Gemachte an seinen Rollen herauszustreichen und ihnen einen näselnden Snobismus zu geben, spielte den eher in sich ruhenden Gewissensmensch Rudolf von Habsburg. Kušej begreift es als eine besondere Herausforderung seines Berufs, diese unterschiedlichen Traditionen,

■ Michael Mertens und Tobias Moretti spielen Grillparzers *König Ottokar* und sind dabei leicht als Menschen unterschiedlicher Welten erkennbar.

Erfahrungen und Auffassungen zusammenzubringen – und tatsächlich wurde in dieser Aufführung daraus schon wieder ein eigenes Gestaltungsprinzip.

Meist aber müssen sich die Schauspieler den unterschiedlichen Anforderungen der Regie einfach unterordnen. An den Schauspielschulen bilden die jungen Schauspielschüler nicht nur ihre Stimme aus und lernen, wie man eine Rolle aufbaut, sie bekommen auch jene Art von Selbstständigkeit anerzogen, die sie zum Zusammenwirken mit unterschiedlichen Regisseuren befähigt. Sie stellen sich darauf ein, in unterschiedlichen Ästhetiken kreativ sein zu können. Junge Schauspieler lernen also nicht nur, wie man spielt, sie lernen auch, sich immer wieder auf neue Spielsprachen einzulassen.

*

In der Theaterwissenschaft werden die meisten Regiestile zur Zeit unter dem Begriff »postdramatisches Theater« zusammengefasst. Nur mit einem, mit Einfühlung oder darstellerischer Wahrhaftigkeit, will dieses Theater nach dem Drama – deswegen postdramatisch – nichts zu tun haben. Die Konzentration des Theaters auf den Schauspieler ist ihr insgesamt genauso suspekt wie die Orientierung am Drama. Schauspieler und Drama sind für diese Theaterauffassung Brüder im Geiste der Verderbnis.

Man beschäftigt sich lieber mit Körpern als mit Schauspielern. Und macht sich über sogenannte »Strategien« von Aufführungen Gedanken. So ist der Schauspieler auch von der Seite des Fortschritts her aus dem Blickfeld verschwunden. Dabei besteht das heutige Theater und sogar das, was unter postdramatischem Theater verstanden wird, eine Mischung der grundlegenden Positionen von Jan Lauwers, Robert Wilson und der Wooster Group, immer noch vor allem aus Schauspielerleistungen. Und für das neue, das lebendige und vielfältige Theater, das sich an vielen Häusern, nicht nur in Wien, München, Hamburg, Berlin und Zürich, aus traditionelleren und moderneren

Auffassungen mischt, ist der Schauspieler ohnehin und weiterhin von vollkommen zentraler Bedeutung.

*

Angesichts dieser Situation müssen Schauspieler entweder vollkommen verwirrt über sich selbst sein oder von bewundernswerter Anpassungsfähigkeit. Eine so komplizierte Gemengelage muss entweder zu gesichtslosen Automaten oder überragenden Darstellungskünstlern führen. Es sieht, und das ist das Großartige, Unbemerkte, Neue, tatsächlich nach Zweiterem aus. Tatsächlich gab es im deutschen Theater seit Langem nicht mehr eine solche Blüte überragender Schauspieler wie zurzeit. Auch wenn das noch niemand so richtig mitbekommen zu haben scheint: Es gibt eine schier unglaubliche Menge hervorragender Darsteller, und sicher gibt es in der sogenannten Provinz die gleiche Menge an Talent, die noch weniger bemerkt wird.

Wenn diese Schauspieler ins Fernsehen oder zum Film wechseln, was sie natürlich immer wieder tun, werden sie auffallend schnell zu Stars. Manche von ihnen bleiben beim Fernsehen hängen wie Jan-Gregor Kremp, Oliver Stokowski oder Axel Milberg. Im Kern aber sind sie fast alle originäre Theaterschauspieler und kehren nach ihren Ausflügen zu Film und Fernsehen immer wieder zur Bühne zurück. Und das, obwohl sie durch das Theater nie zu Berühmtheiten werden und obwohl da ein Niedriglohnsektor gegen eine Welt von Besserverdienern antritt.

Die Öffentlichkeit hat diesen Reichtum bisher einfach nicht zur Kenntnis genommen. Nur in einem kleinen Kreis von Eingeweihten weiß man, was für herausragende Leistungen es von diesen Schauspielern zu sehen gibt. Diesen Schauspielern – und nicht etwa den Regisseuren – ist es vor allem zu verdanken, dass das Theater heute so lebendig ist. Viele von ihnen sind in der Lage, ihre Figuren auf traditionelle Weise zu verkörpern, sich also einzufühlen, genauso aber lassen sie sich bereitwillig auf neue Spielweisen ein. Mehr: Sie wurden mit ihnen und von ihnen entwickelt.

Normalerweise haben Namenslisten in einem Buch wie diesem nichts zu suchen. Aber die Liste der Schauspieler, die auffällig gut sind, die in ihren Städten prominent sind und die dem deutschsprachigen Stadttheater neue Wege geöffnet haben, ist so lang, dass die bloße Aufzählung beeindruckt. Die Reihenfolge ist dabei vollkommen willkürlich: August Diehl, Brigitte Hobmeier, Katja Bürkle, Annette Paulmann, Bruno Cathomas, Norman Hacker, Maren Eggert, Katharina Lorenz, Alexander Scheer, Katharina Schubert, Karin Neuhäuser, Wolfram Koch, André Jung, Anne Tismer, Sylvana Krappatsch, Susanne Wolff, Bernhard Schütz, Karin Pfammatter, Judith Engel, Peter Kurth, Hildegard Schmahl, Sybille Canonica, Sebastian Rudolph, Stefan Bissmeier, Sophie von Kessel, Katharina Schüttler, Mark Waschke, Regina Zimmermann, Anne Müller, Sandra Bayrhammer, Wolfgang Pregler, Sven-Eric Bechtolf, Friederike Kam-

■ Axel Milberg schaut immer noch, als stünde er auf einer Theaterbühne. Dabei ermittelt er doch längst im *Tatort*.

mer, Edgar Selge, Marion Breckwoldt, Lambert Hamel, Clemens Schick, Margit Carstensen, Robert Hunger-Bühler, Thomas Thieme, Sunnyi Melles, Paulus Manker, Nicolas Ofczarek, Herbert Fritsch, Henry Hübchen, Sophie Rois, Caroline Peters, Sepp Bierbichler, Anne Ratte-Polle, Matthias Neukirch, Roland Kukulies, Hans Löw, Nina Kunzendorf, Sebastian Blomberg, Peter Kurth, Fritzi Haberlandt, Philipp Hochmair, Wiebke Puls, Nina Hoss, Sylvie Rohrer, Barbara Köhler, Maria Schrader, Dagmar Manzel, Milan Peschel, Peter Brombacher, Matthias Matschke, Natali Seelig, Birgit Minichmayr, Josef Ostendorf, Martin Wuttke, Marc Hosemann, Ingo Hülsmann, Sven Lehmann, Corinna Harfouch, Fabian Hinrichs, Sandra Hüller, Judith Rosmair, Samuel Finzi, Julia Jentsch, Ueli Jaeggi, Graham F. Valentine, Katharina Schmalenberg, Irm Hermann, Jean-Pierre Cornu, Tilo Nest, Timo Dierkes, Johanna Gastdorf, Stefan Hunstein, Sebastian Blomberg, Jens Harzer, Dorothee Hartinger, Sylvie Rohrer, Kay-Bartholomäus Schulze, Lars Eidinger, Thomas Bading, Christian Nickel, Oliver Kraushaar, Constanze Becker, Thomas Dannemann, Ernst Stötzner, Devid Striesow, Silvia Fenz, Hilke Altefrohne, Peter Moltzen, Johanna Wokalek, Kathrin Angerer, Bibiana Beglau, Peter Jordan, Werner Wölbern, Tobias Moretti, Michael Maertens, Joachim Meyerhoff, Ulrich Matthes.

Die Liste ist richtig lang, oder? Und mit Sicherheit habe ich einige Schauspieler, die auf jeden Fall auf sie gehörten, vergessen. Schon auf dieser unvollständigen Liste sind es weit über hundert Namen! Was für ein Reichtum! Sie alle sind kreativ, sie alle sind in der Lage, in entsprechenden Aufführungen ihr Spiel neu zu erfinden. Sie sind also innovative Künstler und – zumindest in begrenztem Rahmen – populäre Figuren.

Und doch wird diese Schauspielerblüte nicht wahrgenommen, wenn man übers Theater spricht, spricht man seit nunmehr zwanzig Jahren über Stückezertrümmerung und den Verlust der Innerlichkeit, über Nackte und Blut. Man müsste dagegen jede einzelne und jeden einzelnen dieser Schauspielerinnen und Schauspieler beschreiben, aber das würde ein anderes, ein zu dickes und ganz anderes Buch werden. Vielleicht ist es doch besser, wenn man einfach mal hingeht und sich ansieht, was diese Schauspieler so machen.

*

Wir versuchen uns hier weiter einen Reim auf die unübersichtliche Situation zu machen. Was diese Schauspieler tun, lässt sich, wie bereits gesagt, nicht im Entferntesten auf einen Nenner bringen. Sie sind vollkommen unterschiedlich, nicht nur in Alter, Aussehen und Charakter, sondern auch in der Spielweise. Und trotzdem verbindet sie etwas, dem wir hier nachspüren wollen.

Gehen wir noch einmal von Joachim Meyerhoff aus. Er lässt sich auf viele Arten beschreiben, eine davon geht sicherlich so: Das Wichtigste war ihm beim Hamlet zunächst, dass er – bei dieser Figur, der ein größeres Innenleben zugeschrieben wird als jeder anderen – keine charismatische Innenwelt aufbauen wollte. »Ich wollte«, sagt er, »den Hamlet ohne Geheimnis spielen.« Er glaubt, dass dadurch das Zuhören leichter werde, er den Leuten die Last des Zuhörens nehme. Aus der Situation heraus entwickelt sein Hamlet seine Sprechwut.

Je mehr er sich in seinen Furor hineinspricht, desto mehr ist er außer sich. Wenn man Meyerhoffs Darstellung auf einen Nenner bringen will, dann spielt er sich und uns schwindlig. Da trifft er sich mit anderen Darstellern, wie wir am Anfang dieses Kapitels gesehen haben.

Wahrscheinlich gibt es diesen Schwindel im Theater schon immer und er steht mal mehr und mal weniger im Vordergrund. Sicher ist, dass er dem Volkstheater in der Vergangenheit nie fremd war. Sicher ist auch, dass er irgendetwas mit dem Dionysischen zu tun hat, das am Anfang des Theaters steht. Aber auf komplizierte Herleitungen wollen wir uns hier nicht weiter einlassen. Der aktuelle Vater dieses Schwindels ist in jedem Fall der Regisseur und ewige (1991-2013) Zeremonienmeister der Berliner Volksbühne am Rosa-Luxemburg-Platz, Frank Castorf.

Die erste Aufführung von Castorf, die ich sah, war Ende 1989 im Münchner Residenztheater Lessings *Miss Sara Sampson*. Das war etwa gleichzeitig mit der Wende. Vor allem aber war es der erste Auftritt des Schauspielers Herbert Fritsch bei Castorf – und das ist es auch, was mir in Erinnerung geblieben ist. Da spielt sich einer die Seele aus dem Leib, musste man denken. Fritsch arbeitete sich an sich selbst ab, rotierte, kletterte Wände hoch, schrie, dachte, sprach in einem Tempo und mit einer Heftigkeit, die es damals einfach nirgendwo sonst gab. Auf dem Höhepunkt der Aufführung steckten seine Arme in zwei Röhren und er stakste damit wie ein gefesseltes und wild gewordenes Insekt umher. Einerseits erinnerte das stark an den Schauspieler als Schwamm, der sich im Dienst der Leidenschaft selbst ausdrückt, andererseits glaubte niemand, dass hier wahre Gefühle ausgedrückt wurden.

Castorf hatte damals schon seine Technik, mit der er Schauspieler immer wieder über sich selbst hinaustrieb, am Ende standen oft exzentrische, den Schauspieler an den Rand seiner physischen Möglichkeiten und darüber hinaustreibende Nummern. In der Öffentlichkeit aber wurde dann bald nur noch über »Stückezertrümmerung« diskutiert. Das aber war nicht das, worum es am Anfang und im Kern ging: Da stand der Schauspieler, der sich durch rückhaltlose Veräußerung so weit von sich selbst wegtrieb wie möglich. Das war, im Osten wie im Westen, zunächst ein Moment großer Freiheit und großer Provokation. Nicht mehr mit sich selbst identisch sein, nicht mehr in sich ruhen, nicht mehr seiner Gefühle gewiss sein!

*

Ganz anders wird bei dem Regisseur Stefan Pucher gespielt. 1999 erarbeitete er, der bis dahin in der Off-Szene, vor allem im Frankfurter

TAT, Theater gemacht hatte, seine erste Stadttheaterproduktion in Basel. Es war Tschechows *Kirschgarten*, den Pucher direkt von der Rampe weg spielen ließ. Die Schauspieler standen nebeneinander, schauten ins Publikum und sprachen meistens frontal nach vorne, gleichzeitig aber sprachen sie auch miteinander. Sie spielten nicht richtig, Gestik und Mimik waren eingeschränkt, gleichzeitig gab es aber immer noch einen Rest von Ausdruck. Die Figuren, die sie spielten, waren auf diese Weise da und sie waren nicht da.

Auf ähnliche Weise stehen die Schauspieler in vielen Aufführungen der letzten Jahre und sprechen direkt ins Publikum. Ein Beispiel ist Michael Thalheimers berühmte *Emilia Galotti* von 2003, wo die Schauspieler durch einen meist starr in die Ferne gerichteten Blick wie entrückt erscheinen. In dieser *Emilia* entsteht eine merkwürdige Mischform zwischen Spiel und Vorführung, die Schauspieler sind gleichzeitig ihre Figuren und sie stellen sie aus, sie stecken in ihnen drin und sie schauen auf sie drauf. Sie sind damit, um mit den Worten vom Anfang dieses Kapitels zu reden, die Verkörperung der paradoxalen Situation des Schauspielers.

Dabei verschiebt sich die Aufmerksamkeit der Zuschauer. Vielleicht ohne dass sie es merken, jedenfalls nicht als vollkommen bewusster Vorgang, entzieht sich die Figur, Emilia oder Odoardo aus *Emilia Galotti*, Lopachin oder Firs aus dem *Kirschgarten* verschwinden ein Stück weit, sie werden den Spielern und den Zuschauern fremder, gleichzeitig aber rückt der Schauspieler selbst als Gegenstand der Aufmerksamkeit in den Vordergrund. Während man in der Vergangenheit durch die Figuren hindurch den Schauspieler suchte – und ihn, vor allem, wenn man den Darsteller schon mehrfach gesehen hatte, auch fand –, sucht man jetzt durch und mit dem Schauspieler die Figur.

*

Auch bei René Pollesch, der Ausgangspunkt seiner Arbeit ist Castorfs Volksbühne, weiß man von vornherein nicht mehr, ob die Schauspieler sich an sich selbst, an die Mitspieler oder das Publikum wenden. Sie haben gar keine Rollen mehr, sondern drücken Zustände aus, sie wiederholen und variieren ihre Worte, nehmen sie von den anderen Figuren auf und sind dabei grundsätzlich außer sich – was auch an den Zuständen liegt, in denen sie sich befinden.

Castorfs und René Polleschs Schauspieler spielen ebenfalls mit dem Publikum zusammen. Sie wollen nie vergessen machen, dass das Publikum da ist. Sie beziehen sich auf die Zuschauer, auf die, die gehen, und auf die, die da sind. Die Schauspieler wenden sich im Spiel direkt an die Zuschauer. Sie spielen mit Sätzen und dehnen einen Moment ins Endlose. Sie tun das mit Texten, die sie sich im Moment einfallen lassen, sie stottern und sie stolpern dabei. Die Zuschauer machen sich einen Spaß daraus, sie aus dem Konzept zu bringen. Es wird auf den Grundmauern des Theaters ein gemeinsamer Kommunikationsrahmen entwickelt, in dem dann wirklich improvisiert wird und nicht nur so getan wird als ob.

Das ist reinstes Schauspielertheater, es verlangt größte Virtuosität der Darsteller, aber es geht nicht mehr um Verwandlung, Einfühlung und Wahrheit der Darstellung. Dafür tritt eine andere, wenn man so will wahrere Wahrheit unmittelbar hervor: Die Schauspieler zeigen sich selbst. Indem sie dann oft physisch auch noch extrem belastet werden, können sie selbst gar nicht anders, als sich in ihren Eigenarten und Reaktionen ungeschützt darzustellen und betrachten zu lassen. Man kann das Schreien, Schnell- und Vielreden auch als Techniken begreifen, die Spielmechanismen, die sich Schauspieler erarbeitet haben, systematisch einzureißen. Für das Schauspiel ist das eine Revolution, vielleicht die größte seit Stanislawski.

*

Theaterwissenschaftler und ambitionierte Kritiker beginnen an dieser Stelle gern von der Medialität des Theaters zu reden. Sie sagen dann, dass das Theater sich durch diese neue Spielweise als ein

Medium selbst bewusst mache, und sie halten das für besonders zeitgemäß. Dabei handelt es sich wahrscheinlich viel eher um eine Art Wiederentdeckung des Schauspielers.

Was bei Castorf nach 1988 im Westen das Publikum so auf- und erregte, hatte ein paar Jahre zuvor bereits Sepp Bierbichler in seinem berühmten *Gust* gemacht, ein Stück des damals sehr modernen Herbert Achternbusch. Er hatte sich direkt und umfassend an das anwesende Publikum gewandt und dabei frei über die bayerische Staatsregierung und die Zuschauer, die den Saal verließen, improvisiert. Aber auch Bierbichler hat diese Art zu spielen nicht erfunden, er hat sich dabei nur auf eine lange Tradition berufen: Dem Volkstheater war diese Form theatraler Kommunikation nie fremd. Möglicherweise erleben wir also zur Zeit keine Revolution des Theaters, sondern eine Rückbesinnung auf seine Wurzeln.

Oder wir erleben etwas, was es immer gab: Bühnenschauspieler können äußerst geistesgegenwärtige, schlagfertige Menschen sein. Wenn ein Handy im Zuschauerraum klingelt, hört ein solcher Schauspieler nicht wie Alfred Brendel oder Keith Jarrett auf zu spielen, sondern sagt zum Beispiel, wie wenn er darauf gewartet hätte: »Sagen Sie dem Anrufer doch bitte, dass wir gerade beschäftigt sind.« Das zeitgenössische Theater ist Schauspielertheater auf jeden Fall in einem sehr umfassenden, sehr lebendigen, sehr virtuosen, sehr trickreichen, sehr kommunikativen Sinn. Wenn Theater Kunst ist, dann wegen der Schauspieler. Nicht wegen der Regiekonzepte, die man versteht oder nicht, nicht wegen der Bühnenbilder, die mehr oder weniger schön sind, nicht wegen der Musik, und nur manchmal wegen der Texte, die aufgeführt werden.

Theater ist eine bestimmte Art, den Menschen zu sehen. Im weiteren Verlauf dieses Buches werden die Regiesprachen von Castorf, Pollesch, Pucher und anderen vorgestellt werden, mal ausführlicher, mal zurückhaltender. Im Kern aber sind es auch dann, wenn es um die

Regie geht, immer nur die Schauspieler, die man sieht und denen man zuhört.

*

Es ist nicht immer so, dass der Regisseur und der Schauspieler im Theater Freunde sind. Sie ziehen nicht immer an einem Strang. Im Gegenteil: Für den Regisseur neigt der Schauspieler dazu, die Idee der Aufführung zu zerstören, ihr lahm hinterherzuhinken oder sich selbst in den Vordergrund zu spielen. Für den Schauspieler ist der Regisseur jemand, der ihn daran hindert zu glänzen. Letztlich ist auch er ein Kopfmensch, ein Protodramaturg, der von den wahren Bühnengesetzen, von Timing und Dosierung, von Verführung und Spiel keine Ahnung hat. Regisseure und Schauspieler haben normalerweise einen sehr unterschiedlichen Zugang zum Theater. Beide wissen, dass es ohne einander nicht geht, aber Liebe sieht doch anders aus als diese Beziehung. Je später die Nacht, die man mit Schauspielern oder Regisseuren beieinandersitzt, desto lauter oder resignierter kann man unter Umständen beide übereinander schimpfen hören.

Zum Kampf zwischen Regisseur und Schauspieler gehört, dass Schauspieler heute viel freischwebender arbeiten müssen als in der Vergangenheit. Bühnenbild, Kostüme und Requisiten haben ihnen immer Rückzugsmöglichkeiten geboten, wenn sie einen Hänger hatten oder sonst wie aus dem Fluss kamen. Man hat eine Kulisse mit antiken Säulen angeschaut und wusste wieder, wer man hier war. Die Schauspieler konnten sich sozusagen an etwas festhalten und mit etwas spielen. Viele Regisseure nehmen den Schauspielern heute aber gern dieses Sicherheitsnetz weg, um sie zu konzentrierterem Spiel anzustacheln, um sie – im übertragenen Sinn – nackter dastehen zu lassen.

Dazu gehört auch, dass im Theater Schauspieler sehr oft nicht nach Typen besetzt werden. Im Film ist das ein Muss: Der Schauspieler muss in etwa so aussehen und so alt sein, wie man sich die Figur vorstellt. Im Theater werden die Schauspieler oft gegen die Figur besetzt. Man nimmt ihnen nicht nur die Requisite, man nimmt ihnen auch noch ihren Körper weg, auf den sie zurückgreifen könnten. Wenigstens sehe ich ja so aus wie der xy, den ich spiele, konnte ein Schauspieler früher denken. Davon ist im Theater nicht mehr viel übrig: Die Schauspieler im Theater sollen heute nichts sein und müssen alles spielen.

*

Mehrere Schauspieler, die an einem Haus zusammenarbeiten, ergeben ein Ensemble. Ein Ensemble, das ist im Idealfall ein fein aufeinander abgestimmter Korpus von Individuen, der hinreichend groß ist, um auch die großen Stücke in passender Besetzung aufführen zu können. Es gibt Menschen, die sagen einem immer und immer wieder, wie wichtig und einzigartig das deutsche Ensembletheater sei. Das ist sicher richtig, Vergleichbares gibt es nicht auf der Welt. Wenn man diese Menschen fragt, warum das deutsche Ensembletheater so großartig ist, sprechen sie davon, dass die Schauspieler da aufeinander eingespielt wären, dass die Stadt ihre Truppe kennt, vor allem aber, dass nur so ein Spielplan gewährleistet werden kann, in dem Stücke immer wieder aufgenommen werden können.

Das ist ebenfalls alles richtig, das Entscheidende für das Theater ist dabei aber etwas anderes: Theater ist immer auch Ersatzfamilie, wer sich in das Theater hineinbegibt, kommt schwer wieder heraus. Und das Ensemble ist der moderne Ersatz der alten Theaterfamilie, in der die Mitglieder einander auf Gedeih und Verderb ausgeliefert waren. Das Ensemble ist die Institutionalisierung dieser Ersatzfamilie, es sieht so aus, als sei der Schauspieler hier ein ordentliches Mitglied der Gesellschaft. Wenn man böse will, kann man im Ensembleschauspieler beamtete Züge erkennen.

Aber es sei den Schauspielern dieses kleine Maß an Sicherheit gegönnt. Wenn sie Mitglied eines Ensembles sind, haben Schauspieler halbwegs absehbare Arbeitszeiten, zwar längst nicht vergleichbar mit dem, was andere Arbeitnehmer gewohnt sind, aber immerhin wissen sie vorher, wann sie abends gebucht sind. Wenn sie Mitglieder eines Ensembles sind, haben Schauspieler ein zwar knappes, aber wenigstens doch regelmäßiges Einkommen.

Im Übrigen macht sich kaum jemand einen Begriff, wie katastrophal schlecht der Verdienst von Theaterschauspielern ist. Die Situation ist wirklich absurd. Kaum wechseln sie zum Film, verdienen sie eine Menge, im Theater aber kümmern sie dahin. Ein Drehtag beim Film oder ein Arbeitsmonat im Theater: finanziell läuft das in etwa aufs Gleiche hinaus. NV-Solo heißt der berühmt-berüchtigte, der ersehnte und verfluchte Vertrag, den Schauspieler, die in einem Ensemble spielen, am Theater bekommen und der die katastrophale Bezahlung festschreibt. Irgendwie hat sich auch hier gegenüber den vergangenen Jahrhunderten weniger geändert, als es auf den ersten Blick scheint. Trotzdem ist die Zahl junger Menschen, die diesen Beruf ergreifen und eine Schauspielschule besuchen wollen, unverändert hoch.

*

Was also ist ein Schauspieler? Sicher sind Schauspieler lustiger als andere Menschen. Mancher findet sie extrem anstrengend, mancher höchst liebenswürdig, natürlich haben sie auch ganz gewöhnliche Seiten. Obwohl man sich da in der Vergangenheit nie so ganz sicher war. Die meisten Zeiten dachten, dass Schauspieler etwas Dämonisches haben. Sie sahen in ihnen Verführer. Bei Heath Ledger oder Gustaf Gründgens sah man diese Verführungskraft sofort. Sie steckt auch in jedem anderen Schauspieler.

Eigentlich ist das Bild vom Verführer aber falsch, sie wollen ja nicht mit uns ins Bett steigen. Eher sind sie Hypnotiseure. Sie fesseln unseren Blick, nehmen ihn gefangen und wollen dann mit uns machen, was sie – und nicht wir – wollen. Wenn man in einem Theater auf der Bühne steht und mal die Nebensächlichkeiten wie Aufregung und Lampenfieber weglässt, spürt man, wie die Situation auf der Bühne dazu angetan ist, einem Macht zu geben. Alles, was man da oben tut, wird bemerkt, verfolgt und geglaubt. Darüber, über diese Macht, reden Schauspieler nie. Aber es ist ein rauschhaftes Gefühl: Ich bewege eine Hand und ich kann mir sicher sein, dass mir der ganze Saal dabei folgt.

Der Theaterschauspieler ist heute jemand, der aus diesem Moment heraus durch Sprache, Körper, Seele, Verstand und Phantasie eine Kommunikation herstellen kann. Die vielen Inszenierungsstile des Theaters sind verschiedene Methoden, mit dieser Energie umzugehen. Die Energie aber ist es, die das Theater zum Spektakel, zum Experimentierfeld, zum Ort der öffentlichen Erregung und zu einem Ort macht, an dem der Mensch sichtbar wird.

KAPITEL 2

ERLEBNISSE
IM PARKETT

Theaterzuschauer wird man durch die Eintrittskarte. Meist ist der Erwerb derselben problemlos, man geht an die Kasse und kauft sie, manchmal aber ist es bedeutend schwieriger als im Kino oder Museum, an eine solche Eintrittskarte heranzukommen. Entgegen übel meinenden Gerüchten gibt es viele Aufführungen, die dauernd ausverkauft sind. Einfach abends an die Kasse gehen und eine Karte kaufen scheidet in solchen Fällen also aus. Auch das Internet hilft nicht unbedingt weiter. Mancher empfindet diese Schwierigkeit als Abschreckung. In Wahrheit liegt hier der Beginn aller Theaterlust.

Wer sich für eine solche begehrte Aufführung eine Karte besorgt hat, muss sein Theater entweder schon ziemlich genau kennen oder er muss etwas Geduld oder Aufmerksamkeit investiert haben – sonst

■ Das Bollwerk von Berlin: Die Volksbühne am Rosa-Luxemburg-Platz. Hier wurde in den Neunzigern Theater als Kampfsport neu erfunden.

hätte er es nicht geschafft. Er muss sich im Vorverkauf angestellt haben, manchmal sogar zu Beginn der Vorverkaufsperiode. Er kann über Freunde oder Verwandte, die weiter weg wohnen, eine solche Karte bestellen und dadurch um den Zwang herumkommen, zur Vorverkaufskasse zu gehen.

Wer dann eine solche Karte hat, wird mit einer gewissen Aufmerksamkeit ins Theater gehen, er will nicht nur für sein Geld etwas haben, sondern auch für seine zusätzliche Mühe entlohnt werden. Wer eine solche Eintrittskarte erwirbt, konditioniert sich also als Zuschauer, er wird anspruchsvoller, er kauft sich – anders als im Kino oder Museum – das Recht, mitzusprechen. Er wird ein besserer Zuschauer.

Das passt zum Theater: Denn hier ist man nicht nur Konsument, sondern Teil der Veranstaltung. Was die bildende Kunst zur Zeit mit verschiedensten Performances immer wieder versucht, ist im Theater selbstverständlich. Das Theater kann ohne anwesende Zuschauer nicht sein.

*

Das Maximum an Zuschaueranspruch, den man über eine Eintrittskarte erwerben kann, bekommt man bei den notorisch ausverkauften Festivals, die zum Beispiel in Salzburg oder Bayreuth stattfinden. Wer hier dabei ist, wer gar zu den wenigen gehört, die hier jedes Jahr teilnehmen, darf sich als Zuschauerelite fühlen. Neben großer Findigkeit erfordert es, das ist nicht zu ändern, eine nicht unerhebliche Menge Geld. Mancher Familienvater lässt mit Anreise, Eintritten, Speisen und Hotel tatsächlich mehrere Tausend Euro an einem Abend an einem dieser Orte.

Man kann es degoutant finden, wie hier mit Geld um sich geworfen wird, wie die Brillanten mit den Stars um die Wette glänzen, wie die Promis und Adabeis sich in den Blicken sonnen. Natürlich ist es dekadent, wenn sich vor den Festspielhäusern die Zuschauer und die

Zuschauer zweiter Klasse gegenüberstehen, die nur gekommen sind, um die Zuschauer erster Klasse anzuschauen. Die meisten Theatermacher sehen das so – und sie haben ja recht. Geht es da überhaupt noch irgendwo um Kunst?

Man kann das aber auch – jenseits schöner Dekolletés und bekannter Gesichter – äußerst reizvoll finden. Natürlich kann man Geld nicht in Kunst verwandeln, genauso wenig wie man aus Stroh Gold spinnen kann, aber durch die üppige Anwesenheit des Geldes bekommen die Festivalorte ein Strahlen. Das Theater hat hier wenigstens einmal den Glamour, der ihm sonst abgeht. So wenig wie mit Kunst hat das mit den immer hehren und idealistischen Gründungsideen der Festivals zu tun, es ist aber doch so etwas wie ein Abglanz jener Ideen, an die sich ohnehin niemand mehr richtig erinnern kann. Und die niemand mehr richtig ernst nimmt.

In gewissem Sinne hat es doch eine positive Auswirkung auf die Kunst. Die Zuschauer (die erster Klasse) haben durch den Preis, den sie gezahlt haben, einen Anspruch auf Qualität erworben. Und das allein sorgt für ein gewisses Niveau. Manchmal wird dieser Anspruch zwar allein durch ein, zwei Stars befriedigt, die eine Aufführung aufpeppen. Dann hat man zwar immer noch Glamour, aber es zeigt sich schnell, wie schal er schmecken kann. Im Allgemeinen aber sind die Aufführungen doch deutlich über Durchschnitt.

*

Zurück in die eigene Stadt, zurück ins eigene Stadttheater: Auch hier, wo die Karte für einen Platz, von dem man ausreichend gut hört und sieht, in der Regel schon für zwanzig Euro zu haben ist, bedarf es manchmal beträchtlicher Anstrengungen, an diese Karte heranzukommen. Es gibt Zuschauer, die für Karten vor einem Theater eine Nacht kampiert haben. Und es soll Leute geben, die Theaterkritiker geworden sind, nur weil sie ein für alle Mal die Frage der Eintrittskarten vom Hals haben wollten.

Für alle anderen gibt es nur eine einzige Möglichkeit, sich Karten ohne Aufwand zu besorgen: Man muss jemand kennenlernen, der im betreffenden Theater arbeitet und der einem so immer mal wieder eine Karte verschaffen kann. Das ist nicht einfach, aber hat man es geschafft, ist man Insider und wird doppelten Spaß haben.

Wer ins Theater gehen will, muss sein Zuhause verlassen, er muss es sogar zurücklassen. Theater und DVD sind als Medien einander diametral entgegengesetzt. Der Markt mag am liebsten Künste, die man nach Hause tragen kann, weil das am einfachsten zu verkaufen ist. Das Theater ist alles andere als marktkonform. Nach Hause tragen kann man hier außer dem Programmheft gar nichts.

Außerdem gehört ein gewisser Mut dazu, ins Theater zu gehen. Man weiß einfach nicht, was einen erwartet. Man lässt sich auf etwas Unvorhersehbares ein. Man weiß nicht einmal genau, wie lange es dauert. Dieser Mut hat nichts Heroisches, man kann nicht mit ihm prahlen, nicht einmal vor sich selbst. Aber der Theaterbesuch ist doch eine kleine Auflehnung gegen die Gewohnheiten des Alltags. Jahrzehntelang hatte es etwas ungemein Saturiertes, sich immer wieder auf seine Abonnentenplätze zu setzen. Mittlerweile ist es eine Entscheidung, die zu ziemlich allem quer steht.

Nirgendwo ist die Angst, dass man zu spät kommt, so groß wie beim Theaterbesuch. Das ist nicht umsonst so. Pünktlichkeit ist nicht nur wichtig; sie zeigt auch eine Haltung dem Theater gegenüber. Sie ist Zeichen einer Erregung, einer Verunsicherung, man verlässt die gewohnten, vorhersehbaren Bahnen. Die angespannte Vorfreude des Zuschauers entspricht dem Lampenfieber desSchauspielers. Wenn ich nicht da bin, kann die Sache nicht stattfinden. Ich werde gebraucht. Ich werde erwartet. Das spürt man bereits vorher.

*

Wenn man dann, hoffentlich rechtzeitig, das Theater betritt, beginnt etwas, das immer als Nebenprodukt betrachtet wird, was aber zur

Hauptsache gehört. Im Zentrum steht die Frage: Wer ist da? Sie werden sehen, wenn sie eine Zeit lang regelmäßig ins Theater gehen, treffen Sie hier immer wieder Menschen, die sie kennen. Das Publikum erkennt sich. Es ist wie eine Gemeinschaft von Vertrauten, selbst wenn man noch nie ein Wort mit einer Person gesprochen hat. So wie man nach einer Zeit als Zuschauer das Gefühl hat, die Schauspieler zu kennen.

Das Spiel im Foyer ist damit längst nicht erschöpft. Wer sendet welche Blicke? Wohin? Hat der da drüben jetzt dem – wie heißt er doch gleich – nun zugenickt oder nicht? Welche Gruppen bilden sich? Wie wird dort geredet? Wer schafft es, im Vorbeigehen einen freundlichen, verbindlichen Satz zu sagen, ohne gleich ein Fass aufzumachen? Wer beherrscht diese Kunst des gemeinsamen aneinander Vorbeigleitens am besten? Es geht hier nicht darum, sich wirklich miteinander zu unterhalten. Es geht um das Bad in der Gemeinschaft.

Das gibt es woanders auch, im Theater aber folgt es vollkommen eigenen Gesetzen. Es geht darum, persönliche Verbindungen zu unübersichtlich vielen Besuchern zu unterhalten, ohne die anderen aus dem Auge zu lassen. Es geht nicht um das bewusstlose Bad in der Menge, sondern um die Mannigfaltigkeit der Beziehungen.

Medium dieser Beziehungen ist natürlich der Smalltalk, den man wie nirgendwo sonst im Theater lernen und dann immer wieder praktizieren kann. Die Zeit ist begrenzt, man kann also keine umfänglicheren Themen anschneiden, für bloße Belanglosigkeiten ist der Gott, in dessen Namen man sich versammelt, aber doch zu anspruchsvoll. Im Gegensatz zum Popkonzert oder Fußballspiel ist das Theaterpublikum nicht nur eine Masse, sondern jeder bleibt in dieser Gemeinschaft als fühlender und denkender Mensch bestehen. Jeder ist hier auch als Individuum angesprochen und gefordert.

Weitgehend überschätzt ist dagegen immer noch die Kleiderfrage. Es gibt keine Regeln für Bekleidung mehr, außer natürlich den überall gültigen Mode- und Markenfragen, die das allgemeine Anziehen beherrschen, die aber nichts mit dem besonderen Ort Theater zu tun haben. Als Regel für das Theater kann gelten: Wenn es einem selbst gefällt, ist es auch in Ordnung.

Das Einzige, was zu bedenken ist: Es ist ein Fest, dem man beiwohnt, man sollte also wenigstens für einen Moment darüber nachdenken, in welcher Kleidung man sich dort am wohlsten fühlt. Daraus ergibt sich die einzige Theaterkleiderregel: Wähle deine Kleidung bewusst aus. Das aber machen ohnehin fast alle.

Bei der Premiere kann man die Atmosphäre des Theaters intensiver wahrnehmen, das vor allem macht ihre Attraktivität aus. Es geht weniger darum, dass man etwas als Erster sieht, wie immer gedacht wird, es geht darum, dass das Publikum bei der Premiere noch mehr gebraucht wird als sonst, nachdem es während der (meist acht) Wochen der Proben immer nur imaginiert worden ist, ist es jetzt da. Es entscheidet nicht nur über Wohl und Wehe der Aufführung, es denkt mit, es gibt der Aufführung erst Leben. Schauspieler erzählen immer wieder, dass sie ihre schönsten Momente bei Proben erlebt hätten. Aber sie wissen ganz genau: Ohne den Abend, an dem die Zuschauer das erste Mal kommen, hätte es diese Momente nicht geben können.

*

Nun sind wir also drin. Man hat die schwer oder leicht erworbene Eintrittskarte vorgezeigt, hat sich durch das Foyer bewegt, hat das Programmheft gekauft, das man außer der Besetzungsliste nicht lesen wird (Verzeihung, liebe Dramaturgen), hat seinen Platz gefunden und abgeschätzt, wer neben, vor und hinter einem sitzt. Wer könnte einen stören, weil er zu groß ist oder hochtoupierte Haare hat, wen könnte man selbst stören? Könnte es sich lohnen, mit dem Sitznachbarn ein paar Worte zu wechseln? Später wird man mal einen kurzen Moment darüber nachdenken, wie er diese oder jene Stelle empfunden hat, man wird nach links oder rechts schielen, um auf seinem Gesicht etwas abzulesen.

Man ist nicht als einer der Ersten in den Zuschauerraum gegangen, um sich dort nicht zu langweilen. Man hat auch nicht den Fehler gemacht, den mittlerweile fast alle Zuschauer machen, und hat denen, die aufstehen mussten, damit man auf seinen Platz kommt, Rükken und Hintern zugewendet. Das ist zur Zeit die größte und am weitesten verbreitete Unsitte im Theater. Es gehört sich nicht, an den Mitbesuchern mit seinem Hinterteil entlangzuschrammen. Ganz abgesehen davon, dass man sich um den Genuss bringt, den Gesichtern derer, an denen man vorbeigeht, für einen kurzen Moment ganz nahe sein zu können.

Die Entscheidung, ob man im Parkett, auf dem Balkon oder dem Rang sitzt, hat man lange vorher getroffen. Für Menschen, die ins Theater wollen, aber nur wenig Geld haben, ist der Rang die beste Möglichkeit. Lieber viermal im Rang als einmal im Parkett. Er hat aber auch entscheidende Nachteile. Man sieht alles, wenn man nicht an der Seite sitzt und sich der Nebenmann gerade vorbeugt, weil man aber von oben auf das Geschehen schaut, ist man wie abgeschnitten. Man gehört sozusagen nicht so richtig dazu. Die Energie, die der Zuschauer aufbringen muss, um sich als Teil der Veranstaltung zu empfinden, ist da oben weitaus größer (was aber natürlich auch eine Art Ausbildung im Sehen mit sich bringt).

Ähnliches, nur in abgeschwächter Form, gilt für den Balkon. Wobei hier die Sicht durch das steile Ansteigen der Sitzreihen meist deutlich besser ist als vom Parkett aus, wo man immer große Herren oder aufwendig frisierte Damen vor sich hat. In manchem Theater, wie der Wiener Burg, gab oder gibt es außerdem hinter der letzten Reihe noch Stehplätze. Das ist ideal bei knapper Kasse: Der Nachteil, stehen zu müssen, ist geringer, als man gemeinhin glaubt.

Der Regisseur, sozusagen das geistige Auge der Aufführung, sitzt während der Proben meist in der fünften oder sechsten Reihe des Parketts. Hier, in der Mitte der Reihe, ist der imaginäre Zentralpunkt des Theaters, auf den sich alles bezieht. Hier hat man den Überblick über das Bühnengeschehen, hier sieht man aber auch die Einzelheiten, hier hört man in fast jedem (aber durchaus nicht allen) Theatern sehr gut. Hier überschaut man das Publikum und wird selbst gesehen. Insofern muss der Platz in der fünften Reihe Parkett Mitte – und nicht etwa in der ersten Reihe – als der ideale Platz angesehen werden.

Oft sieht man in den vorderen Reihen freie Plätze und ärgert sich, dass man nicht selbst dort sitzt. Nichts spricht dagegen, Reihe und Platz abzuzählen und sich in der Pause dort hinzusetzen. Kein Zuschauer kommt erst zur Pause, man nimmt also niemandem mehr seinen Platz weg. Die Schauspieler sind froh, wenn das Publikum möglichst nah und möglichst konzentriert bei ihnen sitzt, das erleichtert ihnen die Arbeit. Allerdings muss man sich relativ früh auf seinen neuen Platz setzen: Man ist ja nicht der Einzige, der die leeren Stühle gesehen hat.

Sitzt man dann auf einem Platz, ist es auch schon wieder ein wenig egal, wo er ist. Teilnehmen kann man letztlich von überall. Der geübte Theaterzuschauer beginnt jetzt Fühlung aufzunehmen zur Atmosphäre des Ortes, zu den Nachbarn, zur Stimmung unter den Zuschauern. Das ist im Theater besonders interessant, weil man hier einer Menge beiwohnt, die mehr als in anderen Versammlungen sichtbar wird. Sie macht einen inneren Vorgang durch und zeigt sich am Ende. Im Kino merkt man von der Bewegung des Publikums kaum etwas, im Popkonzert wird das Publikum noch sichtbarer als im Theater, aber es fehlt der innere Vorgang, die Beschäftigung mit sich selbst.

*

Der Moment, bevor es losgeht, ist für mich der Moment der größten Magie. Der Raum selbst vibriert vor Erwartung, die übrigens nicht mit Spannung zu verwechseln ist. Der Raum wartet darauf, sich zu verwandeln, sich in eine Sphäre hinein zu öffnen, die es vorher nicht gab. Es ist wie eine vierte Dimension, eine Ausstülpung eines Inneren, die sich dann vollzieht, wenn die Aufführung beginnt. Man meint die Erwartung des Raumes auf der Haut wie einen kalten Hauch zu spüren oder als leises Summen in der Luft zu hören. In Filmen wird gebeamt oder teletransportiert, im Theater findet die Transformation wirklich statt.

Sichtbares Zeichen dieser Verwandlung ist der Vorhang. Der Vorhang ist seit Jahren im Theater etwas in Verruf geraten, nicht umsonst. Er hat die Sicht auf die Verwandlung, deren Zeichen er ist, durch endloses Auf- und Zugehen eher verstellt als geöffnet. Vor dem Vorhang war Zuschauerraum, dahinter Bühne, hier Wirklichkeit, dort Fantasie. Das war falsch, denn der Vorhang öffnet nicht den Blick von einem Raum in einen anderen, wie er anzunehmen nahelegt, er trennt zwei Teile *eines* Raums, die dadurch, dass er hochgeht, verbunden werden.

Die falsche Vorstellung, die man sich so lange machte, konnte vom Theater nur durch die Auflösung des Vorhangs bekämpft werden, nur indem es keinen Vorhang mehr gab und die Behauptung der Verwandlung anders und weniger ritualisiert hergestellt werden musste, konnte beim Publikum ein Gespür für diesen Moment wachgehalten oder wieder erzeugt werden.

Eine Zeit lang war Theater mit Vorhang wie schlechtes Kino, die Bühnenbildner konnten sich noch so viel Mühe geben, die Rundhorizonte mochten noch so strahlen, die optische Verführungskraft der Leinwand war trotzdem weitaus größer. Mittlerweile aber ist das anders. Der Vorhang, den es im Theater heute geben kann, aber nicht muss, ist in seiner magischen Funktion erst jetzt so richtig sichtbar geworden. Wahrscheinlich gab es nie Zeiten, in denen man einen Vorhang und die räumliche Verwandlung, die er bewirken kann, besser wahrnehmen konnte als die unsere.

Eng damit zusammen hängt der leere Raum, den Peter Brook, einer der Theatermagier des vergangenen Jahrhunderts, erfunden hat und der seinem ersten Buch den Titel gegeben hat. Der leere Raum, das ist eine Metapher für die durchschlagende Kraft der Vorstellung, die jeden Raum in alles verwandeln kann, wenn die kollektive Vorstellung der Zuschauer den richtigen Anstoß bekommt, um sich dorthin zu bewegen.

Brook und seine Nachfolger haben dazu eine richtiggehende Theorie und Praxis des Schauspielens entwickelt. Ziel ist der Schauspieler, der einen Ort oder eine Situation allein durch sein Spiel entstehen lässt. Dabei passiert im günstigsten Fall etwas, das man das unsichtbare Theater nennen könnte. Ein Theater, in dem der Schauspieler, der an den magischen Vorgang glaubt, dass er durch seine Vorstellung einen Raum herstellen kann, diesen dann auch tatsächlich erzeugt.

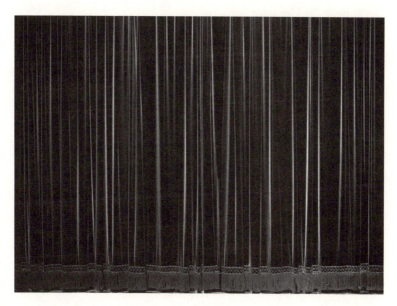

■ Der Vorhang ist das Zeichen der Verwandlung. Trotzdem hatte er im Theater lange Zeit keinen besonders guten Ruf.

Was, wenn nicht das, ist Magie? Leider aber hat diese Sichtweise, die an das Theater fast wie an eine Religion glaubt, zu viel Theater- und Empfindungsscharlatanerie geführt. Jeder Rechtgläubige meinte allein dadurch schon an etwas Großem teilzunehmen. Aber längst nicht jeder Schauspieler, der daran denkt, auf einer Wiese zu stehen, er mag das so intensiv tun und fühlen, wie er will, erzeugt beim Zuschauer auch diese Vorstellung.

Und trotzdem rührt das Bild vom leeren Raum und die Möglichkeit, allein durch die Vorstellung alles entstehen zu lassen, an die Wurzeln des Theaters. Es rührt an das, woran auch der Vorhang erinnert. Eine der kürzesten und schönsten Zusammenfassungen der banalen Magie stammt von Jerôme Bel, dem französischen, weltweit arbeitenden Choreografen: »Some people sitting in the darkness, watching other people sitting in the light.« Leute, die im Dunkel sitzen, sehen andere Leute, die im Licht sitzen – selbst in diesem Bild steckt noch die Idee vom Vorhang.

*

Der Zuschauer ist mit seinem Inneren entweder ganz bei der Aufführung, zu der er nur äußerlich nicht dazugehört. Oder der Zuschauer ist mental nicht anwesend, sondern er ist ganz bei sich. Auch darin kann man eine der Paradoxien des Theaters sehen: Aus der Behauptung, ein anderer zu sein, die zum Wesen des Schauspielers gehört, entsteht für den Zuschauer eine besondere Art, bei sich selbst zu sein. Auch eine Definition des Theaters: Der Schauspieler ist ein anderer, der Zuschauer bei sich.

Die Szene mit den Schnöseln im Burgtheater, die in der Einleitung dieses Buches geschildert wurde, ist ein Beispiel für den ersten Fall: Ist man ganz bei dem Vorgang, zu dem man rein physisch nicht gehört, hat das eine befreiende Wirkung auf den Zuschauer, weil man sich selbst darüber vollkommen vergessen kann. Wir erinnern uns: Da war nichts auf der Bühne und es konnte doch alles bedeuten. Dazu brauchte es nur eins: den Schauspieler, Egal, was die Schauspieler tun, wir glauben es ihnen. Das wirkt befreiend, weil der Zuschauer vollauf damit beschäftigt ist, das zu vollziehen, sich vorzustellen, was die Schauspieler gerade erfinden. Das kann man weit drehen, und die Lust bei dieser Art Theater entspringt ja auch gerade daraus, dass man es immer weiter dreht.

Die andere Möglichkeit, ganz bei sich selbst zu sein, ist mit dem großen, dem übergroßen Wort »Mitleid« angesprochen – ein Wort, das in der Geschichte des Theaters die größte Bedeutung gehabt, aber auch erheblichen Schaden angerichtet hat. Heute ist es aus der Mode gekommen, aber in diesem Wort »Mitleid« steckt doch die gesamte Frage, wer der Zuschauer im Theater ist. Mitleiden ist ein starker Grund, aus dem heraus ein Zuschauer einer Handlung folgt. Das Miterleben, die naive Identifikation, war lange Jahre genau das, was Zuschauer im Theater vermisst und am Kino geliebt haben. Man kann beim Film einfach besser mitweinen (außerdem sieht einen dabei im Kino keiner). Mitleiden heißt in diesem Sinn Miterleben, in einer anderen Haut stecken, ein anderes Schicksal durchleiden und dabei die Gefühle haben, die der andere (womöglich) hat. Und genau damit – und das ist der Clou bei der Sache – fühlt man sich dann ganz bei sich.

So ist es bis heute. Die berühmte kathartische Wirkung, die beim Zuschauer entstehen soll, kann man als Bei-sich-Sein verstehen. Man spürt besser, wer man ist. Und indem man das spürt, wird man gefasster, lebendiger, anwesender. So verstandenes Mitleid ist jene wunderliche Kraft, die das Schauspiel zu einer Art Medizin werden lässt, die es möglich machte, es als moralische Anstalt zu verstehen – und auch misszuverstehen. Auch die moralische Anstalt ist eine Idee, der heute niemand mehr wirklich anhängt, die sich aber doch hartnäckig in den Köpfen hält, als könnte man nicht auf sie verzichten. Wir werden an dieser Stelle diese Fragen nicht klären. Es ist nur ein Gedanke:

Die Komödie ist die Art Theater, bei der der Zuschauer außer sich ist, die Tragödie ist jene, die ihn bei sich lässt.

*

Ein Wort zum Theaterschlaf: Irgendwann überkommt jeden einmal die Müdigkeit. Da müssen wir uns nichts vormachen. Selbst hartgesottene Theaterkritiker wurden mit hängendem Kopf und hängenden Lidern entdeckt. Es gibt Menschen, die nach einer halben Stunde oder sofort, wenn sich der Vorhang hebt, eine nicht niederzukämpfende Müdigkeit überkommt. Vor dem Fernseher sieht es niemand, im Theater ist es immer etwas peinlich. Obwohl es natürlich oft so ist, dass die Aufführung einen nicht wirklich interessiert. Das ist ja im Fernsehen oder im Museum, wo man an den meisten Exponaten eher achtlos und desinteressiert vorbeigeht, auch nicht anders.

Man kann ohnehin auf Dauer nichts gegen den Schlaf tun. Kunst ist nun mal anstrengend, sie macht – auch dem Zuschauer – viel Arbeit. Man muss die Müdigkeit über sich ergehen lassen und darauf vertrauen, dass man zehn Minuten später wieder wach ist. Schlafentzug hat noch niemand gutgetan. Mancher geht sogar so weit, den Theaterschlaf als den schönsten Schlaf zu bezeichnen. Tatsächlich aber liegt man in Kinosesseln bedeutend bequemer. Die Kunst des Theaterschlafs besteht trotzdem nicht darin, in aufrechter Haltung zu schlafen, das ist eine Voraussetzung, sondern an den richtigen Stellen zu schlummern.

*

Wenn es zutrifft, was hier behauptet wird, wenn das Theater nicht nur ein Ort zum Schlafen, sondern wirklich ein magischer Vorgang ist, muss es Strategien der Entzauberung geben. Es muss Hilfsmittel geben, die den Zuschauer wieder zu sich kommen lassen, die die Magie aufheben. Magie, aber auch Entzauberung sind Themen von Shakespeares *Sturm*. »But release me from my bands / with the help of your good hands« heißt es am Ende des Stücks, als der Zauberer Pro-

»Nur eine Vorsichtsmaßnahme! – Falls mich
wieder der Schlaf übermannt!«

spero auf seine magischen Fähigkeiten verzichtet und den Luftgeist Ariel in die Freiheit entlassen hat. Mit dem »you« in diesem Satz sind wir gemeint, die Zuschauer.

Es geht ums Klatschen. »Macht mich aus des Bannes Schoß / durch Eure willigen Hände los«, übersetzte August Wilhelm von Schlegel. Der Applaus ist nicht nur der Dank der Zuschauer an die Schauspieler, er dient auch der Auflösung der Imagination. Und übrigens, ein beherztes Bravo, wenn es denn gerechtfertigt ist, hat noch niemandem geschadet, weder dem Schauspieler noch dem Zuschauer. Auch der Zuschauer selbst wird sich intensiver spüren. In den gefühlslahmeren unserer Städte aber wird es immer unüblicher, als ob der Bravoruf etwas Peinliches wäre.

Ähnliches wie für das Klatschen gilt für die Pause. Die Pause ist dazu da, die Imagination aufzuheben. Der Zuschauer distanziert sich, er denkt nach, er relativiert, was er gesehen hat. Er spricht mit anderen. Vielleicht hat man dem Sitznachbarn nicht nur verstohlen ins Gesicht geschaut, sondern mit ihm ein paar Worte gewechselt. Im Foyer spricht man mit diesem und jenem, und wenn man zurück im Parkett ist, hat man mit Sicherheit einen veränderten Blick auf das Geschehen.

Mittlerweile hat sich im Theater allerdings ein neues Format durchgesetzt, die Zweistundenaufführung ist die Norm geworden. Dieses Aufführungsformat meint ohne Pause auszukommen. Überhaupt hat die Pause im Theater zurzeit keinen guten Ruf, immerhin könnte dem einen oder anderen Zuschauer ja einfallen, dass er sein Bier doch lieber sofort und woanders trinken möchte. Du entkommst mir nicht, scheint die heutige Maxime des Theaters zu sein. Dabei allerdings vergisst es, dass etwas verloren geht: Die Pause ist nicht in erster Linie dazu da, einem Pächter einen zufriedenstellenden Bierumsatz zu ermöglichen.

Noch ein Wort zum Husten. Auch das Husten hat ja durchaus antiillusionistische Wirkung, aber vor allem stört es die Schauspieler

und anderen Zuschauer. Nun kann man, so denkt man, nichts dagegen tun. Husten ist etwas Zwangsläufiges, das halt raus muss. Und
nicht jede Aufführung braucht die Stille der Zuschauer. Irgendwie ist
das Dauergehuste und -gehüstel im Theater aber doch extrem un-
höflich. Es gehört zu den schönen Seiten von Theaterhäusern und
Konzertsälen, dass sie Orte kollektiver Stille sein können.

Im Theater versucht man den Husten zu unterdrücken. Das ist
ohne Zweifel anstrengend. Durch dauerndes Husten muss man aber
ohnehin noch mehr husten. Zuweilen erlebt man Auditorien, die sich
regelrecht zum Husten aufpeitschen. Vollkommen verlernt wurde
dagegen die Kunst des stillen Hustens. Man hustet dabei nicht wild
in die Gegend, sondern genau in die angewinkelte Armbeuge. Dann
ist es entschieden leiser.

*

Nun ist das Theater zu Zeiten von Kino, Computerspielen und anderen Medien der Überwältigung schon lange kein Medium der Selbst-
vergessenheit mehr. Die Illusionen des Theaters sind für uns, die
wir virtuelle Welten gewohnt sind, schwach. Die Illusion ist dem
heutigen Theater grundsätzlich fremd, die Illusion wird immer von
der Realität – und sei es die der Bühne – gebrochen.

Tatsächlich steckt die Desillusionierung von Anfang an im Theater. Das Theater insgesamt ist heute genau so, wie Brecht es mit
seiner berühmten Verfremdungstheorie gefordert hat – es zeigt
immer, dass es gemacht ist. Und es muss überhaupt nichts mehr dafür tun.

So wie es Strategien der Desillusionierung gibt, so wie das Theater
heute selbst schon eine Desillusionsmaschine ist, so gibt es aber auch
immer noch Strategien der Vereinnahmung des Zuschauers. Dazu
gehört die manchmal ausufernde Dauer der Aufführungen, die den
Theaterbesuch mehr zu einer Expedition denn zu einer Abendver-
gnügung werden lässt. Peter Steins zehnstündiger *Wallenstein* in Ber-

lin war das letzte prominente Beispiel, es war die bildungsbürgerliche Fassung dieser Theaterform. Peter Brooks *Mahabharata* oder Ariane Mnouchkines *1789* sind weitere legendäre Beispiele solcher Expeditionen.

Auch das normale Stadttheater tendiert in der jüngsten Vergangenheit manchmal dazu, endlos zu sein. Wenn der Regisseur Stefan Bachmann Paul Claudel inszeniert (erst in Basel, dann in Berlin), geht es nicht unter sechs Stunden. Wenn Shakespeares Königsdramen inszeniert werden, dann am liebsten alle zusammen – wie es 1999 bei den Salzburger Festspielen und in den Münchner Kammerspielen der Regisseur Luk Perceval mit *Schlachten* tat oder wie es gerade Stefan Kimmig im Burgtheater mit einigen dieser Stücke gezeigt hat.

Ob sich die Langstrecke lohnt, weiß man vorher nicht. Es gibt weniger Beispiele für große Triumphe als Fälle langen Scheiterns. Die Gefahr, die der Theaterbesuch nun mal bedeutet, vergrößert sich. Inzwischen scheuen die Theater die lange Aufführung wieder. Länger als zwei Stunden gilt als schwierig, es überfordert die Filmformate gewohnten Zuschauer, die hinterher gern noch was zusammen trinken wollen. Länger als zwei Stunden erfordert eine Pause, die den Zuschauern Fluchtmöglichkeiten gibt.

Kurze Aufführungen sind gut, dass es nun keine langen mehr gibt, ist schade. In jedem Fall verändert sich bei langen Aufführungen die Wahrnehmung, das Zuschauen wird zum gewöhnlichen Zustand. Die Frage, wann es zu Ende ist, die immer irgendwo im Kopf steckt, verliert ihre Bedeutung, weil es noch zu lange ist, um sich schon darauf vorzubereiten. Man lernt etliche andere Zuschauer kennen und wird eine Gemeinschaft. Und in den meisten Fällen ist man am Ende begeistert, wobei man am Ende sich selbst und dem eigenen Sitzfleisch mindestens so viel Applaus zollt wie der Aufführung. Mancher meint, den Erfolg von Peter Steins *Wallenstein* so vollständig erklären zu können.

Eine weitere Form, sich dem Theater bedingungslos hinzugeben, die jeder Zuschauer selbst herstellen kann, ist die Theaterreise. Die Planung, die Mühe, die geistige Beschäftigung mit dem Stück, die der Theaterreise wie von selbst vorausgehen, vergrößern eindeutig die Glücksmöglichkeiten. Es ist der größte Vorzug am Beruf des Theaterkritikers, die Theaterreise als festen Bestandteil seines Lebens etabliert zu haben. Wie ja überhaupt der Theaterkritiker nicht nur ein Vertreter des Zuschauers, sondern ein gesteigerter Zuschauer ist. Er bereitet sich vor, er sieht mehr, er fährt weiter, er beschäftigt sich noch am nächsten Tag beim Schreiben mit der Aufführung. Zum Theater gehört die Theaterreise, weil Aufführungen immer für bestimmte Orte geschaffen sind, muss man hinfahren. Kein Gastspiel kann darüber hinwegtäuschen.

PILZE, DIE MAN MIT INS THEATER NEHMEN KANN.
HEUTE: KULTURCHAMPIGNONS.

Eine andere, raffiniertere Verführungsmöglichkeit des Theaters ist die Kantine. Jeder, der einmal eine Theaterkantine besucht hat, weiß, dass man sich keine besseren Gaststätten wünschen kann. Immer kommt und geht jemand, den man kennt, sie haben von morgens bis spätabends geöffnet, Getränke und Essen sind grundsätzlich billig. Die Kantine, die sich meistens im Innersten des Theaters befindet, ist von der Außenwelt vollkommen abgeschirmt, eine Insel, manchmal eine Insel der Seligen. Immer schwirren Beziehungen durch die Luft, man spürt eine prickelnde Spannung. Theaterleute insgesamt, vor allem aber Schauspieler, sind sehr unterhaltsame Menschen, die in der Kantine ihre Talente mindestens so vehement entfalten wie auf der Bühne.

Die Kantine ist der Ort, an dem sich alle Linien des Theaters kreuzen, wo der Tratsch blüht wie nirgendwo sonst, wo alles beginnt und wo alles aufhört. Hier findet das Leben statt. Der Dramatiker und frühere Dramaturg Andreas Marber hat einmal ein Kantinenstück geschrieben, *Die Lügen der Papageien*, das aus den Eifersuchtskämpfen der Kantine entstanden war, seinerzeit großen Erfolg hatte und die Stadt Stuttgart beschäftigte. Seitdem kann jeder wissen, wie es in Theaterkantinen zugeht.

Die wichtigste Erkenntnis: Im Theater wird gelogen, dass sich die Bretter biegen. In der Kantine wird gelogen, gelogen und noch mal gelogen. Sie haben sich mit einem Schauspieler unterhalten, Sie sind sich sicher, dass er Ihre freundschaftlichen Gefühle erwidert, und was geschieht: Ein paar Tage später scheint er Sie nicht mehr zu kennen. Sie werden diese Erfahrung machen. Und warum? Ganz einfach: Schauspieler sind auf Beifall angewiesen, sie sind von ihm abhängig. Also müssen sie ihn sich dauernd gegenseitig geben. Dauernd müssen Schauspieler und andere Theatermenschen sagen, wie toll ein Kollege wieder war. Das kann natürlich nicht immer der Wahrheit entsprechen. Außerdem wissen Theatermenschen, dass sie sich irgendwann in irgendeinem Theater wieder über den Weg laufen werden. Da ist es nicht so schön, wenn man im Kopf hat, dass man sich als Letztes gestritten hat. So sind die Freundlichkeit, die Zuneigung und die Bewunderung eine Art Dauerzustand geworden. Das ist, wenn Sie dann in einer Kantine sitzen, werden Sie es merken, gar nicht unangenehm. Die freundschaftlichen Gefühle, die Sie bei dem Schauspieler zu spüren meinten, waren in dem Moment schon echt. Aber es sind eben Momentsgefühle, flüchtig wie Tau in der Morgensonne.

Hat man dann Schauspieler oder andere Theatermenschen kennengelernt, muss das etwas merkwürdige »Toi toi toi« Bestandteil der eigenen Sprache werden. Es ist, wie »Petri Heil« für den Angler, eine feststehende rituelle Wendung, mit der man Schauspielern vor einer Aufführung Glück wünscht. Da ein Theateraberglaube sagt, dass direkte Glückwünsche Unglück bringen, sagt man »Toi toi toi«. Genauso fester Bestandteil der Abwehr von Unglück ist das dreimalige Klopfen auf Holz, das im Theater von jedem praktiziert wird.

Woher das überall gebrauchte »Toi toi toi« kommt, ist unklar, entweder ist es eine lautmalerische Nachahmung des ebenfalls das Unglück bannenden Spuckens oder die Kurzfassung von Teufel, Teufel, Teufel. Im englischen Sprachraum wird »Break a leg« gesagt. Auch mit diesem Satz sollen böse Geister abgewendet werden. Am besten übersetzt man ihn mit »Hals und Beinbruch« oder »Wird schon schiefgehen«.

*

Die raffinierteste und gefährlichste Vereinnahmungsstrategie des Theaters ist das Mitmachtheater. Was im Kinderzirkus fest zum Repertoire gehört und bei Eltern feuchte Augen hervorruft, erzeugt im Theater bei den meisten extremes Unwohlsein. Man möchte in einem Kokon bleiben, man möchte nicht an der Aufführung mitwirken. Nun gibt es mittlerweile Theaterformen, die ohne die aktive Beteiligung des Zuschauers nicht mehr funktionieren. Nur wenn sich der Zuschauer auf die Situationen der dänischen Performance-Gruppe

Signa einlässt und mitmacht, wird er erleben, worum es in der Produktion geht.

Die erste Produktion von Signa, die in Deutschland gezeigt wurde, *Die Erscheinungen der Martha Rubin*, kam in Köln zur Eröffnung der Intendanz von Karin Beyer 2007 heraus und wurde später beim Berliner Theatertreffen gezeigt. In einer Halle befand sich ein Dorf aus mehreren Hütten, es lag im Grenzgebiet zum Nordstaat, die Dorfbewohner waren ein dubioses, naives, vielleicht atavistisches Volk. Sie wurden von Soldaten bewacht, die an die Soldateska ehemaliger Ostblockstaaten erinnerten.

Je nachdem mit welcher Seite man sprach, mit den Dorfbewohnern auf Deutsch oder mit den Soldaten auf Englisch, stellte sich die Situation vollkommen anders dar. Die Soldaten glaubten, dass sie die Dorfbewohner vor Fremden und genauso vor sich selbst beschützten. Aus der Sicht der Dorfbewohner sah das ganz anders aus: Sie glaubten sich bevormundet und waren eingesperrt. Das Ganze war ein eindrückliches Bild zweideutiger politischer Verhältnisse, wie sie vielerorts auf der Welt existieren.

■ Da passierte etwas, das man vorher im Theater nicht erlebt hatte: *Die Erscheinungen der Martha Rubin*, eine Performance der dänischen Gruppe Signa in Köln.

Die Größe der Performance aber lag darin, dass man tief in diese Welt eindringen konnte, man konnte in dem Dorf übernachten und sich ausgiebig unterhalten, die Dorfwelt wurde dabei immer deutlicher, widersprüchlicher und interessanter. Die Performer konnten dabei extrem sein, es gibt Zuschauer, die sich gedemütigt oder in Frage gestellt fühlten, manche berichteten nach ein paar Stunden Signa von Extremerfahrungen, wie man sie sonst nur beim Selbsterfahrungstrip macht.

*

Signa ist ein Extrem. Aber immer ist Mitmachtheater eine äußerst delikate Angelegenheit. Vor ein paar Jahren zeigte Andreas Kriegenburg in Frankfurt am Main eine Theaterversion des Films *Idioten* von Lars von Trier, es war der Tag vor Silvester, wenn ich mich richtig erinnere. Der Schauspieler Rainer Frank hatte mich als denjenigen auserkoren, den er auf die Bühne holen wollte. Er tat das sehr zielstrebig, wahrscheinlich, um seine eigene Unsicherheit, wie ich mich zu erinnern glaube, zu überspielen.

Im Moment der Entscheidung, mache ich nun mit oder nicht, ging in sehr kurzer Zeit etwa Folgendes durch meinen Kopf: Nein, ich will nicht. Nein, ich sollte nicht, ich bin ja als Kritiker hier, das heißt als distanzierter Beobachter. Dann aber: Es ist blöde, sich immer auf die Rolle des Kritikers zurückzuziehen, die in Wahrheit doch nur eine Rechtfertigung des bequemen »Fass mich nicht an« ist. Die mich mit gutem Gewissen in meinem Kokon bleiben lässt. Das kann es nicht sein, zumal der Kritiker doch auch nur ein Zuschauer ist und deshalb tun sollte, was andere Zuschauer auch tun. Ich glaube, die Schauspielerin Natalie Seelig saß außerdem neben mir. Vor ihr, das merkte ich deutlich, hätte ich mich besonders geschämt, Nein zu sagen. Es ging um Scham.

Dann aber musste ich am nächsten Morgen einen kleinen Text über die Aufführung schreiben, was fast, wie ich nun zu meiner Überraschung feststellte, unmöglich war. Ich war auf der Bühne innerlich cool geblieben, deswegen meinte ich, dass es mit dem Schreiben kein Problem sei. Und doch war es so, als ob ich immer noch über eine Nabelschnur mit der Aufführung verbunden sei. Das machte es mir unmöglich, distanziert, von außen auf sie schauend zu schreiben. Ich habe es dann doch gemacht, es war Silvester und ich wollte den Jahreswechsel feiern und mich nicht mit schwierigen Fragen in einer Kritik befassen. Aber im Grunde verfolgt mich der Fall bis heute.

*

Merkwürdigerweise fand die Geschichte dann später am gleichen Ort und in einer anderen Aufführung ihre Fortsetzung mit einem anderen Zuschauer, der sich ebenfalls Notizen machte, die er für einen Zeitungsartikel benutzen wollte. Der Zuschauer verwendete für seine Notizen einen Spiralblock. Der wurde ihm von dem Schauspieler Thomas Lawinky entrissen, woraufhin ein ziemlicher Skandal, die sogenannte Spiralblockaffäre, losbrach. Kurzfristig sah es so aus, als würde das Entreißen des Spiralblocks die Stadt Frankfurt und die Theaterwelt aus den Angeln heben.

Die Zeitung, für die der Zuschauer seinen Artikel schrieb, machte eine Kampagne daraus, die Frankfurter Oberbürgermeisterin und Intendantin spielten eher unrühmliche Rollen, die Freiheit der Kunst stand auf dem Spiel, die Stasimitgliedschaft des Schauspielers wurde bekannt.

Ich musste an meine kleine, wenig Aufsehen erregende Affäre kurz vor Silvester denken. In beiden Fällen ging es um die Fallstricke des Mitmachtheaters. Beide Fälle haben sich am genau gleichen Ort ereignet, der Frankfurter Außenspielstätte in der Schmidtstraße, die es bald nicht mehr gibt. Ich musste an meine Schwierigkeiten beim Schreiben denken. Und nahm an, dass der Kollege wahrscheinlich ein ähnliches Unwohlsein hatte wie ich, das er auf diese Weise elegant zu einem Skandal ausbaute.

Die Grenze zwischen Schauspieler und Zuschauer wird in jeder Aufführung neu definiert, auch vom Zuschauer. Man kann sie rigoros und brachial durchsetzen und aufrechterhalten wie der Spiralblockbesitzer, man kann versuchen, seine Sensibilität der Aufführung anzupassen. Einen richtigen Weg gibt es nicht. Aber eine Sicherheit: Jeder, auch der Zuschauer, erscheint im Theater am Ende als der, der er wirklich ist.

Ins Theater zu gehen, meint man, sei keine Kunst. Das ist nicht wahr. Man muss, noch bevor es um die Aufführungen im engeren Sinn geht, eine ganze Menge von Zusammenhängen spüren und kennen, man muss intuitiv das Richtige tun, um wirklich im Theater anzukommen. Man muss tatsächlich eine Menge können, um ins Theater zu gehen. Je mehr man darüber nachdenkt, desto mehr stellt man fest, dass das, was im Zuschauerraum und im Foyer stattfindet, ein höchst subtiler Vorgang ist, der zum Theater gehört wie die Rückseite zur Vorderseite der sprichwörtlichen Medaille.

Der Zuschauer denkt sich den Schauspieler meist als jemand, der gegen eine dunkle Menge anspielt. Es ist ganz anders. Ein Schauspieler weiß ganz genau, dass er mit den Leuten da unten oder da vorne nun ein paar Stunden verbringen wird. Er denkt zum Beispiel »O Gott, jetzt geht das wieder los, dieses Unding, dieses Riesending«, wenn er eine große Rolle spielt, oder »Jetzt muss ich wieder diese Rolle spielen, die ich doch eigentlich gar nicht kann«, während er auf die Bühne tritt.

Der Schauspieler sieht die Aufmerksamkeit oder Unaufmerksamkeit der Zuschauer, er sieht die schlafenden Zuschauer. Je transparenter die Aufführung angelegt ist, je enger der Kontakt zwischen Schauspielern und Zuschauern, desto mehr sieht er. Er sieht Erregung, Ablehnung, Nachdenken, Langeweile – er sieht alles.

Der Spezialfall des Zuschauers ist der Theaterkritiker. Natürlich soll die Theaterkritik loben, ja sie soll sogar in höchsten Tönen singen, wenn sie einen Anlass dazu sieht. Aber tendenziell ist die Theaterkritik eher die Geißel des Theaters als seine Werbetrommel. Das Verhältnis zwischen Theater und Kritik wird, gerade wenn es ein gutes ist, angespannt sein. Der Kritiker ist nicht der Anwalt des Theaters, eher schon der des Publikums. Aber er ist, wenn man ehrlich ist, auch kein Teil des Publikums. Das Publikum reagiert spontan, der Kritiker soll begründen. Das treibt notwendigerweise einen Spalt zwischen die Zuschauer und ihre schreibenden Vertreter. Der Kritiker sitzt zwischen Stühlen, keine schlechte Position, wenn es tatsächlich um Wahrheit geht.

Die Theaterkritik soll gerecht sein, sie soll nicht verletzend sein, sie darf sich vor allem nicht wichtiger nehmen als die Sache selbst. Solche Verbote tragen natürlich den Keim der Langeweile in sich. Aber es ist nicht zu ändern: Theaterkritik darf sich nicht spreizen und sagen: Schaut, wie schön meine Wortkleider sind, schaut, wie witzig und elegant ich mit der Sprache umgehen kann.

Vor allem soll Theaterkritik nicht ideologisch sein. Das aber ist fast der theaterkritische Normalfall geworden. Entweder kommt die Theaterkritik im Auftrag eines zweifelhaften Fortschritts daher. Sie tut dann so, als gäbe es ein notwendiges Voranschreiten der theatralen Formen und als sei das Neue das Gute. Der Kritiker ist dann das Trüffelschwein dieses Neuen. Das kann er auch sein, es ist selbstverständlich gut, wenn er offen für das Neue ist. Dies aber zum Maßstab zu machen ist reinste Ideologie. Die dazugehörige Theorie stellt dann schnell für alle verpflichtende Regeln auf. Am besten gefällt es diesem Kritiker, wenn die Aufführung so ist, dass nur er sie noch angemessen verstehen kann. Ein Zustand, den wir in Deutschland zuletzt im achtzehnten Jahrhundert hatten. Ein solcher Kritiker weiß, was das Theater darf und was es nicht darf. In unserem aktuellen Fall sind es Figur, Handlung, Sinn, Drama und Repräsentation, die angeblich verboten sind. Dabei gehen das Dramatische und das Postdramatische, das nie so sauber getrennt war, wie die Ideologen gerne geglaubt haben, mittlerweile doch vollkommen durcheinander. In einer einzigen Aufführung können sie nicht nur koexistieren, sondern sie verschmelzen – und das an guten alten deutschen Stadttheatern. Das macht Spaß, regt niemanden mehr auf, passiert mittlerweile meist unbemerkt und ist gut so.

Noch schrecklicher ist die mausgraue Theaterkritik, die meint zu wissen, dass alles im Theater seit Jahren bergab geht. Diese Theaterkritik ist so von sich und ihrer Großartigkeit überzeugt, dass alles eigentlich immer nur schlechter werden kann. Sie dünkt sich besser, als jedes Theater sein kann. Dabei ist sie nur beschränkt bis zur Borniertheit. Sie hat nicht mal etwas, wofür sie kämpft, außer sich selbst. Sie ist in niemandes Auftrag unterwegs.

Das Merkwürdige dabei ist: Auch sie glaubt zu wissen, wie Theater gemacht werden muss. Auch hier sitzen Regelgläubige. Was diese Kritik aber am allerschlimmsten macht: Sie ist fertig mit dem Theater. Dabei ist doch eines ganz klar: Erst wenn die Theaterkritik unideologisch ist, kann sie sagen, was vom Theater zu halten ist. Das ist ihre Aufgabe.

KAPITEL 3

WORAUS THEATER ZUSAMMENGESETZT IST

Das Problem mit dem Theater ist, hat Brecht einmal gesagt, dass es immer Theater genannt werde, wo es doch immer wieder etwas anderes sei. Mal abgesehen davon, dass ein solcher Satz natürlich ganz vorzüglich zur marxistischen Idee von der totalen Veränderbarkeit der Welt passt, klingt er auch nach dem ganz großen Durchblick. Alles fließt, *panta rhei*, und ganz besonders fließt das Theater. Brecht liebte es, wie übrigens viele Theatermacher, den Weisen zu spielen.

Und es klingt ja auch ganz plausibel: Weil Theater erst in dem Moment entsteht, wenn sich Schauspieler und Zuschauer treffen, ist es wandelbarer als andere Arten der Kunst. Im momentanen Zusammentreffen von Bühne und Publikum wird es immer wieder neu definiert. Das ist in der Tat auch ein schöner, ein erhebender Gedanke. Leider hilft er einem aber, wenn man über das Theater nachdenkt, nicht weiter. Denn mit gleichem Recht lässt sich auch das genaue Gegenteil behaupten: Theater bleibt sich immer gleich, es besteht aus den immer gleichen Elementen, es kennt keine Entwicklung. Da werden alle Theaterleute, die das lesen, natürlich laut aufschreien, aber das soll uns egal sein.

Für dieses Kapitel ist der Satz, dass das Theater immer gleich bleibt, auf jeden Fall der wichtigere und interessantere Satz. Mit ihm soll nicht behauptet werden, dass sich Theater nicht verändert. Aber hier soll es um die Dinge gehen, die im Theater immer gleich bleiben. Und die gibt es. Gleich bleibt sich ja zunächst immer und in jedem Fall das, worauf das ewige Fließen beruht: Es muss, wie wir schon gesehen haben, Schauspieler und Zuschauer geben. Im Theater steht immer jemand auf der Bühne. »People sitting in the dark, watching other people standing in the light«, der bereits im letzten Kapitel zitierte Satz fasst dieses erste aller Theaterelemente in schöne Worte.

Er stimmt zwar nicht, wenn das Theater tagsüber im Freien stattfindet. Aber es geht hier ja auch nicht um wissenschaftliche Exaktheit oder axiomatische Allgemeingültigkeit, sondern um das Erkennen jener Zusammenhänge, die im Theater am Werk sind. Und da stimmt der Satz mit dem Licht ziemlich genau mit mehr als neunundneunzig Prozent des Theaters überein, das wir heute erleben.

*

Die Dinge, die im Theater gleich bleiben, möchte ich die »Elemente des Theaters« nennen. Der Regisseur Dieter Dorn hat einmal gesagt, er war damals schon längst einer der erfahrensten Theatermacher der Republik, dass die Sache mit der Regie doch weithin überschätzt werde. So aufregend und großartig jedenfalls seien ihre Möglichkeiten doch nicht, so viele Variationen gebe es im Theater nun mal nicht. Letztendlich laufe es eben doch immer wieder auf die Frage hinaus, ob der Schauspieler von links oder von rechts kommt. Dabei ist dieser Unterschied – links oder rechts – nicht mal besonders bedeutsam. Wer von rechts auftritt, stellt sich meist gegen die Handlung, wer von links kommt, bewegt sich mit ihr. Und das liegt nicht am Theater, sondern an unserer Schreibrichtung.

■ Eine Aufführung, wie erfunden, um die Elemente des Theaters vorzuführen: *Die Perser* von Dimiter Gotscheff am Deutschen Theater in Berlin.

Nun gibt es weitere Elemente, die wie die Frage rechts oder links etwas Bausteinhaftes und Fundamentales haben. Die meisten finden im Raum statt. So kennen wir eine dritte Möglichkeit des Auftritts, jenen aus der Tiefe der Bühne, der fast immer auf etwas jenseits des Raumes Liegendes verweist: Jemand kommt aus einer anderen Sphäre, oder er kommt von weit her, es mag auch nur eine Reise im Kopf gewesen sein. Auftritte aus der Tiefe können auch etwas Überraschendes haben, jemand, den man nicht erwartet hatte, jemand, der für das Geschehen schicksalhafte Bedeutung gewinnt, kommt oft von hier.

Diese Auftritte aus der Tiefe des Raumes sind oft mit Bedeutung aufgeladen, was den Nachteil hat, dass sie schwer nach Theater aussehen. Als Gegenmittel gegen diese Theatrigkeit wird im Stadttheater gern eine der Türen verwendet, die sich in der Bühnenrückwand befinden. Wenn jemand hier hinausgeht oder hereinkommt, kann der Auftritt aus der Tiefe etwas Alltägliches haben. Diese Türen können aber auch ganz leicht ins Gegenteil umschlagen. Wenn es in der Bühne eine Tür gibt, die sich nicht in einen neuen Raum, sondern ins Freie öffnet (was allerdings nicht oft vorkommt), dann erzeugt dies einen gewaltigen Effekt.

Dieser Effekt ist so beeindruckend, dass kaum ein Regisseur widerstehen kann, der die Möglichkeit dazu hat. Egal, ob es nur ein Guckloch ist oder sich die gesamte Rückwand öffnet, immer hat es etwas Erhabenes, immer ist es, als begleite der Ruf »Komm ins Offene« die Bühnengeste, immer ist es, als öffne sich ein Fenster in eine andere Welt. In Stadttheatern und anderen traditionellen Theaterbauten gibt es das nicht, in den Hallen, in denen seit Längerem gespielt wird, ist es dagegen gar nicht so selten.

*

Grundsätzlich erzeugen alle Formen des Bühnenbilds, die mit der Außenwelt und damit auch dem realen Licht arbeiten, einen solchen

Moment des Staunens. Da sind die Möglichkeiten noch längst nicht ausgeschöpft. In Zürich, bei einer Aufführung des Regisseurs Jürgen Gosch, hat der Bühnenbildner Johannes Schütz die Fenster der Schiffbauhalle auf raffinierte Weise in die Aufführung integriert. Die Fenster waren von Beginn an im Rücken der Zuschauer, und das natürliche Licht beleuchtete von dort die Bühne. Zur Verstärkung waren zwei große Scheinwerfer, ebenfalls im Rücken der Zuschauer, angeschaltet.

Diese Situation sah jeder Zuschauer, als er das Theater betrat. Als es draußen dann langsam dunkel wurde, leuchteten die Scheinwerfer immer kräftiger, ohne dass die Zuschauer, die ja nach vorne sahen, das mitbekamen. So dachte jeder, dass es immer noch das Tageslicht war, das die Bühne erleuchtete, und erlebte dann einen Moment der Verwirrung, als klar wurde, etwa wenn er sich zufällig umsah, dass dieses Tageslicht inzwischen ein vollkommen künstliches geworden war. Da wurde das Moment der Verwandlung, den jede Aufführung hat, dem Zuschauer deutlich bewusst.

Eine andere Variante des geöffneten Bühnenraums hat der Bühnenbildner Bert Neumann entdeckt, überhaupt einer der großen Theatererfinder unserer Zeit, dessen Bedeutung für die Berliner Volksbühne immer noch nicht angemessen gewürdigt wird. Diesmal war es allerdings in München. Johan Simons inszenierte Heiner Müllers *Anatomie Titus Fall of Rome*. Die einigermaßen komplizierten Zusammenhänge dieser Aufführung werden uns erst im nächsten Kapitel interessieren. Hier geht es nur um zwei Screens, die Neumann an die Bühnenrückwand gespannt hatte und auf denen eine Übertragung aus der Maximilianstraße zu sehen war, in der auffallend oft zwei dubiose Gestalten zu sehen waren. Hier war die Öffnung der Rückwand eine elektronische, der Effekt, das Ahhh, hatte trotzdem Ähnlichkeit mit der wirklichen Öffnung der Bühnenrückwand.

Auch mit den drei Richtungen links, rechts, hinten sind die Möglichkeiten des Auftritts nicht erschöpft. Natürlich kann man auch von oben kommen, was im Theater fast immer die Assoziation an den Himmel weckt. Der Deus ex Machina kam schon bei den Griechen von oben, bis heute hat sich da im Grunde nichts geändert. Nicht nur die Götter, auch andere übergeordnete Autoritäten sitzen bis heute gerne im obersten Teil von Gebäuden. In Theatern aus der klassischen Epoche, die Parkett, Logen und Rang haben, werden für den Auftritt von oben mit Vorliebe die großen, oberen Seitenlogen verwendet, die die Bühne an beiden Seiten einrahmen. Natürlich haben solche Zuordnungen etwas Mechanisches und sehen arg nach Klischee aus, aus der Welt geschafft hat sie diese Erkenntnis aber nicht. Solche Aufteilungen, oben, unten, haben auch etwas merkwürdig Resistentes.

Analog zum Himmel gibt es selbstverständlich die Hölle, die sich ebenso selbstverständlich unten befindet. Ist es nicht die Hölle, dann ist es fast immer etwas Bedrohliches, was von unten kommt. Manchmal werden durch Figuren in der Unterbühne auch psychische Zustände angedeutet, verschüttete Erinnerungen oder Ähnliches. Weit von der Hölle liegt das ja meistens nicht weg.

Weil Himmel und Hölle extrem klischeebehaftete, schematische Orte sind, sind die Auftritte von unten und oben heute im Theater die weitaus seltensten. Für *Faust*-Aufführungen ist das übrigens ein Problem. Hier ist es für den Regisseur besonders schwer, die Achse auszuhebeln, auf der – angefangen beim Prolog im Himmel – das ganze Stück aufbaut. Wie Aufführungen von Michael Thalheimer und Jan Bosse in Berlin und Hamburg gezeigt haben, ist es aber ohne Weiteres möglich.

*

Sehr beliebt – und überraschend variantenreich – ist dagegen die sechste Möglichkeit: der Auftritt aus dem Publikum heraus. Die klassische Methode besteht dabei darin, dass Schauspieler durch die

Türen kommen, durch die auch die Zuschauer den Zuschauerraum betreten haben, das wurde hundertfach gemacht und hat sich deswegen schon seit Längerem abgenutzt. Diese Variante wirkt in Wirklichkeit auch mehr wie eine Erweiterung der Bühne über ihre Grenzen hinaus denn wie eine Verwandlung des Zuschauers in den Schauspieler oder wie der elektrisierende Kurzschluss zweier getrennter Bereiche.

Aus diesem Grund verfiel man seit den Achtzigerjahren manchmal auf die – allerdings ziemlich aufwendige – Möglichkeit, in der Mitte des Parketts einige Stühle zu entfernen und hier sozusagen eine Schneise zu schlagen: So können die Schauspieler direkt durch die Publikumsreihen zur Bühne gehen. Der Kontakt zum Publikum war dabei deutlich unmittelbarer. Aber auch dieser Effekt hat sich abgenutzt, besonders nachteilig ist hier, dass die Schneise von Anfang an da ist und der Zuschauer also schon vorher ziemlich genau weiß, was geschehen wird.

Die nächste Möglichkeit, die auch heute immer noch gern verwendet wird, ist die Rampe, die auf die Stuhlreihen quer durch den gesamten Zuschauerraum von hinten nach vorne gebaut wird. Der verstorbene Regisseur Einar Schleef zum Beispiel hat in seiner legendären Düsseldorfer Inszenierung von Oscar Wildes *Salomé* diese Variante verwendet. Sie stellt zwischen Schauspielern und Zuschauern einen noch direkteren Kontakt her als die Schneise und erlaubt es den Schauspielern, zwischen den Zuschauern zu spielen und ihnen ganz nah auf den Pelz zu rücken. Außerdem werden die Schauspieler auf der Rampe von überall gesehen. Aber auch hier gibt es das Problem der Schneise: Man weiß von Anfang an ziemlich genau, was auf einen zukommt.

Geht es um körperbetonte, martialische Darstellung, ist es ein Vorteil, nah am Publikum zu sein, da sich die Präsenz der Schauspieler stärker vermittelt, wenn sie in unmittelbarer Nähe sind. Bis heute wird diese Möglichkeit sehr oft verwendet, grundsätzlich ist sie offen für alle möglichen Arten von Bedeutung, da die Rampe als Teil des Zuschauerraums, aber auch als eigene Bühne gesehen werden kann. Die Steigerung der Rampe wiederum sind Schauspieler, die unter Verzicht baulicher Hilfskonstruktionen auf die Lehnen der mit Zuschauern besetzten Stühle steigen. Hier gibt es einen Überraschungseffekt, die Nähe ist maximal und es handelt sich in jedem Fall um eine artistische Einlage.

Es sieht so aus, als sei diese Möglichkeit der logische Endpunkt des Auftritts aus dem Zuschauerraum: Auch theoretisch ist schwer vorstellbar, wie Schauspieler dem Publikum beim Auf- und Abtreten noch näher gebracht werden könnten. Aber mal sehen, vielleicht fällt ja jemand noch etwas ein.

*

Das führt uns zu den Schauspielern, die von Anfang an im Zuschauerraum sitzen, hier irgendwann aufstehen und von dort auftreten. Beim Regisseur Jürgen Gosch sitzen diese Schauspieler sehr oft in der ersten Reihe und stehen auf, wenn die Aufführung beginnt. Bei Jan Bosses eben angesprochenem Hamburger *Faust* saß Edgar Selge, der Faust, bereits zwanzig Minuten vor Vorstellungsbeginn im Publikum, wer neben ihm saß, konnte miterleben, wie er sich mehr und mehr konzentrierte und mit Energie auflud. Jana Schulz als Gretchen setzte sich in dieser Aufführung bei – meist – älteren Herren auf den Schoß. Manchen gab sie einen Kuss. Bosse spielt gern mit solchen Effekten. Der Albert in seinem Berliner Werther, Roland Kukulies, saß sehr lange unbemerkt im Publikum, bevor er mitspielte. Dabei schwingt immer mit: Er ist einer von uns. Immer geht es darum, den Schauspieler und das Publikum einander möglichst nah zu bringen, wenn Schauspieler im Publikum sitzen.

Die Engführung von Schauspielern und Publikum sieht man inzwischen sehr oft im Theater. In Frankfurt zum Beispiel kam sie im

Großen Haus in einer Spielzeit gleich zweimal vor, in einem *Hinkemann* und bei einer *Hexenjagd*. Man kann dabei fast mit Händen greifen, wie sich dieses Mittel abnutzt. Dann muss wieder jemand kommen, der die Bühnensituation etwas verändert, um wieder zu überraschen. In jedem Fall aber ist die Engführung von Schauspielern ein variantenreicher Baustein, der immer und überall verwendet wird.

Um die gerade zurückliegende Jahrhundertwende kam dann eine weitere Drehung in diesem Verhältnis auf: Schauspieler und Zuschauer wurden vertauscht. Eines der ersten Theater, die hiermit experimentierten, war wiederum das Schauspiel Frankfurt. Die französische Choreografin und Theaterphilosophin Wanda Golonka ließ auf den abgedeckten Stuhlreihen des Großen Hauses eine einzige Schauspielerin auftreten. Dimiter Gotscheff setzte für seinen *Platonow* die Zuschauer ebenfalls auf die Bühne und die Schauspieler traten zuerst im Zuschauerraum auf.

Aber auch an anderen Orten fühlten Regisseure sich von dieser Idee inspiriert. Alain Platel drehte in *Because I sing* 2001 ebenfalls an der Bühne. Er beschreibt das selbst mit den Worten: »Die Aufführung bestand aus einem Spaziergang durch das Theater. Das Publikum kam durch den Hintereingang auf die Bühne, der eiserne Vorhang war geschlossen, und der erste Chor sang aus dem Schnürboden. Dann ging der Eiserne hoch, und die Chöre waren auf die Ränge des Zuschauerraums verteilt. Später wurden die Plätze getauscht: Das Publikum saß im Parkett, die Chöre kamen auf die Bühne und sangen gemeinsam das Schlusslied. Es war atemberaubend. Danach öffneten sich die Türen an der Bühnenrückwand, und die Chöre gingen auf die Straße und sangen dort weiter, während das Publikum auf Brüssel schaute.«

Immer wird dabei die Theatersituation als solche bewusst gemacht und ein Teil der Aufführung. Das wirkt unmittelbar anregend, das Theater bekommt etwas Magisches wie ein Vexierbild. Johan

Simons drehte bei seiner überragenden Inszenierung von Michel Houellebecqs Roman *Elementarteilchen*, die zuerst im Zürcher Pfauen und später in den Münchner Kammerspielen gezeigt wurde, die Situation ebenfalls um: Auf der eigentlichen Bühne stand eine Zuschauertribüne, im vorderen Teil des Parketts hingegen war eine neue Bühne aufgebaut worden. Im hinteren Teil und im Rang konnten ebenfalls Zuschauer sitzen.

So schaute das Publikum sich auch selbst zu. Das Theater näherte sich der jahrhundertealten Form, bei der die Zuschauer eher um die Bühne herum saßen. Stephane Laimé realisierte eine solche Bühne für Jan Bosses Hamburger *Faust* 2005 dann vollständig. Aber noch immer waren damit die Möglichkeiten nicht ausgeschöpft. Die Idee, das Theater umzudrehen bekam eine museale Wendung, als Dieter Dorn 2008 das Münchner Cuvilliés-Theater mit einer *Idomeneo*-Bearbeitung von Roland Schimmelpfennig eröffnete. Bühne fürs Publikum, Zuschauerraum für die Schauspieler, diese Aufführung war ganz klar getrennt und man hatte ausführlich Gelegenheit, sich das goldglänzende Rokoko-Theaterchen anzusehen.

*

Das heutige Stadttheater stellt – auch wenn es in einem traditionellen Theaterbau stattfindet, wo Bühne und Zuschauerraum einander gegenüberstehen und quasi in Stein gegossen sind – alle Grundkonstellationen her, die sich für Theater denken lassen. Griechisches Amphitheater, mittelalterliche Bretterbühne, die direkte Nähe der Shakespearebühne, die Nicht-Bühne des postdramatischen Theaters, alles lässt sich im Stadttheater mehr oder minder perfekt herstellen. Das Theater wird dabei nicht mehr als Theater betrachtet, das durch die Architektur des Theaterraums die Art vorgibt, wie Theater gespielt werden soll. Das Theater wird ein ganz normaler Raum, der den Erfordernissen der Aufführung angepasst wird. »Site specific projects« heißen die Aufführungen gern, die sich auf einen Raum oder Ort einlassen, der kein Theater ist, und die dann für diesen Raum entwickelt wurden.

In den vergangenen Jahrzehnten wurde das Theater als Ort oft geschmäht, es wirkt altmodisch, weil sich hier schon in der Architektur überkommene Strukturen abbilden. Aber die Theaterbauten haben sich inzwischen als zentraler Theaterort durch viele, viele Aufführungen, die den Ort verändert haben, die ihn flexibler und offener gemacht haben, bestätigt. Jedenfalls ist die einmal überzeugende Emphase gegen das Stadttheater als konservatives System nicht mehr gerechtfertigt. Und anscheinend hat das Publikum ein Bedürfnis nach einem zentralen Ort, den es kennt und den es immer wieder aufsucht. Und offenbar will es auch Sicherheit darüber, was das Theater ist. Dazu ist das Stadttheater ganz gut geeignet. Das Licht-Dunkel-Schema, das sich im Stadttheater durch die eingebaute Maschinerie am besten herstellen lässt, hat sich als sehr stabil erwiesen.

Ein ähnlich basales Zeichen wie die Auftrittsrichtungen und -arten und die Raumverteilung im Theater ist der Abstand zwischen zwei Schauspielern auf der Bühne. Die Nähe zwischen zwei Personen ist im wirklichen Leben extrem genau kodiert, wir wissen im Gespräch exakt, was an Nähe noch zulässig, was zu weit weg und was zu nah ist. Daher ist für diese Distanz auch die Wahrnehmung der Theaterzuschauer, sie mag so unbewusst sein, wie sie will, sehr scharf. Und jede Abweichung von der Norm ist bedeutsam. Es gibt Regisseure und Schauspieler, die über weite Abstände Intimität herstellen können, es gibt auch den umgekehrten Fall. Oft aber sieht man Aufführungen, in denen schon das Gefühl für die Distanz einfach nicht stimmt oder wahrscheinlich nicht richtig vorhanden ist.

Ein weiterer Baustein des Theaters ist die Rampe. Ein Schauspieler an der Rampe, das scheint eine ziemlich einfache Angelegenheit. In Wirklichkeit ist der Schritt an die Rampe aber ein sehr komplexer

Vorgang, der die Konstellationen des Theaters neu mischt. Einerseits tritt der Schauspieler damit aus dem Zusammenhang der Schauspieler heraus, die so tun, als würden sie eine Welt bevölkern, die nicht die der Zuschauer ist.

Damit ist das An-die-Rampe-Treten eng verwandt mit dem berühmten Beiseitesprechen, das eine jahrhundertealte Konvention des Theaters ist, aber auch mit dem Monolog, der im Grunde nichts anderes als ein verlängertes Beiseite ist und ja nicht umsonst gerne an der Rampe ins Publikum gesprochen wurde. Das wirkt heute zwar vollkommen antiquiert, entsprechend werden Monolog und Beiseitesprechen kaum mehr verwendet. Dagegen wirkt Sprechen an der Rampe erstaunlicherweise modern und wird dauernd eingesetzt. Es ist ein typisches Beispiel für ein und dasselbe Element, das in unterschiedlichem Kostüm auftritt und dadurch entweder antiquiert oder modern aussieht.

■ *Der Kirschgarten*, inszeniert von Stefan Pucher in Basel: eine der ersten Aufführungen, in denen konsequent an der Rampe gesprochen wurde.

Nimmt man es genau, gehört auch die von allen Theateravantgardisten dieser Welt seit Jahrzehnten viel gescholtene und geschmähte vierte Wand (gemeint ist die imaginäre Mauer zwischen Bühne und Zuschauerraum) in diesen Zusammenhang. Sie ist aber nur ein anderer Ausdruck für den Illusionszusammenhang der Schauspieler untereinander, den die Zuschauer immer wieder akzeptieren: Was jenseits der Rampe stattfindet, gehört zu einer anderen Welt, die vom Zuschauerraum aus nicht zu erreichen ist.

Ganz offensichtlich ist diese Konvention außerordentlich stark. Auf dem Fußballplatz gibt es immer wieder mal einen Zuschauer, der über den Platz rennt, aus dem Theater sind mir keine Fälle bekannt, wo jemand aus dem Publikum unaufgefordert auf die Bühne gegangen wäre. Es ist, als ob hier nach wie vor eine äußerst starke Magie am Werk wäre, die Zuschauer akzeptieren es, dass sie die Bühne gar nicht betreten können, weil sie in einer anderen Dimension liegt. Würde jemand auf die Bühne gehen, würde es wahrscheinlich wirken wie Woody Allen, der in *Purple Rose of Cairo* aus der Leinwand heraustrat. Alle Grenzüberschreitungen im Theater der vergangenen Jahrzehnte haben das nicht geändert. Die vierte Wand existiert und lässt uns das Theater bis heute so behandeln, als sei es ein Film, den wir nicht betreten können.

*

Einerseits verlässt also der Schauspieler den Illusionszusammenhang der Schauspieler, wenn er an die Rampe tritt, andererseits betritt er einen Raum, der im eigentlichsten Sinn der des Theaters ist, nämlich den Kommunikationszusammenhang zwischen Schauspielern und Zuschauern. Das ist es, was die Rampe heute so modern erscheinen lässt. Der Schauspieler verlässt die Rolle und erscheint als Person. Wobei die Rolle bis heute erstaunlicherweise Oberwasser hat. Schauspieler verlassen auf der Bühne fast nie ihre Person, um in eine Rolle zu schlüpfen, sie verlassen eine Rolle, um die Person zu werden, die sie angeblich sind.

Das Sprechen an der Rampe erinnert an eine der ältesten Erfindungen des Theaters: den Chor. Es entspricht weitgehend der chorischen Situation, auch der Chor wendet sich direkt an die Hörer. Da der Chor bis heute stark mit dem griechischen Theater assoziiert wird, ist man sofort in Diskussionen über den Ursprung des Theaters verwickelt, wenn man anfängt, über den Chor nachzudenken. Da es hier um Elemente und nicht um die Geschichte des Theaters geht, lassen wir den Chor deshalb beiseite.

Dafür erinnern wir hier an eine andere Figur, die erst vor Kurzem die Bühne betreten hat: Es ist die anwesende Souffleuse (oder der Souffleur). Diese Figur, die ebenfalls mit der Brechung der Illusion im Theater zu tun hat, hat vor ein paar Jahren René Pollesch erfunden. Die anwesende Souffleuse ist unverzichtbarer Bestandteil der Pollesch-Inszenierungen. Sie ist Voraussetzung, damit sich die Schauspieler der Textathletik widmen können, die jede Pollesch-Inszenierung ist: Schreiende Schauspieler, rasendes Sprechtempo, enorme Textmengen, erhöhter Rededruck – das kann rein technisch und mnemotechnisch nicht unfallfrei abgespult werden.

Man kann solche Elemente und Möglichkeiten nun – im Prinzip beliebig weit und sehr ins Detail gehend – weiterverfolgen. Man kann sich zum Beispiel fragen, was es bedeutet, wenn die Schauspieler nebeneinander an der Rampe stehen, sich nicht ansehen, sondern mehr oder weniger starr ins Publikum blicken, dabei aber weiter Dialoge sprechen. Aber man bewegt sich damit auch schon weit in den Bereich der Regiesprachen hinein, von denen einige – unter anderem die von René Pollesch – im nächsten Kapitel beschrieben werden. Natürlich ist die Grenze, an der das Element aufhört und die Regiesprache beginnt, fließend.

*

Bisher ging es um den Raum und seine Öffnungen. Tatsächlich geschieht aber auch – und zwar häufig – das genaue Gegenteil auf den

Bühnen. Die Räume schließen sich ab, sie werden zu hermetischen Innenräumen, Höhlen und Bunkern, Bilder einer kleinen Welt, die nur mit sich selbst beschäftigt ist, klaustrophobische Zustandsbeschreibungen, Laboratorien des Lebens, OPs der Seelen. Diese Höhlen und Bunker tauchen seit längerer Zeit gern als Kästen auf.

Das Bühnenbild heute ist vorzugsweise ein in die Bühne hineingebauter Kasten, mal raumfüllend, mal so klein, dass er gerade noch einem Schauspieler Platz bietet, auf jeden Fall aber fenster- und vor allem türenlos. Der Kasten ist die offensichtlichste Bühnenmode dieser Tage. Entkommen gibt es da keines, manchmal sind die Figuren so mehr oder weniger heftig auf sich selbst zurückgeworfen, manchmal sagt die Bühne auch nur: Zuschauer, auch du entkommst mir nicht. Pausen sollte man, wie schon gesagt, bei solchen Aufführungen nicht erwarten.

*

Meistens ist das Bühnenbild aber doch etwas mehr als der abstrakthermetische Kasten. Damit begeben wir uns in den nächsten Bereich der Theaterelemente: die große Welt der Dinge. In der Welt der Dinge verändert sich das Theater wie die sonstige Welt auch. Der weise Brecht, der sagte, dass Theater niemals gleich sei, hatte auf dieser Ebene zweifelsohne Recht. Das Bühnenbild ist wie die Kostüme ein Teil des Theaters, der aus der wirklichen Welt in das Theater hineinragt. Die Dinge, Kleidung, Möbel und alles andere auch, schauen wir im Theater mit den Augen an, die sich im Alltag an ein bestimmtes Aussehen solcher Dinge gewöhnt haben.

Trotzdem gibt es auch hier elementare Einheiten, die eher wie Platons Ideen denn wie reale Gegenstände wirken. Beginnen wir mit der Tür. Einer der zugleich alltäglichsten und merkwürdigsten Gegenstände, die es auf der Welt gibt, ist die Tür. Man weiß nicht sehr genau, was eine Tür ist. Ist sie sie selbst, wenn sie offen oder wenn sie geschlossen ist? Ist sie also eine Öffnung oder ist sie ein Verschluss? Eine Tür ist aber nicht nur offen oder geschlossen, sie verändert mit ihrem Zustand auch den angrenzenden Raum. In einem geschlossenen, privaten Raum können und werden ganz andere Dinge stattfinden als in einem offenen, öffentlichen Raum. Oft bedeutet im Märchen der Schritt durch eine Tür oder Pforte den Schritt in eine andere Welt, eine andere Form des Daseins. Die Tür ist nicht nur ein Gegenstand der wirklichen Welt, sie ist ein Symbol, sie öffnet sich nicht nur in einen zweiten Raum hinein, sondern in eine andere Wirklichkeit.

Dass die Tür mit dieser Verwandlung eines Raumes etwas wirklich Neues in die Welt gebracht hat, dass sie ähnlich wie das Rad die Welt auf fundamentale Weise verändert hat, sieht man am besten im Theater. Türen sind im Theater Hort unendlicher Missverständnisse. Wenn einer hinausgeht, um einen anderen zu holen, den er zum Dritten führen will, verschwindet dieser Dritte durch eine andere Tür und es beginnt eine Verwirrung, die sich immer weiter verfeinern und nutzen lässt. Die französische Salonkomödie ist dafür das beste Beispiel. Man kann durch das Lauschen aus dem Unterschied zwischen abgeschlossenem und offenem Raum scheinbar unbegrenzt theatralisches Kapital schlagen und immer weiter variieren. Das Öffentliche kann privat werden, das Private öffentlich.

Das Prinzip der Tür bleibt dabei immer gleich: Hinter ihr kann sich immer etwas anderes verbergen, als man meint. Die Tür wiederholt damit das Bühnenprinzip: Auch die Tür ist eine Öffnung in einen anderen Raum. Türen können deswegen ein ewiger Quell des Vergnügens, aber auch der Tragödie sein. Bei Ibsen war die Tür die Tragödie, bei Feydeau die Komödie.

Man kann es auch anders sagen: Türen machen das Her-weg-Spiel, das im Vorwort dieses Buches angesprochen wurde, salonfähig. Nichts ist wie die Tür, so alltäglich und doch so metaphysisch, einmal erfunden nicht weiter perfektionierbar. Das Theater kitzelt das immer wieder aus ihr heraus.

Im Theater kann sich aber auch jedes Ding, so wie es dem Regisseur und den Schauspielern beliebt, verändern. Nicht sein Sein definiert hier, was das Ding ist, sondern die Vereinbarung, die für den Moment getroffen wird. Die Stuhlreihen im Zuschauerraum können zum Meer werden, es reicht, wenn ein Schauspieler an einer entsprechenden Stelle eine weite Bewegung mit einem Arm macht, ein Stuhl wird zum Wohnzimmer, ein Wohnzimmer zur ganzen Welt. Das sind naheliegende, konventionalisierte Beispiele. Grundsätzlich aber geht viel mehr. Alles kann hier alles sein, wenn von der Bühne die entsprechenden Zeichen gesendet werden. Die Dinge verlieren also, wenn sie auf die Bühne kommen, ihre Dinghaftigkeit und werden Zeichen.

Meistens – und das ist der langweilige Fall – sind sie Zeichen ihrer selbst. Man nennt das Realismus. Ein Sofa ist dann also ein Sofa, ein Glas Wasser ist ein Glas Wasser. Bei den naheliegenden Beispielen, das Sofa als Wohnzimmer, bleibt die Identität weitgehend erhalten. Entsprechend langweilig ist das ebenfalls meistens. Spannend wird

■ Dahinter steckt immer etwas anderes, als man meint: Türen können im Theater ein ewiger Quell des Vergnügens und der Tragödie sein.

es mit den Dingen immer dann, wenn sie etwas bedeuten, das nicht vorherzusehen war.

In der Aufführung *Virus* von Sebastian Nübling überlagerten sich zum Beispiel mehrere Ebenen. Einerseits war der Abend einfach eine Aufführung von Euripides' *Bakchen*, in denen die Welt der Griechen von den Bakchen bedroht wird, wilde Frauen, Anhängerinnen des Dionysos, also dem Theater selbst, aus dem Osten kommend. Andererseits ging es um die Viren. Viren waren zu dieser Zeit allgegenwärtig. Sie waren in Computern, sie steckten in den Anthrax-Briefen, die Amerika in Angst und Schrecken versetzten. Aids war in den Körpern und Köpfen.

Dieses riesige Bedeutungsfeld verdichtete sich, als ein Schauspieler einen grünen Ganzkörper-Schutzanzug anhatte, in den noch eine Schauspielerin wie ein Alien hineinkroch, ihre Arme an seinen Beinen, ihre Beine an seinen Armen. Mann-Frau, Grieche-Fremder, Amerikaner-Terrorist, Körper-Virus, alles steckte in dieser einfachen Figur im Schutzanzug, die für Momente wie ein eigenes, fremdartiges Wesen wirkte. Man konnte in ihr sehen, was man gerade wollte, trotzdem war sie alles andere als beliebig. Dieses Schwimmen, diese freie Bewegung der Bedeutungen ist typisch für das Theater. Kein anderer Raum ist so offen oder anfällig für die Bewegung der Bedeutungen.

*

Literarisch interessierten Lesern wird nicht entgangen sein, dass die Ausführungen in diesem Kapitel Verwandtschaft mit dem haben, was man in der Sprache Rhetorik nennt. Es handelt sich tatsächlich um eine Rhetorik des Theaters, die man aus dem, was ich hier Elemente oder Bausteine nenne, entwickeln könnte. Das aber wäre mit einer großen Anstrengung verbunden, die Systematik, die dabei erforderlich würde, legt es eher der Wissenschaft nahe, sich hier zu engagieren. Tatsächlich gibt es ein Buch, die *Semiotik des Theaters* der Berliner

■ Wilde Frauen aus dem Osten bedrohen die Griechen und die Theaterzeichen beginnen sich frei zu bewegen: *Virus* von Sebastian Nübling, Kostüme Muriel Gerstner.

Theaterwissenschaftlerin Erika Fischer-Lichte, das eine solche Systematik entwickelt.

Die Beutungswut, die es im Theater gibt, hat eine Gegenbewegung ausgelöst. Die Stühle, die der amerikanische Regisseur Robert Wilson schon vor zwanzig Jahren auf die Bühne gestellt hat, waren zwar immer noch Stühle, aber sie waren so weit wie möglich abstrahiert, sie waren unkonkret, keinem realen Zusammenhang zuzuordnen. Solche Stühle, die es seit Wilson sehr oft im Theater gibt, verweisen also gerade nicht auf eine Welt außerhalb des Theaters, keine reale und keine metaphorische. Sie wollen nur sie selbst sein. Sie sind zwar Dinge, aber sie verweigern die Beziehung zur wirklichen Welt und damit auch zur Zeit, aus der sie stammen. Sie haben mehr Verwandtschaft mit der Welt der Ideen, die Platon entwickelt hat, als mit der Welt wirklicher Stühle. Sie wirken wie etwas Reines in einer schmutzigen Welt unübersehbarer, sich gegenseitig ansteckender Bedeutungen.

In den letzten Jahren war es vor allem der Bühnenkünstler Johannes Schütz, der diese Art abstrahierter Gegenstände verwendete. *Wer hat Angst vor Virginia Woolf* am Deutschen Theater ist eine der Aufführungen, in denen das am deutlichsten wird: Das Zimmer, in dem der Ehekrieg stattfindet, besteht nur aus den Ecken des Raumes, die weiße Stahlseile herstellen, die Stühle sind schwarze Wartezimmerstühle, der Tisch besteht nur aus weißen Beinen und weißen Kanten.

*

Schütz ist auch einer der Meister des bereits erwähnten Kastens, dieser Bühne auf der Bühne. Dieser Kasten wurde vom Bühnenbildner Bert Neumann durch den Container ersetzt. Damit wurde ein abstraktes Gehäuse wieder konkret. Der Container hat die Bühnenbausteine um ein wirklich neues Element, das neue Spielmöglichkeiten eröffnet und trotzdem frappierend einfach ist, bereichert. Als Neumann den Container an der Berliner Volksbühne in den Aufführungen von

Frank Castorf verwendete, bestimmte der Baucontainer das Straßen-
bild von Berlin. Zunächst war der Container also ein Element der unmittelbaren, alltäglichen Wirklichkeit der Zuschauer, ein Zeichen für
den radikalen Umbau der Stadt, in der sie lebten, ein Teil der Fertig-
hausästhetik, an der Neumann bereits seit einiger Zeit arbeitete.
Er war ein Teil aus der Welt der Dinge.

Andererseits brachte der Container etwas Neues ins Theater:
Etwas, das man in Anlehnung an den Hidden Track auf CDs den Hidden Act nennen könnte. Der Container blieb geschlossen oder so wenig offen, dass man weite Teile dessen, was in ihm stattfand, nicht sehen konnte. Es wurde in ihm aber trotzdem gespielt. Der Container,
eben noch Zeichen einer rauen Stadt, war zur Hülle eines Spiels geworden, das nicht ohne Zuschauer stattfand, das aber die Zuschauer
nicht sahen.

*

Das führt direkt zu einem der beliebtesten Themen, wenn es um das
Theater geht, dem Video. Das Entsetzen, das Ende der Achtzigerjahre,
als erste Videomonitore auf deutschen Bühnen auftauchten, entstanden war, ist bis heute nicht vollkommen verschwunden. Noch immer
weht ein Hauch von »Darf man das?« durch den Zuschauerraum,
zeigt man Videos auf der Bühne. Das ist angesichts des heutigen Fern-
sehkonsums ziemlich merkwürdig. Kaum etwas ist alltäglicher als
ein TV-Gerät, und genau das soll auf der Bühne nicht vorkommen
dürfen? Warum soll ausgerechnet das Theater, die hybrideste Kunst
von allen, nicht machen dürfen, was alle machen: Medien mischen?
Auf diese Frage gibt es keine Antwort, der Vorbehalt gegen das Video
aber ist bis heute geblieben.

Dabei ist eine Videoübertragung auf der Bühne zunächst einmal
nichts anderes als ein weiterer unserer Bausteine, die wir hier zusammensetzen, eine Erweiterung der Möglichkeiten der Bühne, eine
Verunsicherung des Theaters, eine Reflexion über das Theater als

Medium. Wer Videos auf der Bühne sieht, erlebt die Unmittelbarkeit, Präsenz oder Authentizität (wie immer man es nennen will) von Schauspielern deutlicher. Ihm wird der Unterschied zwischen Bühne und Film bewusster.

Außerdem beeinflussen Videos die Bühnenästhetik nachhaltiger, als es auf den ersten Blick scheint: In dem Stück *Vor langer Zeit im Mai*, das Roland Schimmelpfennig schon 1999 geschrieben hat, wird eine Art Urszene immer und immer wieder durchgespielt, als ob ein Rekorder zurückgespult würde. Es gibt auch, seit es Video gibt, Zeitlupe und Fast Forward auf der Bühne, was in den meisten Fällen lustig ist. Das Schauspiel wird auch hier behandelt wie ein Videofilm. Und René Polleschs Aufführungen, Theater-Soaps, wären ohne Film- und Fernsehvorlagen gar nicht denkbar.

Frank Castorf hat mit Videoübertragungen aus den Containern heraus, die Bert Neumann auf die Bühne gestellt hatte, dem Video etwas ganz und gar Zwingendes gegeben. Ohne Video bekommt der

■ Videos auf der Bühne sorgen immer noch für Aufregung. Bei der *Möwe* am Deutschen Schauspielhaus in Hamburg wurde unter ihnen Schlittschuh gelaufen.

Zuschauer von den Schauspielern nichts zu sehen und zu hören, wenn sie in einem geschlossenen Container stecken. Und sofort kann man das wieder mischen: Der Container ist offen oder halb offen, man sieht die Schauspieler in Wirklichkeit und auf dem Video.

Viele Jahre lang wurden nur Konserven gezeigt, fremde oder selbst gemachte Filme, die dann abgespielt wurden. Mit Bert Neumann und Frank Castorf kam das Livevideo ins Spiel. Es gab gleichzeitig die Person und ihr Bild, den Schauspieler und das Video.

*

Mit dem Video nähert sich das Theater weniger dem Fernsehen als der bildenden Kunst. Es geht darum, die Möglichkeiten des neuen Elements für die Bühne auszuschöpfen, die Varianten durchzuspielen, die es eröffnet. Solche Bewegungen finden in der bildenden Kunst dauernd statt, im Theater sind sie weitaus seltener. Außerdem wirken bewegte Bilder auf der Bühne – immer noch – modern, zeitgemäß, schick. In den Aufführungen von Matthias Hartmann, ab 2009 Intendant des Wiener Burgtheaters, ist das am deutlichsten sichtbar. Hartmanns Aufführungen sind so gedacht, wie heute bildende Künstler ihr Werk planen.

Eine Gegenbewegung dazu gibt es bei Chris Kondek, der schon in den Achtzigerjahren bei der New Yorker Wooster Group begonnen hat, mit Video im Theater zu arbeiten. Bald kamen Laurie Anderson und Robert Wilson dazu. Seit mehreren Jahren lebt Kondek in Deutschland und arbeitet mit europäischen Regisseuren zusammen. Und bereits seit längerer Zeit wirken seine Videos nicht wie Hightech-, sondern wie Lowtech-Produkte. Mal haben sie eingebaute technische Fehler, wie man es von der Wooster Group kennt, es gibt Verzerrungen und Bildrauschen, die glatte Medienoberfläche wird rau.

In letzter Zeit ist eine neue Methode dazugekommen: Die Figuren haben keine Tiefe, die Personen sehen so aus, als seien sie mit der Schere ausgeschnitten und auf das Bild gelegt worden. Sie sind zwar bewegt, aber alles andere als lebendig. Kondek verwendet außerdem gern alte Filme, deren Farbigkeit, Atmosphäre oder Materialität er aufnimmt und im Video überzeichnet. Auch dabei wird der Film als Film sichtbar, man sieht Zelluloid, Körnigkeit, Filmschichten. So wird aus etwas Technischem, wie der Projektor im Kino nur unbewusst Anwesendem, etwas Stoffliches, das man körperlich zu spüren glaubt.

Eine ganz andere Art von Spiel mit High und Low gab es in der Berliner Volksbühne zu sehen. Da zitierten die Videos – und wahrscheinlich war das der eigentliche Stein des Anstoßes – nicht etwas Glänzendes, Glamouröses, Modernes, sondern die Hartz-IV-Fernsehästhetik der meisten Privatsender, den schrottigen Alltagsmüll, der jeden Tag über die Bildschirme rauscht. Es ist kein öffentlich-rechtliches Saubertheater, das an der Volksbühne zu sehen war, sondern schmutziges, selbstbewusstes Proll-Theater.

Ansonsten hat das Thema Video im Theater bis heute etwas arg Verkrampftes. Die Fundamentalopposition ist auch nach zwanzig Jahren Videopraxis nicht verstummt. Als würden bewegte Bilder das Theater beschmutzen. Diese Haltung, mit Verlaub, geht einfach nicht. Aber auch die Theaterleute selbst können sich bei diesem Thema noch gehörig einen abbrechen. Irgendwie empfindet man immer noch Rechtfertigungsdruck, man unterwirft sich ihm, man meint mithilfe des Videos Modernität behaupten zu müssen. Auch das ist mittlerweile vollkommen verbraucht und zum Gähnen langweilig. Nicht langweilig ist dagegen, wenn jemand mit Video auf dem Theater umgehen kann.

Wahrscheinlich wird die Faszination durch bewegte Bilder auf der Bühne noch eine Weile vorhalten. Es gibt wesentlich ältere technische Bühnenelemente, die bis heute unwiderstehlichen Reiz ausüben. Sie haben sich durchgesetzt und sind zum festen Bestandteil der Bühnenrhetorik geworden. Die Faszination der Drehbühne zum Beispiel hält sich jetzt bereits über ein Jahrhundert. Es ist noch gar nicht so lange her, da wurde in so gut wie jedem größeren Berliner Theater jeden Abend die Bühne gedreht – und damit ist nicht die Zeit von Max Reinhardts *Sommernachtstraum* gemeint, als das große Mode und Stadtgespräch war, sondern die Zeit so um 2003. Im Deutschen Theater drehten Michael Thalheimer und sein Bühnenbildner Olaf Altmann bei den *Drei Schwestern*, an der Schaubühne taten es ihnen Jan Pappelbaum und Thomas Ostermeier bei der *Nora* gleich und an der Volksbühne drehten Bert Neumann und Frank Castorf das Publikum im *Idiot*.

Dieses Bühnendrehen ist ein ziemlich schweres Zeichen, einerseits ist es angereichert durch das Gewicht zahlloser Aufführungen, in denen es auch schon zu sehen war, andererseits wirkt die riesige Apparatur, die dazu nötig ist, wie Theater in Zeiten der Schwerindustrie. Aus dieser Zeit stammt die Drehbühne ja auch wirklich.

Bei den riesigen Rundhorizonten, die vor allem in den Achtzigerjahren gern verwendet wurden, ist es ähnlich. Zunächst war der Rundhorizont einfach darauf angelegt, Helligkeit und Weite ins an sich ja enge und finstere Theater zu bringen. Viele Jahre erfreute er mit bunt changierenden Farben und einer Weite, wie sie in Innenräumen nicht zu finden war, die Herzen. Dann wirkte er erschöpft, weil er nicht anders als dekorativ aussehen konnte. Er war sinnentleert und hatte auch als optischer Reiz die Sensation verloren. Heute ist er neutral und kann also frei verwendet werden.

Ganz, ganz schwere Zeichen sind diverse, »echte« Bühnenbeläge. Die Bühne kann zum Beispiel mit Wasser, Schlamm oder Erde bedeckt sein: Das schafft nicht nur eine bestimmte Stimmung, das riecht nicht nur, es beeinflusst auch das Spiel nachhaltig. Wenn die Schauspieler beständig durchs Wasser waten müssen, wie es wahrscheinlich zuerst bei George Tabori im *Totenfloß* in den Achtzigerjahren der Fall war, sind sie nicht nur nass, sondern immer mit dem Wasser beschäftigt. Martin Zehetgruber ließ es für Martin Kušejs

Glaube und Heimat zwei Stunden lang auf eine Bühne regnen, die mit schwarzer fetter Erde bedeckt war. Da waren die Schauspieler entsprechend durchweicht, entsprechend dreckig und entsprechend archaisch. Bei Frank Castorfs *Forever Young* war der Boden mit Rindenmulch bedeckt. Wir waren in den Tropen. In allen diesen Fällen wirkt das Theater totaler, schwerer und echter.

Schwere Zeichen sind auch symbolisch aufgeladene Gegenstände. Der Regisseur Dimiter Gotscheff verwendet sie gern, vor allem wenn er mit dem Bühnenbildner Mark Lammert zusammenarbeitet. In den *Persern* war es eine bühnengroße drehbare Wand, im *Titus* ein riesiges gelbes Tuch, das die gesamte Aufführung bestimmte. Diese Elemente, die bei Tabori, Kušej oder Castorf erdig und schwer sind wie in Bildern von Anselm Kiefer, sind auch dekorativ wie der Rundhorizont in seinen besten Zeiten. Man macht »ah!«, man bewundert, wie leicht und sinnfällig mit dem riesigen Tuch oder der riesigen Wand gespielt wird.

■ Echte Bühnenbeläge sind ganz schwere Zeichen: In Martin Kušejs *Glaube und Heimat* mischten sich Wasser und Erde. Bühne von Martin Zehetgruber.

Der Regisseur Luk Perceval ist ebenfalls ein Freund solch schwer im Raum stehender Symbole, die ihm die Bühnenbildnerinnen Kathrin Brack oder Annette Kurz bauen. Ewig fallender Schnee in *Molière*, der gigantische, mit Schienen ausgelegte Betonraum der Schaubühne in *Platonow*, ein großes Holzei in *Turista*, riesige aufrecht stehende Stäbe in *Penthesilea*. Selbst Andrea Breth neigt inzwischen zu solch schweren Bühnenzeichen, etwa einem riesigen Abwasserrohr, das ihr Gisbert Jäckel in ihren *Kirschgarten* hineingebaut hat.

Das genialste dieser Zeichen war der gewellte Untergrund aus hellem Holz, den Jens Kilian für Johan Simons *Elementarteilchen* entworfen hat und der auf die Zuschauerreihen im Parkett des Zürcher Pfauen montiert war. Die Wellen verlangten von den Schauspielern eine solche Aufmerksamkeit, wenn sie sich nicht die Beine brechen oder die Fußgelenke verstauchen wollten, dass beim Zuschauer eine ganz eigne Spannung nur durch diese Situation entstand. Irritation erzeugte gesteigerte Konzentration.

*

Schließlich und endlich gehören zu den Theaterelementen auch die Theatertypen. Dazu gehören neben dem Schauspieler und dem Zuschauer der geschmeidige Intendant, der coole, wortkarge Regisseur, der wortreiche Dramaturg (in letzter Zeit vor allem die wortreiche Dramaturgin), die aufgeschlossenen Damen und Herren aus den Werkstätten, also Schreiner oder Schneider, die modebewusste Kostümbildnerin und der oder die BühnenbildnerIn, die flinke und gut informierte Dame im Büro des Intendanten, die immer wieder wechselnden Damen und Herren aus der Abteilung Öffentlichkeitsarbeit, die selbstbewussten Damen und Herren aus dem Betriebsbüro oder der Technischen Direktion, bis hin zum Fahrer, zur Garderobiere und dem Portier, die auch eine Art Fluidum um sich haben: Das Theater bietet wie kein anderer Betrieb Berufe für sehr unterschiedliche Menschen, für jeden Typus Mensch gibt es hier ein Plätzchen. Das

Theater frisst zwar gern seine Kinder, aber es ist auch ein Ort, wo jeder Mensch so sein kann, wie er ist.

Wie man weiß, gab es Zeiten, in denen im Theater immer wieder solche feststehenden Typen auftauchten. Das Grundmuster, das die Commedia dell'Arte ausgebildet hatte, vor allem mit den Zanni (also den Dienern bzw. Spaßmachern), dem Pantalone (also dem Herrn), den Inamorati (also den jungen Verliebten) und vielen weiteren Figuren, bildete jahrhundertelang das theatrale Grundgerüst, auch von Stücken, die heute als Literatur gelten, wie bei Shakespeare, Molière oder bei den Spaniern des Siglo d'oro, des Goldenen Zeitalters. Erst in der Zeit der französischen und deutschen Klassik löste es sich auf, wobei sich Spuren auch noch im 19. und 20. Jahrhundert finden lassen.

Offenbar ist das Theater also etwas, das wirklich dazu neigt, sich aus Grundelementen zusammenzusetzen und diese immer wieder zu variieren. Sein Wesen ist nicht Neuerfindung, sondern Variation, es ist eine konservative Kunst.

KAPITEL 4

REGIESPRACHEN:
DER MARKT
DER MARKEN

Klar gibt es immer noch die traditionelle Komödienaufführung, mit schlagenden Türen, schnellen Auftritten und Sätzen, vielen Verwechslungen und stubenreiner Erotik. Eine Mischung aus Improvisationslust und uhrwerkartiger Routine, eine Frühform der Soap. Sie sind immer noch beliebt. Da ist Theater vor allem eine Sache des Timings. Und selbstverständlich gibt es auch noch das reine Literaturtheater, das sich darum dreht, einen Text besser zu verstehen, indem man ihn »lebendig« macht, wie es bis heute heißt. Wobei diese Aufführungen immer seltener werden.

Aber beides ist nicht das, woran man denkt, wenn man heute an Theater denkt. Das ist, mit einem Wort, nicht Regie. In diesem Kapitel soll es genau darum gehen: Regie. Im Gegensatz zum vorhergehenden Kapitel tun wir hier das, was eigentlich immer getan wird, wenn über Theater geredet oder geschrieben wird. Wir tun so, als sei alles eine Erfindung der Regisseure, als sei es ihre Sprache, ihre Eigenart, die sich im Theater abbildet. Man kann dieses Kapitel wie einen kleinen Regieführer verwenden. Wobei es weder vollständig noch gerecht ist. Aber egal, die Welt ist ungerecht und die Theaterwelt allemal.

Um die neuen Formen, die mit der Regie gleichgesetzt werden, ist im Theater ein regelrechter Hype entstanden. Irgendwie ist die Suche nach dem Neuen zu einem Automatismus geworden, dem sich auch im Theater keiner mehr entziehen kann. Die einen finden das großartig, es sind meist die sogenannten Postdramatiker, sie tun so, als seien wir jetzt endlich in der Welt der vollkommenen Freiheit angekommen, als gäbe es nun unendlich viele Stile und Spielweisen. Alles sei möglich, alles offen, alles neu, nichts mehr selbstverständlich. Das ist ziemlicher Blödsinn. Denn erstens besteht Theater nicht vor allem aus Spielweisen und zweitens greift auch die neueste Spielweise auf bestehende Formen zurück, in fast allen Fällen ist es eine Neukombination dessen, was es schon gibt, und in vielen Fällen erweist sich das Allerneuste als der kälteste Kaffee.

Auch am Stadttheater sucht man seit einigen Jahren emsig nach jeder neuen Regiehandschrift, die sich irgendwo andeutet, man versucht sie zu entdecken, noch bevor sie sich entwickelt hat, die Intendanten und Dramaturgen kommen in die Schauspielschulen, um das verborgene Potenzial zu heben, aus dem sie künftige Regiestars zaubern können. Auch das ist natürlich vollkommen überzogen.

Aber, das ist unzweifelhaft, eine deutliche Regiehandschrift ist am Theater mittlerweile ein echtes Verkaufsargument. Hat ein Regisseur es geschafft, eine Sprache zu entwickeln, die man eindeutig als die seine erkennen kann, dann können die Intendanten ihn einkaufen in dem beruhigenden Gefühl, dass sie wissen, was sie bekommen werden. Das haben die zarten Regiepflänzchen an den Schauspielschulen natürlich schnell mitbekommen und deswegen arbeiten sie jetzt alle emsig daran, ihre eigene Regiehandschrift zu entwickeln. Man sieht es den Abschlussinszenierungen an, wie sie sich um Wiedererkennbarkeit mühen. Mach eine Marke aus dir, hallt es durch die verwinkelten Gänge der Theater. Die Marktwirtschaft kriecht auch in die letzte Nische und kein Subventionsschirm kann dagegen schützen.

RENÉ POLLESCH

René Polleschs Berühmtheit gründet sich auf den Schrei. Lange Zeit schrien bei ihm zunächst einmal alle, die auf der Bühne standen. Sie schrien so sehr, dass man dabei zusehen konnte, wie ihre Schreikraft trotz guten Trainings vor Erschöpfung mehr und mehr erlahmte. Man sah, wie sie nach einem Zwischentief wieder neuen Schreischwung holten, dann aber doch langsam und sicher heiser wurden, wie sie vielleicht sogar ihre Stimme ruinierten.

Abgesehen davon, dass der Schrei oder besser gesagt die Unmöglichkeit, so sehr zu schreien, wie von ihnen verlangt wurde, die Schauspieler wirklicher werden ließ, man konnte ihnen ja dabei zusehen, wie sie sich ganz echt mit ihrem Organ mühten, wie sie sich die

Seele aus dem Leib schrien, wie sie die Grenze dessen, was ihr Körper hergab, immer wieder neu ausprobierten, abgesehen davon, dass das alles auch wie Sport war, lag diesen Schreien immer ein Vorwurf zugrunde. Verstehst du denn nicht, schrien sie uns an und schrien sie in die Welt hinaus, verstehst du denn nicht, dass es gar nicht möglich ist, in diesem System, diesen Zusammenhängen, dieser Entfremdung mit dem Anspruch zu existieren, man selbst zu sein? Verstehst du das denn nicht, dass wir uns vollkommen verkauft haben? Und viel mehr und umfassender entäußert haben, als wir denken? Aber selbst wenn du es verstehen würdest, es würde letztendlich auch nichts ändern, wir können dem nicht entkommen! So klang und klingt es, wenn Pollesch-Figuren miteinander sprechen.

Es waren heillos überforderte Metropolenmenschen und Vorstadtsklaven, die daran glaubten, mit ihrem Schreien Gehör zu finden, die immer noch an einen Ausweg glaubten. Auch René Pollesch scheint unverbrüchlich zu glauben, dass es geht, dass man sich freispielen, -schreien und -denken muss und kann. Und dass es das ist, was in seinen vielen Aufführungen dauernd geschieht. Schrei dich frei. Und dass er das mit dieser unglaublichen, hungrigen Energie tut, die offenbar durch keinen Erfolg zu stillen ist. Pollesch schrieb Unmengen von Stücken, um die dreißig dürften es mittlerweile sein, seit er am Gießener Institut für Angewandte Theaterwissenschaft studiert hat, einem mittlerweile legendären Institut, wo Theorie und Praxis eine innige und fruchtbare Verbindung eingegangen sind. Er inszenierte diese Stücke auch noch alle selbst, seine Schreibwerkstatt ist so etwas wie ein florierendes Kleinunternehmen geworden, was dazu führte, dass es mittlerweile Menschen gibt, die glauben, er tue das Ganze des Geldes wegen. Sie haben Pollesch nicht verstanden. Pollesch meint es ernst.

Er füttert sich dazu mit großen Mengen des neusten Theoriematerials zwischen Gender-Studies, Diskursanalyse und Globalisierungs-

kritik. Das alles wird bei ihm immer in diesem einen Sinn umfunktioniert: als Beweisführung, dass nichts von dem, was wir an uns irgendwie für authentisch halten, wirklich wir selbst sind. Als Beweis, dass wir uns hindern, wir selbst zu sein. Das aber widerspricht in gewissem Sinn dem Schrei, der in seinem Vorwurf und seiner Überanstrengung davon lebt, dass er den Schauspieler authentisch macht. Und da wird es interessant.

Dieser Widerspruch ist es, der einen dazu bringt, dass man bei Pollesch erheitert ist, dass man Schmunzeln und Lachen muss, dass man sich so gut unterhalten fühlt. Man fühlt sich in all seinen eigenen Widersprüchen verstanden, belebt und ausgelacht. Man fühlt sich freier. Und so waren diese Schreie ein Markenzeichen geworden, ein Markenzeichen, das so sehr mit Pollesch verbunden war, dass es wie eine kleine Revolution aussah, als dann vor ein paar Jahren mit einem Mal auch geflüstert oder sogar normal gesprochen wurde. Es wurde vermeldet wie etwas wirklich Bedeutsames: Bei Pollesch wird jetzt geflüstert!

Das ist jetzt auch schon länger her, mittlerweile gibt es in Pollesch-Aufführungen alle Lautstärken, der Vorwurf in der Stimme aber ist geblieben. Es gibt im Theater Leute, die Pollesch wegen der Sehnsucht nach Identität, die daraus spricht, für einen hoffnungslosen Romantiker halten, was er selbst nicht gern hören würde, und zwar nicht wegen des »hoffnungslos«, sondern wegen des »Romantikers«. Pollesch möchte kalt aus der Hüfte schießen, wie es in seinem Stück *Liebe ist kälter als das Kapital* ziemlich oft heißt. Er möchte dem Feind ungerührt gegenübertreten, wie bei einem Duell vor dem Saloon in der Mittagshitze (was allerdings auch eine romantische Idee ist), denn er glaubt, dass er eine echte Chance hat. Wer zieht schneller, ich oder das System – diese Frage ist in Pollesch-Inszenierungen grundsätzlich offen. Das macht ihn übrigens zu einem der letzten authentischen Systemkritiker und zum legitimsten Brecht-

Nachfolger, den es im Theater seit Jahren gibt. Auch das würde er aber nicht gerne hören.

Aus diesem Grundwiderspruch hat René Pollesch eine vollkommen eigenständige Theatersprache entwickelt. Pollesch gewinnt aus dem Selbstwiderspruch Energie. Kein Medium hat dermaßen viele Möglichkeiten, Selbstwiderspruch herzustellen, wie das Theater, denn kein Medium läuft auf so vielen Ebenen gleichzeitig ab. Die Souffleuse etwa, eigentlich ja eine Person, die außerhalb der Aufführung steht, an ihrem Rand, ist bei Pollesch Bestandteil der Inszenierung. Weiß ein Schauspieler nicht weiter, was bei den Textmengen und der Brüllerei ziemlich oft vorkommt, brüllt er »Scheiße«, die Souffleuse hat ihren Auftritt und sagt den Satz, man lächelt sich an, man versteht sich, man ist innerhalb eines Systems.

Was das heißt, kann man an einer Entwicklung ablesen, die Polleschs Theater in der letzten Zeit genommen hat. Dieses Theater findet in einer Atmosphäre der unausgesetzten Hysterie statt; der

■ Tatsächlich gibt es auch noch Momente der Intimität und Besinnung in der Bühnenwelt des René Pollesch: Hier kuscheln Volker Spengler und Caroline Peters.

Nervenzusammenbruch ist ein Dauerzustand. Lange Zeit kreisen Polleschs Stücke um Entwicklungen wie Globalisierung, Outsourcing oder Stadtmarketing. Seit einiger Zeit aber arbeitet sich Pollesch an den Widersprüchen des Systems ab, in dem er im weitesten Sinn selbst arbeitet: der Unterhaltungsindustrie – zu der er unter keinen Umständen dazugehören will.

In *Cappuccetto Rosso* zum Beispiel begann er seine systemzersetzenden Sprechloops auf jene Spielfilme loszulassen, die sich kritisch und immer wieder kritisch mit der Nazivergangenheit auseinandersetzen und seit Jahren in Deutschland einen unglaublichen Boom erleben. Verfestigungen, kulturell gefrorene Bilder, die man dann für normal hält und mit denen man sich gut eingerichtet hat, wie in diesen Filmen, bringen René Pollesch aus der Fassung. In einem Stück mit einem endlos langen Titel, der mit *Rue Martin* beginnt, ging es dann gegen *Das Leben der Anderen* und die schöne Zurichtung der DDR-Geschichte.

Was Pollesch in beiden Fällen fundamental stört, ist die »Repräsentation«, dass man so tut als ob. Für fast alle Menschen ist die »Repräsentation« etwas ganz Normales, nicht für René Pollesch, sie ist für ihn ein Problem. Genauso wie auch der Mittelstand für ihn nichts ist, was man besorgt hegen muss, wie jetzt alle meinen, sondern ebenfalls ein Problem. Oder die Heterosexualität, die ist auch ein Problem.

Da aber in diesem Buch nicht auf solche inhaltlichen Fragen eingegangen werden soll, sondern auf Theaterformen, auf die Sprache des Theaters, schauen wir uns lieber noch etwas dieses Theater von René Pollesch an. Ein Höhepunkt der Arbeiten, die sich mit der »Repräsentation« auseinandersetzen, ist *Liebe ist kälter als das Kapital*, das er nicht am Prater der Berliner Volksbühne in der Kastanienallee, sondern in Stuttgart inszeniert hat. Der Prater ist sozusagen das Basis-Camp der Pollesch-Expeditionen, die ansonten in auffallend viele Städte führen. Pollesch ist ein äußerst rühriger Regisseur.

In *Liebe ist kälter als das Kapital* ruft eine Schauspielerin, es ist Katja Bürkle, die in der Aufführung die Schauspielerin Liv Ullmann spielt, im typisch vorwurfsvollen Pollesch-Ton: »Verdammt! Mein Leben ist zum Zeigen verdammt. Die Kunst auch. Ich bin so verwirrt. Ich kann irgendwie die Realität nicht sehen. Ja, gut, wir brauchten erst Vietnam, um uns auf den Krieg unserer Väter beziehen zu können und um die Realität zu sehen. Ich seh da keine Radikalität hier draußen. Die große Negation, das schöne Modell ist nicht mehr zur Hand. Die wollen nur, dass ich kreativ bin. Man kann überhaupt nicht mehr Nein sagen. Aber Negation muss doch irgendwie die Kreativität ablösen können. Liebling! Und vielleicht brauchen wir Guantanamo und noch eines und noch eines, damit wir das sehen, das Diffuse an der Vereinigung von Körper und Seele und das Praktische an seiner Trennung. Die ist doch Praxis. Dass wir von unserem Leben getrennt werden.«

Man sieht, es wird grundsätzlich, es geht von Guantanamo bis zur Vereinigung von Körper und Seele. Um Filme geht es auch, hier kommt noch die RAF zu den Nazis und der DDR. Bald kommt in dem Stück auch noch die Liebe ins Spiel, die es den Kapitalisten so einfach macht, weil man immer über sie anstatt über Geld reden kann. Die Familie ist vom Markt durchsetzt, die Gefühle werden hier marktgerecht zugerichtet. Und Theater oder Film sind Beeindruckungsmaschinen, die dazu da sind, Gefühl zu produzieren.

Es geht also so ziemlich um alles. Gleichzeitig geht alles durcheinander. Männer spielen Frauen und umgekehrt, vollkommen ohne System, Christian Brey zum Beispiel sagt als Frau: »Ich bin erfüllt von dem Dreck. Und von der Mutterliebe und dem Mist.« Es geht höchst praktisch um die Unmöglichkeit, von der Bühne abzutreten. Eine Schauspielerin landet, kaum dass sie durch die Kulissen (die Pollesch liebt) von der Bühne verschwindet, immer auf einem Filmset. Das wird für die Zuschauer per Videoprojektion übertragen. »Liebling!

Was ist denn mit der Realität passiert? Die war doch immer hier hinten.« Sagt's und landet wieder in einem Film. »Das war doch mal Tradition, dass man von der Bühne abgehen konnte und man war in der Wirklichkeit. Aber wo ist die denn hin?«

Dieses ganze Aufheben der Realitäten wird in der Aufführung mehrfach durchgespielt. Eine Schauspielerin, die in diesem Moment eine Filmschauspielerin ist, weigert sich, in einer Szene geohrfeigt zu werden. Das nehmen die Schauspieler zum Anlass, um sich untereinander mit Hingabe Ohrfeigen zu verteilen, und der erfahrene Pollesch-Zuschauer denkt dann an die Schreie zurück.

Die fragwürdig gewordene Realität wird am Anfang der Aufführung in Szene gesetzt, wenn eine Schauspielerin blind aus einer Tür kommt und umständlich auf einen Geldautomat steigt, diese Wunscherfüllungsmaschine, um dann durch ein Fenster dahinter zu fallen. Wohin fällt sie da? In den Garten? Ins Nichts? In eine andere Bühnenwelt? Eine neue Realitätsebene? Ihr folgen noch alle vier anderen Schauspieler, die in dem Stück mitspielen, alle behindert, mit Krücke oder auch blind. Die tun nichts anderes, sie steigen auf den Geldautomaten, wollen sich in das Fenster setzen, fallen hinunter und weg sind sie.

Da ist Polleschs Theater reiner Slapstick. Genauso wie es Tradition ist, dass man abtreten kann, so ist es Tradition, dass man sich im Theater Ohrfeigen gibt. Mit der Verweigerung der Bühnenohrfeige kann man dann genauso wunderbar Slapstick machen. Aber die Frage bleibt ja trotzdem, wo ist sie denn, die Realität? Diese und andere – sehr ernst gemeinte – Fragen und gleichzeitig der Slapstick auf der Bühne, gleichzeitig Theorie und TV-Soap, das ist René Polleschs Theater. Beides hebt sich eigentlich auf, nicht so hier. Pollesch fragt mit heiligem Ernst und führt reinsten Grand Gungiol oder Fernseh-Trash auf. Natürlich ist das Theaterzauber, erhellend bleibt es trotzdem. Das Ganze dient dazu, einen Gefühlskomplex zu bearbeiten, in dem

Identität, Liebe, echtes Gefühl die Hauptrollen spielen. Und doch ist es letztendlich nichts anderes als Spiel.

NICOLAS STEMANN

Ein naher Verwandter von René Pollesch, auch wenn er im Theater nie als solcher behandelt wird, ist Nicolas Stemann. Er hat schon an fast allen größeren Häusern inszeniert, offenbar wie Pollesch ein etwas unsteter Geist. Stemann steigert sogar in gewisser Hinsicht das, was René Pollesch treibt. Er inszenierte längere Zeit vor allem eigene Textcollagen, die er mit dem Dramaturgen Bernd Stegemann erarbeitet hatte und die dazu neigten, in einer Art intelligentem Chaos zu zerfließen. Seit einiger Zeit bringt er bevorzugt entweder klassische oder Jelinek'sche Texte auf die Bühne. Der Witz dabei ist, dass er die Klassiker mit ihren fest umrissenen Rollen und die Texte von Jelinek, die Sprachmaterial sind, Textfläche ohne Rollenzuschreibung, gleich behandelt. Bei Stemann diskutieren nicht die Personen des Stücks miteinander, sondern es ist der Regisseur, der mit den Haltungen diskutiert, die den Texten zugrunde liegen oder die er in sie hineinliest.

Stemanns Inszenierungen haben extrem viele Ebenen, er ist sehr geschickt darin, alles Gesagte wieder infrage zu stellen, indem er es ironisiert, bricht oder auf eine neue Folie projiziert, die es wieder in anderem Licht erscheinen lässt. Das berühmteste Bild, das er bisher geschaffen hat, war in der *Hamlet*-Inszenierung, in der Philipp Hochmair den Hamlet gespielt hat. Hochmair ist ein ähnlich aufgedrehter Darsteller wie Joachim Meyerhoff. In dem Bild stützen sich mehrere nackte Personen an einer Wand ab, dem Zuschauer den Rücken zugewandt, wie auf dem berühmten Foto der Kommune 1. Damit hat Stemann den *Hamlet*, der ja auch vom Vater-Sohn-Konflikt erzählt, auf eine gesellschaftliche Erzählung von Jungen und Alten projiziert, in der '68 eine wesentliche Rolle spielt.

Indem er solche Bilder zitiert, betrachtet, befragt, ironisiert, kommentiert, sie gegen den Strich gebürstet und in anderen Kontexten verwendet werden, sind Stemanns Aufführungen einerseits sehr intelligent, manchmal so intelligent, dass sie jeden Einwand selbst formulieren, der einem einfallen könnte oder auch nicht eingefallen wäre. Andererseits wirken sie dadurch manchmal etwas überfrachtet. Das ständige Unterbrechen der Geschichte und der fortwährende Blickwechsel unterlaufen jede Eindimensionalität, andererseits schraubt sich das Ganze mit Haltungen und Gegenargumenten in die soundsovielte Potenz hoch, und irgendwann wird jedem schwindlig oder er hat einfach auch keine Lust mehr, noch höher zu steigen. Die Komplexität kann dann wie eine Blase platzen.

Nicht nur Stemann und Pollesch laufen da Gefahr, sich im Gedachten zu verlieren. Auch Frank Castorf oder Christoph Schlingensief haben auf höchsten Ebenen schon manche Schlacht gewonnen, ohne dass es jemand merkte, selbst der Gegner bekam nichts mehr davon mit.

Trotz aller Komplikation und Kunst ist Stemann, auch hier genauso wie Pollesch, manchmal ein großer Theatraliker. Wie die Schauspieler mit den verschiedenen Ebenen spielen, wie sie immer neue Freiheiten entdecken oder sich verheddern, ist ein großer Spaß. Oder anders: Stemanns Aufführungen sind lustig, selbst wenn man nichts versteht.

CHRISTOPH SCHLINGENSIEF

Es war 2001 und Christoph Schlingensief war gerade auf dem Höhepunkt seiner theatralischen Sendung. *Ausländer raus*, das geniale Containerprojekt in Wien, lag gerade hinter ihm, er begann am *Hamlet* für das Zürcher Schauspielhaus zu arbeiten und am Horizont braute sich, ohne dass er davon schon irgendetwas ahnte, das »Parsifal«-Gewitter zusammen, das er dann in Bayreuth erleben sollte.

Für den *Hamlet* in Zürich gab es mehrere Ideen, aber es war definitiv noch nicht klar, was Schlingensief mit oder aus dem Stück machen würde. Klar war nur, dass ausstiegewillige Neonazis mitwirken sollten. Dabei war wichtig, dass dieses Resozialisierungsprojekt vom deutschen Innenministerium bezahlt wurde, da so die Bundesrepublik Deutschland mit am Hamlet-Projekt beteiligt war, d. h. ein Teil der Inszenierung wurde. Des Weiteren war wichtig, dass niemand sicher wusste, ob die Neonazis sich nun wirklich eines Besseren besonnen hatten oder bekehren lassen wollten oder nicht vielmehr die Hamlet-Aktion für ihre Zwecke benutzen wollten. Und daran wiederum war wichtig, dass sie im *Hamlet* die Schauspielertruppe spielen würden, die Helden des Scheins, die Hamlet verwendet, um der Hofgesellschaft bzw. seinen Eltern die Wahrheit zu entreißen.

Was mit Hamlet selbst passieren sollte, war aber unklar. Der Dramaturg Carl Hegemann, der vielleicht schlauste Kopf im ohnehin so schlauen deutschen Theater, schrieb damals in einem Fax an Schlingensief: »Was das Kerngeschäft mit Hamlets Wahnsinn betrifft, würden Robert (gemeint war der ebenfalls beteiligte Dramaturg Robert Koall) und ich gern unbedingt am Mittwoch, den 21., mit dir in die Hannoveraner Hamletinszenierung von Stemann gehen (es geht nur an dem Tag), die eine prototypische Stadttheaterinszenierung der Jetztzeit ist, modern und publikumsfreundlich, nur 2 Stunden, und alles enthält, was im Theater zurzeit angesagt ist, und dabei gar nicht total scheiße.«

Mal abgesehen davon, dass Hegemann Schlingensief mit fadenscheinigen Argumenten nach Hannover locken will, ist an diesen Sätzen interessant, dass er es als gegeben ansieht, dass Stadttheater eigentlich »total scheiße« ist. Der Mann war damals als Stadttheaterdramaturg angestellt – an der Berliner Volksbühne. Stadttheater ist scheiße, das war die Formel Hegemanns, die Meinung setzte sich damals auch gerade in breiten Teilen der Bevölkerung durch,

Teilen, denen die Volksbühne damals lieber ins Gesicht geschissen hätte, als sie in die Volksbühne – das einzige Stadttheater, das davon lebte, kein Stadttheater zu sein – zu lassen. Das war eine Lebenslüge, zumindest für den Intendanten Frank Castorf, das stimmte aber für Christoph Schlingensief. Er trat zwar im Stadttheater auf, was er machte, war aber kein Stadttheater.

Was aber war es? Man hat zu Recht gesagt, dass Schlingensief die Bühne in die Medien hinein erweitert hat. Schlingensief hat die Medien benutzt, er hat sie in seinem Sinn umfunktioniert. Sie waren ihm Werbeplattform für seine Aktionen, sie waren ihm Bühne, auf der er agieren konnte, sie waren ihm Spielfläche, auf der er sich mit der Wirklichkeit auseinandersetzen konnte. Schlingensiefs Interviews, vor allem im Fernsehen, mit Journalisten, die ihm reserviert oder ablehnend gegenüberstanden, wurden immer wieder großartige Medienmomente, weil er diese Journalisten offensiv anging, um direkte, echte Reaktionen zu bekommen. Schlingensief hatte die

■ Man traut sich ja so etwas kaum zu sagen, aber es ist trotzdem wahr: Christoph Schlingensief verändert durch sein Theater die Welt. Wenigstens formatiert er sie neu.

Medien an der Angel, weil er wusste, wonach sie gieren: Sensation, Aufmerksamkeit, Skandal. Und weil er ihnen das geben konnte.

Die – vielleicht unbewusste – Rache der Medien bestand darin, dass Christoph Schlingensief reflexhaft und immer wieder als Provokateur bezeichnet und verharmlost wurde. Dpa-Meldungen begannen in diesen Jahren gerne mit den Worten »Der Theaterprovokateur Christoph Schlingensief ...« Da steckte die Verheißung eines schnellen Aufregers drin, aber auch die Verharmlosung: Ist ja nur ein gewohnheitsmäßiger Provokateur.

Schlingensiefs Bühne war nicht das, was hinter dem Vorhang liegt. Je nachdem, wo er war, war Christoph Schlingensief ein anderer. Er war Filmregisseur, Theaterregisseur, Opernregisseur, Maler, Installationskünstler und Aktionskünstler. Er spielte in den unterschiedlichen Registern der Kunst, kombinierte sie und schob die Bereiche ineinander. So malte er auf der Bühne, zeigte dort Filme, in seinen Installationen sah man Film-Bilder von Aktionen oder Aufführungen. Der Animatograf, den er an mehreren Orten immer wieder gewandelt und neu gestaltet zeigte, war eine Raum gewordene Aufführung, eine Drehbühneninstallation, eine »begehbare Fotoplatte«, wie er selbst sagte.

Im vorliegenden Zusammenhang aber ist nicht wichtig, was Schlingensief eigentlich ist, was seine Kunst bedeutet, wie sie einzuordnen ist. Wichtig ist hier, wie sie gemacht ist. Ist Schlingensief ein Solitär oder ist er jemand, der im Theater eine wichtige Position besetzt? Zunächst: Schlingensiefs Theater ist grenzenlos. Der Zweistundenabend, da hat Carl Hegemann ja durchaus recht, kommt in seinen Gedanken wahrscheinlich nicht einmal als Möglichkeit vor. Aber es dehnt sich nicht nur in der Zeit aus, dieses Theater entwickelt sich aus dem Theater heraus und in die Gesellschaft hinein, da wird es dann mit fließenden Grenzen von der Inszenierung zur Aktion. Gedanken und Bilder entwickeln in den Filmen, Inszenierungen und Installationen ein Eigenleben.

Da ist klar, dass ein solches Theater keine Dramaturgie hat. Es gibt keinen Spannungsbogen, keine Erzählstruktur, keine Peripetie, keinen Rahmen, keine Auflösung und keine Katharsis (obwohl, eine Katharsis gibt es vielleicht doch). Alle diese Strukturen setzen Standpunkte jenseits der Aufführungen voraus oder markieren sie, Schlingensiefs Aufführungen aber arbeiten daran, diesen Standpunkt verschwinden zu lassen. Alles wird Inszenierung. Das macht eine der Schwierigkeiten im Umgang mit seinem Theater aus, jeder und jedes wird unweigerlich ein Teil der Veranstaltung.

Dazu ein Beispiel. 2003 gründete Christoph Schlingensief die *Church of Fear*, er stand damals unter dem Eindruck der Anschläge vom 11. September 2001, die ihn sehr gefangen genommen hatten, und dem *Parsifal*, den er – wie er bereits wusste – im Jahr darauf in Bayreuth inszenieren sollte. Der zentrale Glaubenssatz der *Church of Fear* war das Grundrecht auf persönlichen Terror, die moralische Kernüberzeugung war die Akzeptanz der Angst. Bei der Biennale in Venedig saßen sieben Pfahlsitzer an den Eingängen der Giardini, tagelang den Blicken und der Hitze ausgesetzt. Später wanderte Schlingensief mit einem kleinen Haufen netter junger Leute, die alle zu der neuen Glaubensgemeinschaft gehörten, von Köln am Rhein nach Frankfurt am Main. In ihrer Mitte ein Leiterwagen, der die Berge hoch- und runtergezogen wurde, darauf der »Muezzin«, eine kleine Stereoanlage, aus der den ganzen Tag Koran-Suren tönten, als ob die Anlage um 12 Uhr mittags auf einem Minarett stünde. Dabei auch ein Megafon und zwei Transparente – »Church of Fear« auf dem einen, »Schreitender Leib« auf dem anderen –, die immer, wenn jemand schaute, und seien es nur die Kameras, flugs entrollt wurden. Wo der »Schreitende Leib« hinkam, wurden Passanten in die Glaubensgemeinschaft aufgenommen und neue Ortsgruppen gegründet.

Kameras, Muezzin, Wandergruppe, Pilgergruppe, Fremdenführung, Megafon mit den »Habt-Angst-Rufen«, alles zog sich wie eine breite Spur durch das Lahntal und verschwamm zu einer Art Aktion, Installation, Inszenierung. Jedenfalls gibt es bis heute keine ästhetische Theorie, die hier Ordnung schaffen könnte oder auch nur Wirklichkeit und Aktion voneinander trennen könnte oder wollte. Aktion und Rezeption verschwimmen in absoluter Ununterscheidbarkeit: Wer zuhört, gehört dazu. Der Zuschauer wird Teil der Aktion, wird sofort involviert, und davon lebt die Aktion. Ob er mit offenen Armen aufgenommen oder mit Spott weitergeschickt wird, ist offen, hängt von ihm selbst und dem Willen des heimlichen Hohepriesters (oder heimlichen Parsifals) ab, der Schlingensief damals war. Da ist nicht nur jeder ein Künstler wie bei Beuys, da wird alles Teil von etwas anderem: Das ist die Kirche der Angst. Es ist das Prinzip der ewigen Verwandlung. Hier findet eine dauernde Metamorphose statt, die in diesem System an sich einen Wert hat.

Man kann das Chaos bei Schlingensief metaphorisch angehen, man kann von einem Bildersturm sprechen oder davon, dass hier der Teufel los ist. Beides hat seine Berechtigung. Man kann in seinen wirren Haaren das ästhetische Vorbild seiner Aufführungen sehen. Man kann das »Totalirritation« nennen, wie Schlingensief selbst es gerne getan hat. Man kann das Chaos politisch verstehen und darin eine methodische Verwirrung der vielen (falschen) gesellschaftlichen Übereinkünfte sehen. Und man kann ganz kühl und kunstgeschichtlich sagen, dass diese Aufführungen dem Prinzip der Montage, also des Zusammensetzens, gehorchen. Das ist alles richtig. Man hat aber nicht das Gefühl, dass das Geheimnis Schlingensief'scher Installationen, Aufführungen und Aktionen dadurch gelüftet würde.

Auch wir werden dieses Geheimnis nicht lösen, wenn wir sagen, dass Schlingensief verschiedene Sphären vermischt: Hitler-Erinnerung, Neonazi-Skandale, *Big-Brother*-Situation, Beuys-Kunst, Wagner-Gefühl und -Musik, Familienfetzen, TV-Shows, Arbeitslosigkeit,

Bedürftigkeit, Ausländerfrage, Terrorkunst und Religion sind nur einige der Formenwelten oder Sprachen, die Schlingensief zitiert und derer er sich intensiv bedient.

Die eigentliche Aufführung seines Zürcher *Hamlet*, die die einzige echte Klassikeraufführung blieb, die Schlingensief bisher gemacht hat, bediente sich bei der Aufführung von Gustaf Gründgens von 1962. Im Theater zitierte er das Theater. Schlingensief kopierte dabei so unverfroren, wie es kein anderer wagen würde oder auch nur auf die Idee käme. Letztendlich aber sah die Aufführung in Zürich doch nicht nach dem Klassizismus aus, in den Gründgens' Aufführung schon 1962 erstarrt war. Schlingensief überlagerte Gründgens' Inszenierung mit Horrorbildern, mit denen er als Filmer ja einschlägige Erfahrungen hatte.

Aber auch durch das Zusammenspiel mit den deutschen Neonazis, die durch diese Schweizer Aufführung resozialisiert werden sollten, wurde aus der Gründgens-Kopie etwas vollkommen anderes.

■ Echte Neonazis als Schauspielertruppe in Schlingensiefs bisher einziger Klassikerinszenierung: *Hamlet* in Zürich.

Hamlet interpretiert als Horrorstück, als Gruft, aus der der Geist von Hamlets Vater aufsteigt, die Hölle, die jede Familie sein kann.

Eine seiner häufigsten, eindringlichsten und interessantesten Methoden ist die Annäherung der Sphären Krankensaal und Theater, die im Theater schon immer eine eigenartige Affinität hatten (Dürrenmatts *Physiker*, Weiss' *Marat/Sade*), Schlingensief führt sie so weit zusammen wie kein Theatermacher zuvor. In *ALS: Kunst und Gemüse*, eingeladen zum Berliner Theatertreffen, waren nicht nur körperlich oder geistig Behinderte als Schauspieler auf der Bühne zu sehen, was bei Schlingensief oft und methodisch der Fall ist, sondern die ALS-kranke Angela Jansen, die nur noch ihre Augen bewegen konnte, stand im Zentrum der Aufführung (immerhin hatte sie damit ein Zentrum!). Das war auch eine Intensivierung des *Parsifal*, den er im Jahr zuvor in Bayreuth inszeniert hatte. Die Kranke stand an der Stelle, an der bei Wagner der unheilbare Amfortas steht.

Niemand, auch Beuys nicht, der ja immer seine Wunde zeigen wollte, ging bisher in der Akzeptanz des Kranken so weit wie Schlingensief, niemand hat die Grenze zwischen Krankem und Gesundem nachdrücklicher aufgehoben. In den besten Momenten Schlingensief'scher Aufführungen weiß man nicht mehr, wodurch die Aufführung von einer Psychiatriestation ohne Psychopharmaka zu unterscheiden wäre. Das könnte im Chaos enden, bei Schlingensief ist es nur die Vorstufe der Auflösung, die noch eine Form hat. Was die Aufführungen letztendlich zusammenhält, ist er selbst, der oft auf der Bühne mitspielt. Schlingensief hält das Chaos aus. Allein diese Fähigkeit macht ihn schon zu einem einzigartigen und bewundernswerten Bühnenarbeiter.

Auch der Lungenkrebs, an dem er 2008 erkrankte, konnte Teil dieses Kosmos werden. Schlingensief machte sich und seine Krankheit in der Aufführung *Eine Kirche der Angst vor dem Fremden in mir* ganz offen zum Thema. Bereits kurz nach Beendigung der Chemotherapie stand er auf der Bühne, zeigte seine Wunde und führte einen Dialog mit dem Krebs. Es waren sehr persönliche Texte zu hören, die er im Krankenhaus geschrieben hatte. Das ging, das zerfloss nicht in Selbstmitleid und Pathos, weil die Aufführung eine strenge Form hatte. Sie lehnte sich an die katholische Liturgie an. Dadurch entstanden ein Dialog mit der Kirche und eine persönliche Auseinandersetzung mit Gott.

Am politischsten war Schlingensiefs Methode bei seiner Containeraktion 2000 in Wien, als sich Österreich wochenlang vor allem mit dieser Aktion beschäftigte und er den Staat zum Wanken brachte. Auf dem Opernplatz stand ein Container, in dem Asylbewerber lebten. Die Zuschauer durften bzw. mussten wählen, welcher Asylbewerber den Container verlässt, um abgeschoben zu werden. Der Letzte durfte bleiben. Unwiderstehlich war damals, wie er einerseits die durch die internationale Ächtung des FPÖ-mitregierten Österreich ohnehin aufgeladene Stimmung direkt aufnahm, *Bitte liebt Österreich* hieß die Aktion, und wie er andererseits durch das Abschie-

■ Nach seiner Krebserkrankung hat Schlingensief mit *Eine Kirche der Angst vor dem Fremden in mir* wieder zu arbeiten begonnen: Hier mit Hase und Angela Winkler.

bungstheater, das er täglich aufführte, die Ausländerpolitik in eine Deutlichkeit trieb, die Österreich nicht ertragen konnte. Zudem nutzte er das *Big-Brother*-Spektakel für sich, mit dem RTL damals die deutsche Öffentlichkeit elektrisierte. Aus drei Bereichen, nationales Selbstmitleid, nationalistische Politik und exhibitionistische TV-Shows, wurde mit traumwandlerischer Sicherheit ein öffentlicher Sprengsatz gebastelt.

Bei der Aktion und Parteigründung *Chance 2000*, als er die vier bis fünf Millionen deutschen Arbeitslosen aufforderte, gleichzeitig in den Wolfgangsee zu springen, Helmut Kohls Urlaubsdomizil, war noch die Mühe der politischen Aufklärungsarbeit zu spüren: Wir wollen zeigen, wie viele Arbeitslose es sind. In Wien geschah alles wie von selbst: Schlingensief hielt nur noch die Kabel aneinander, die ohnehin unter Strom standen, und es funkte gehörig. Er unterzieht Gemeinschaften einer unfreiwilligen Kur (die sie oft als Demütigung, Beleidigung, Erniedrigung empfinden), indem er die Widersprüche dieser Gemeinschaften aufspürt, ihre Symbole erkennt und in die Öffentlichkeit bringt, indem er sie auf eine Bühne stellt. Manchmal wirkt das wie ein Exorzismus.

Indem er unterschiedliche Bereiche mischte, riss er Grenzen ein. Zuerst natürlich die zwischen dem Leben und der Kunst, die für die meisten Künstler ein ewiges Ärgernis ist, dann zwischen dem Kranken und Gesunden, dem Normalen und dem Monströsen, dem Offiziellen der Politik und dem Alltäglichen des Daseins, dem Öffentlichen und dem Privaten. An Mohammed Atta gefiel ihm mit Sicherheit, wie die Grenze zwischen Terror und Religion sich auflöste. Je mehr Chaos Schlingensief dabei anrichtete, umso wohler schien er sich zu fühlen. Vielleicht war er sich nur sicher, dass er weniger schnell als andere die Übersicht verlor, Schlingensief war von einer bemerkenswerten Reaktionssicherheit und -schnelligkeit, auch die ausgebufftesten TV-Moderatoren fanden in ihm regelmäßig den

Meister. Er spürte einfach zu genau die jeweiligen Widersprüche und damit Schwachpunkte.

Letztendlich, zeigt sich, ist die Überlagerungs-, Verwirrungs-, Kurzschluss- und Protestkunst von Christoph Schlingensief auf Christoph Schlingensief angewiesen. Er, seine Leidensfähigkeit, seine Glaubwürdigkeit und seine Reaktionsschnelligkeit, stehen merkwürdigerweise doch im Zentrum seiner vielschichtigen Theateraufführungen. So landet man, auch wenn man vor allem versucht, sich die Verfahrensweise dieses Theaters klarzumachen, am Ende doch bei Schlingensief selbst. Er steht im Dialog mit dem Publikum, er ist angreifbar, er ist unberechenbar, er ist ungeschützt.

Schlingensief ist extrem uncool, sein ganzes Tun läuft jeglicher Coolness entgegen. Es geht ihm gerade darum, sich offen und berührbar zu machen – und das ist es, worin er Beuys gleicht. Seine Art des Widerstands paart sich mit Schmerzbereitschaft. »Im Zweifel liegt im Schmerz das Wahre«, ist ein Satz, der seine Arbeit beschreibt. Schlingensief erweist sich in jeder seiner Aktionen als Moralist, er arbeitet an politischer Aufklärung, er nimmt für die Ausgegrenzten nicht nur Partei, sondern integriert sie in seinen Arbeiten. Im Gestus hat er etwas ungemein Freigiebiges, was bei ihm produziert wird, egal ob materiell oder immateriell, wird freigiebig an das Publikum verschenkt.

Schlingensief ist ebenfalls eine Figur, in der sich viele Ebenen überlagern, Politclown, Provokateur, Märtyrer, Schamane, der letzte deutsche Heimatfilmer, Partei- und Gemeindegründer, Medienprofi, Beuys' Wiedergänger, oder auch der von Pasolini, Fassbinder, wem auch immer. Das Geheimnis dabei ist: Schlingensief gibt sich selbst als Einsatz, er weiß, dass ein Spiel nur echt ist, wenn man etwas verlieren kann. Er bietet sich an. Er stellt sich und den theatralen Apparat, den er um sich herum gebaut hat, zur Verfügung.

FRANK CASTORF

An Frank Castorf scheiden sich bis heute die Geister. Mittlerweile lässt sich wahrscheinlich verlässlich festhalten: Die meisten Menschen werden nie Gefallen an einer Castorf-Aufführung finden. Die meisten Menschen finden auch keinen Gefallen an den Filmen von Quentin Tarantino, da ist einfach nichts zu machen. Das ist schade, vor allem für diese Menschen, aber es ist so. Und sie vermissen dabei ja auch nicht wirklich etwas.

Nun gibt es aber ebenso wenig Zweifel daran, dass Frank Castorf seit der Wende (und eigentlich auch schon vorher) der wichtigste Theatermacher in Deutschland war. Er war es, der das Theater grundlegend verändert und es brutal und nachdrücklich in die Gegenwart hineingestoßen hat, er war es, der das Theater für einige Zeit an die Spitze der Entwicklung der Kunst überhaupt katapultierte. Vor und nach Castorf ist das Theater nicht mehr das Gleiche, und im Prinzip teilen sich alle Theatermacher, Zuschauer und Schauspieler in zwei Gruppen: Die, die sich auf Castorf eingelassen haben, die sich durch ihn haben verändern und beleben lassen, und die, für die alles geblieben ist wie vorher.

Das Ganze ist in einen Glaubenskrieg ausgeartet, im Grunde ist die ganze Auseinandersetzung zwischen dem neuen und dem alten Theater eine Auseinandersetzung pro oder kontra Castorf gewesen. In der zweiten Gruppe, dort, wo auch nach Castorf alles geblieben ist wie vorher, gibt es übrigens viele, die Castorf loben. Das macht die Sache kompliziert und man muss da sehr vorsichtig sein. Der Meister sei ja wunderbar, sagen sie sehr gern, schrecklich aber seien alle seine Epigonen. Castorf war groß, wobei die Betonung gern auf den Imperfekt gelegt wird, er war aber folgenlos, und also machen wir weiter wie vorher.

Der Unterschied von Castorfs Theater zu allem anderen Theater ist von heute aus nur noch sehr schwer auszumachen, da fast alle seine Epigonen sind (auch die, denen das kaum bewusst ist). Sicher aber ist Folgendes: Der Unterschied ist zunächst einmal kein ästhetischer, sondern ein realer. Schöne Empfindungen, erhebendes Pathos, liebliche Gefühle, Weltversöhnung und was der wunderbaren Erhebungen mehr sind, sind bei Castorf ganz und gar ausgeschlossen. Nichts gegen Erhebungen, hier aber geht es um etwas anderes: Die Wirklichkeit, die bei Castorf mit einer Macht ins Theater drängt, die nicht nur vorher, sondern bis heute andernorts undenkbar ist, diese Wirklichkeit war und ist rau, hart, wild und widerspenstig. Man kämpft mit dieser Wirklichkeit und man kuschelt sich nicht in sie hinein, keinen einzigen Moment.

In der Volksbühne am Rosa-Luxemburg-Platz, schon dieses raue Theater war das Beste, das Castorf als Intendant bekommen konnte, war die Welt über etliche Jahre wirklicher als die wirkliche Welt. Castorf war DDR, Straße, Berlin, Deutschland. Die Wende schien eine Erfindung Castorfs zu sein, damit er sein Theater machen konnte. Der Ost-West-Clash wirkte wie eine Erfindung Castorfs. Berlin, eine Stadt, wie sie die Deutschen jahrzehntelang nicht gekannt hatten, ungeordnet, unkontrollierbar, kreativ, war wie eine Erfindung Castorfs: die Baustellen und die Unübersichtlichkeit, der Schmutz und das Leben, die Armut und der Glanz, die Schnoddrigkeit und die Anmaßung. Und die Vergangenheit Berlins, das Glamouröse und das Rotzige, das Unsentimentale und Großkotzige, das Erregte und das Brutale, die Vergangenheit, die seit den dreißiger Jahren für immer vergangen schien, erfand er gleich auch noch mit.

Das und nichts anderes ist es, woran sich die Geister scheiden. Wer Rotz immer und ausnehmend eklig findet, wird Castorf eklig finden. Es geht nicht anders. Die Grenze existiert und gegen eindeutige Frontverläufe spricht ja auch nichts. Das Vertrackte aber ist: Egal, wie man dazu steht, man kommt nicht daran vorbei, dass Castorf auch das Theater neu erfunden hat. Theater ohne Castorf geht einfach nicht mehr.

Schlingensief und Pollesch, die beiden Regisseure, die hier zuerst beschrieben wurden, sind beide Kinder der Volksbühne. Sie sind beide vollkommen eigenständige Künstler, sie sind vielleicht sogar die eigenständigsten deutschen Theaterkünstler des ersten Jahrzehnts in diesem 21. Jahrhundert, sie haben eigene unverwechselbare Sprachen entwickelt, aber genauso sicher ist ihr Theater ohne die Berliner Volksbühne nicht denkbar. Sie haben später überall gearbeitet, aber ohne die Volksbühne wären sie nirgends gewesen. Schlingensief als Theatermacher ist eine echte Erfindung Castorfs, er hat ihn gefragt, er hat gesehen, was da möglich ist.

Und obwohl auch das ohne die Wirklichkeit der Volksbühne undenkbar gewesen wäre, vergessen wir sie hier zunächst und fragen uns: Was hat Castorf denn wirklich erfunden? Warum ist er so neu? Was macht ihn so unignorierbar, so einzigartig, so übermächtig, so groß?

2003, also schon zwanzig Jahre nachdem Castorf in Senftenberg und anderen DDR-Provinzstädtchen begonnen hatte, er selbst zu sein, inszenierte er an der Volksbühne Dostojewskis *Idiot*, von seinen großen Dostojewski-Inszenierungen vielleicht die größte, sicher die raumgreifendste. Martin Wuttke spielte darin den Fürsten Myschkin, und er war, wie immer, wenn er bei Castorf spielte, reinste Erregung. Er war so sehr Erregung, dass er sich immer über irgendetwas beruhigen musste. Das half natürlich nicht. Wuttke war über viele Stunden hin und her geschüttelt. Wie viele Schauspieler bei Castorf hat er die erstaunliche Fähigkeit, seine Erregung an- und auszuknipsen wie eine elektrische Rührmaschine. Vibrationen durchleidet der Mann wie epileptische Anfälle, die Energie im Raum scheint er aufzusaugen, als sei er ein Science-Fiction-Wesen von einem anderen Stern.

Später, es waren schon einige Stunden ins Dostojewski'sche Idiot-Land gegangen, kam eine Vase ins Spiel. Während Rogoschin und

Myschkin mit ohnehin verwirrten Köpfen unter und über Badewannenwasser über Liebe redeten, brachte die bildschöne Aglaja das gute Stück, die teure Ming-Vase von Mama, herein. Myschkin behandelte sie wie eine zerbrechliche Frau. Da aber sagte Aglaja, dass er sie zerschlagen solle, »mach sie kaputt, mach sie kaputt«, sagte auch Rogoschin. Und die anderen Schauspieler kreischten: »Die Vase, die Vase!« Mittlerweile stand sie auf der großen Treppe, das Raumzentrum dieser Inszenierung, und Myschkin sprang immer wieder über sie drüber. »Die Vase, die Vase!«, kreischten alle.

Das ist der Castorf-Moment. Und das alles ist, unter anderem, auch wieder reinster Slapstick. Henry Hübchen war, solange er bei Castorf Theater machte, der größte Verführer, Charmeur und Clown der Bühne. Herbert Fritsch spielte in *Die Frau vom Meer* 1993 als Lehrer Arnholm einen Stotteranfall und brauchte eine gute halbe Stunde, bis er seinen Satz herausbrachte. Darüber diskutierte er mit dem Publikum. Auch das ist Slapstick.

Im *Idiot* hatte Fritsch eine ähnliche Szene: Gegen Ende der schon viele Stunden dauernden Aufführung holte er zu einem ausufernden Monolog über »Antropophagie« aus. Wer kann länger, ich oder ihr, das war da die Frage an das Publikum. Die stand so real und knallhart im Raum wie Fritschs bahnbrechender erster Auftritt bei Castorf, die zweite Aufführung von Castorf im Westen überhaupt, es war noch vor der Wende, bei der *Miss Sara Sampson* im Münchner Prinzregententheater 1988. Fritsch spielte neben Silvia Rieger, die in ihren Stöckelschuhen damals wie die Entdeckung des sexuellen Moments im Theater war, einen Mellefont, wie man noch keinen gesehen hatte, wie man noch nie einen Mann auf der Bühne gesehen hatte, so aufgedreht, so sexuell aufgeladen. So durchgedreht, wie er mit seinen durch PapprÖhren verlängerten Armen über die Bühne stakste, wie er am haushohen Dreieck, das Hartmut Meyer auf die Bühne gestellt hatte, ganz oben hing. Nein, so viel Energie in einem Menschen, das hatte man noch nicht gesehen.

■ Als die Welt in der Volksbühne am Rosa-Luxemburg-Platz noch in schönster Ordnung war: Kathrin Angerer und Henry Hübchen in Frank Castorfs *Schmutzige Hände*.

Damals gab es richtig Stress. Es gab Proteste gegen diese Theaterzumutung, ein Skandal, Tumulte im Zuschauerraum. Es war zu viel. Auch Castorf soll da am Anfang Angst bekommen haben. Im Programmheft hatte er auf die Frage, warum seine Art Theater auf so viel Widerstand stößt, noch gesagt: »Für mich jedoch gehört zum Theater ein Schuss Anarchie, das Moment der Negation, die Infragestellung. Es ist mir wichtig, eine These zu setzen und sie vehement zu negieren, ohne danach sofort zur Synthese durchzudrücken, sondern sie eher offenzulassen. Überall aber, im Westen wie im Osten, will man die Synthese haben: Das bedeutet dieser Theaterabend!«

Das ist zwar das ganze Castorf-Prinzip, aber so könnten das viele sagen. Was dann da auf der Bühne geschah, das war aber etwas anderes, diese Energie sprengte auch den Rahmen dessen, was man im freien Westen gewohnt war. »Why don't you do it in the road«, sangen die Beatles und es war klar, was man auf der Straße tun könnte und dass man kurz davor war. Das war eine Freiheit, wie sie auch der Westen nicht kannte. Bamm, das saß.

Freiheit ist der Kern von Castorfs Aufführungen. Freiheit kann viele Gesichter haben. Hier ist es die verweigerte Synthese, die schäumende Aufführung. Auf den Proben ist es das Nein gegenüber dem Schauspieler – nein, ich weiß es nicht, was du tun sollst. In dem schönen Buch *Castorf, der Eisenhändler* von Jürgen Balitzki gibt es ein ausführliches Probenprotokoll der *Nibelungen,* die 1995 an der Volksbühne mit dem Zusatz »Born Bad« im Titel herauskamen. Es besteht im Wesentlichen darin, dass Castorf den Schauspielerinnen Silvia Rieger und Sophie Rois erklärt, er wisse nicht, wie es gehe, was bei der zentralen Domszene, in der sich Kriemhild und Brunhild definitiv zerstreiten, geschehe. »Du brauchst eine klare, konzentrierte Sache. Und die habe ich nicht, fällt mir auch jetzt nicht ein«, sagt er.

Freiheit, vor allem Freiheit, eine dandyhaft gedachte, auch arrogante Bohemienfreiheit, war es von Anfang an, was Castorf herstellte.

Aus der Sicht des Westens hat Castorf seit je das Privileg, dass man seine Anfänge nicht kennt, so richtig auch nie wird verstehen können. Ganz wenige, wie Matthias Lilienthal, der schon damals in den Osten fuhr, oder der Kritiker Hartmut Krug, der von Berlin aus auch das andere Deutschland besuchte, haben sie miterlebt. Für alle anderen Westler haben diese Inszenierungen etwas Mythisches.

Eine der ersten Aufführungen, in denen das Castorf-Prinzip offenbar sichtbar wurde, war 1982/83 der *Othello* in Anklam. Von dieser Aufführung gibt es, was besonders passend ist, eine Beschreibung der Stasi: »Szenen zwischen Othello und Desdemona wurden fast nur auf Englisch gemurmelt. Ansonsten verzichtete man gänzlich auf Shakespeares Text. In der Eifersuchtsszene bellt Othello Desdemona an. Gezeigt wurden musikalische Einlagen, tänzerische Pantomime, vermittelt wurde ein zerstörtes Menschenbild, das Shakespeares Stück seines humanistischen Inhalts, die Figuren ihrer sozialen Bezüge beraubt, die theatralische Form zerstört.« Das versammelt so ziemlich alles, was Castorf, dem Stückezertrümmerer, dann bald auch im Westen vorgeworfen wurde.

Die Stasi fährt fort: »Wie beenden hier die Hauptfiguren, die übrigens nur identifizierbar wurden, weil sie oft mit ihren Rollennamen angesprochen werden, ihr Leben? Rodrigo öffnet den Kühlschrank, um sich eine Flasche Bier herauszunehmen. Der Schrank war inzwischen mit einer Selbstschussanlage versehen worden. Eine Explosion ist Rodrigos Todesursache. Othello steckt Desdemona mit einem Kopf in einen Wassereimer und ersäuft sie. Othello stopft sich eine Handvoll Tabletten in den Mund und bricht tot zusammen.« Ein Selbstschusskühlschrank in der DDR! Der Wassereimer tauchte als Tonne, Schüssel oder Wanne immer wieder auf – wie im *Idiot.*

Als Castorf sich, ebenfalls fast zwanzig Jahre später, noch einmal zu einem Text hinreißen ließ, der über seine Arbeit Auskunft gibt, schrieb er Sachen wie: »Ich arbeite gegen die Ordnung, die ein

Theaterstück von sich aus immer schon darstellt.« Da ging es darum, dass er beschreibt, warum er Romane und nicht mehr Theaterstücke auf die Bühne bringt, aber man sieht, eigentlich geht es immer noch um Freiheit. »Das ist keine Gleichgültigkeit, sondern schlichtes Resultat der Erkenntnis, dass man im Leben nicht alles alleine bestimmen kann – und warum soll ich's dann unbedingt in der Kunst tun? ... Ich brauche kein einheitliches Ordnungssystem.« Man spürt in diesen Sätzen aber auch, wie es immer schwerer wird, die Freiheit zu behaupten, zu sagen, was sie ist, was sie ausmacht. Im Westen wird die Freiheit irgendwie grau.

Nachdem Castorfs Energie ein Stück weit aufgesogen war, nachdem sein Theater weniger Anarchie und mehr Theater geworden war, sah man, was er alles erfunden hatte. Man sah, dass er die Spielweise erfunden hatte, bei der Schauspieler sich mit Energie aufladen und dann fast gleichzeitig aus der Rolle fallen und ganz privat werden. Man sah, dass er das Gegenstück dazu, die auf der Bühne gelebte Lethargie, erfunden hatte. Man sah, dass diese Menschen oder diese Schauspieler – oder was immer sie sind – dadurch eine Realität bekamen, die sie vorher auf der Bühne nicht hatten. Man sah Martin Wuttke, Herbert Fritsch, Bernhard Schütz und Henry Hübchen mit anderen Augen. Man sah Frauen auf der Bühne, verführerische Wesen. Silvia Rieger, Sophie Rois, Kathi Angerer und viele andere waren überwältigend. Der Stöckelschuh begann zu leben, das Kleid zu schwingen, der Körper zu leuchten.

Man sah die Container, man sah das Video, man sah die Sache mit der Sichtbarkeit und Unsichtbarkeit im Theater ganz neu. Man sah eine Dramaturgie, die so schnell dachte, wie die Schauspieler spielten. Castorf hat Romane als Spielvorlage ins Theater gebracht. Man wusste, dass Castorf die Probe neu erfunden hatte mit seinem »Ich weiß nicht«, mit allem Möglichen, das da getrieben wurde, außer dem klassischen Proben. Zwischen Schalk und Bohemien hat er den Slapstick neu gedacht, er hat aus dem Theater einen Club gemacht. Wer die Volksbühne betrat, fühlte sich immer so, als würde er ein eigenes Biotop, eine eigene Welt betreten. Er hat die Grenzen zur Straße, zur Realität aufgehoben und die Grenzen zu anderen Ästhetiken hochgezogen. Die Programmzettel und mit ihnen alles andere waren, solange es ging, aus DDR-Papier und ließen sie weiterleben als eine Welt schönerer Freiheit. Es lebte der Osten weiter, der ganze Ostblock, in der Ästhetik, in der Nähe zur PDS, die an der Volksbühne in einen Hungerstreik trat (was vielleicht ein wenig affig war), im Bau, in der linken Haltung, im roten und grünen Salon.

Und gleichzeitig erschien der Westen in der Volksbühne aufregender, als er sich vorher hatte träumen lassen, freier, krasser, rauer, poppiger, bunter, schriller. Das war, als Castorf Eugene O'Neill und Tennessee Williams aufführte. Der Osten und der Westen vermischten sich an der Volksbühne so, wie nirgendwo sodass beide schmutziger waren, aber beide auch schöner wurden. Castorf hat die Sprache des Theaters wesentlich erweitert. Er ist derjenige, zeigte sich, nachdem der Rauch der Kämpfe um ihn sich etwas verzogen hatte, der im Theater am meisten erfunden hat.

Am Ende ist man wieder bei der Wirklichkeit. Und Castorf hat schon vorher, vor '89, mehr Wirklichkeit in seine Aufführungen hineinbekommen als alle anderen. Mittlerweile ist er der manchmal selbstgerechte Papa eines Großbetriebs, einer weitverzweigten Familie, deren Haus die Volksbühne ist, die vielleicht auch zu seinem Gefängnis geworden ist. Er ist der Patron, an dem der ganze Laden hängt, ein Laden, der sich selbst für großartig hält, der aber nichts ohne ihn wäre. Statt sich selbstständig zu machen, wird er, so sieht es aus, ewig der Gottvater dieses Ladens bleiben, vorderhand bis 2013. Da müsste er dann einundsechzig sein. *Forever young* hieß eine seiner Aufführungen.

CHRISTOPH MARTHALER

Neben Frank Castorf war Christoph Marthaler, wenngleich ein durch und durch sanfter Mensch, der zweite große Polarisierer des Theaters vor und nach der Jahrhundertwende. Noch mehr als bei Castorf gibt es bei Marthaler wohl nur zwei Möglichkeiten, entweder man verfällt seinen traurig-müden Gesangsexzessen vollkommen, oder man steht davor und fragt entnervt, was ist denn das? Da stehen oder sitzen Menschen an vergessenen, anachronistischen Orten und tun: nichts. Die Zeit vergeht. Wenn genug Zeit vergangen ist, singt jemand ein Lied, manchmal singen auch alle zusammen. Manchmal tun die Schauspieler auch etwas, schlafen etwa. Dann vergeht wieder Zeit.

Die Orte, an denen sie sitzen, baute und baut fast immer die Bühnenbildnerin Anna Viebrock. Sie hat einen eigenen kongenialen Stil entwickelt. Hallen betagter Hotels oder halb vergessene Vereinsheime sind die bevorzugten Orte, sie imitiert den abgeblätterten Charme dieser anachronistischen Orte perfekt, sie integriert dabei Dinge, die sie zum Beispiel in Hotels gefunden hat. So ist es einerseits eine Art Hyperrealismus, den Viebrock betreibt, andererseits sind es keine realistischen, sondern immer auch entrückte Orte, die sie baut und in der sich Marthalers Welt entfalten kann. Realismus, das Wort hat durch Viebrock und ihre gefunden wirkenden Räume aus einer anderen Zeit eine neue Bedeutung gefunden.

Es gibt für diese Welt ein Grundmodell, Marthaler selbst hat es einmal erzählt, und es gibt keinen Grund, ihm nicht zu glauben: »In bestimmten Kneipen«, sagte er in einem Interview, »in schweizerischen Bahnhofsbuffets sitzen meistens Männer, jeder an einem Tisch. Und sie schweigen vor sich hin. Und manchmal sagt einer etwas, und weit hinten antwortet ein anderer. Und die anderen bewegen sich nicht. Dieses seltsame Kommunikationsnetz ohne Blicke. Dieses Dämmern. Das hat eine große Spannung. Das Spannungsverhältnis zwischen den Menschen in solchen Wirtsstuben ist sowohl vom theatralischen als auch vom musikalischen Gesichtspunkt hochinteressant. Auch dass jemand etwas sagt, und Minuten später kommt eine Antwort von irgendwo her. Über die Antwort wurde lange gegrübelt. Das ist sehr schweizerisch, aber nicht nur. Ich habe das auch in Berlin erlebt. Wenn man Theater macht, sucht man nach Formen. Ich habe diese Situation als meine Form gewählt.«

Marthaler erzählt die Geschichte von der Entstehung seiner Welt als eine Schweizer Geschichte. Auch viele andere tun gern so, als sei seine Arbeit schweizerisch. Man betont halt gern das folkloristische Moment. Tatsächlich gibt es diese Männer aber überall, sie stehen vor Bochumer Buden, sitzen in Berliner Eckkneipen, Marthaler sagt es ja selbst, in Wiener Beisln, in Münchner Wirtshäusern oder stehen in Hamburg am Tresen. Wichtig für das Theater ist etwas anderes: Es geht bei der Kneipe um eine bestimmte Haltung zur Welt und es geht um eine bestimmte Form. Diese Haltung und Form haben zunächst einmal mit dem extremen Widerwillen Marthalers gegen die Übertreibung zu tun, gegen das Theatrige, die vielen falschen Töne, die im Theater zu hören sind, die Töne vor allem, die nach Theater klingen.

Marthalers Kneipenmänner, das sollte deutlich sein, sind die Darsteller einer Urszene. Diese Männer – und relativ lang hat es gedauert, bis die Bedeutung der Frauen in Marthalers Liederabenden zunahm – diese Männer, das sind die Verschrobenen, die Gedemütigten, die Außenseiter. »Helden des Scheiterns« sagt man dazu gern im Theater. Dass sie hier zu Helden werden können, liegt daran, dass diese Vergessenen auch die Gleichgültigen, die Drolligen und die Eigenartigen sind. In ihrer Verschrobenheit haben sie eine Würde, die den Gehetzten, den Schnellen und Eilfertigen, als die wir mit einem Mal erscheinen, wenn wir in ihre Welt eintauchen, abgeht.

Marthalers Männer tauchten auf wie eine Laune der Natur, ein skurriles Elementarereignis. Es hat dabei nicht geschadet, dass er selbst so wirkt wie seine Kneipensitzer. Ein zugleich fremdartiges und vertrautes Wesen war mit einem Mal da, das sich in einer Mischung aus Kaffeekränzchenkünstler, Katastrophendarsteller und Wartehallensitzer einrichtete. Oder, um es mit Theaterkategorien zu sagen, da entstand eine Figur zwischen Farce und Oper, die es sich an der neu definierten Schnittstelle von gemeinsamer Pflege des Liedguts und Tragödie bequem machte. Natürlich gibt es da Vorgänger, Samuel Beckett, den Marthaler sehr verehrt, Karl Valentin, zu dessen Werk er mal einen eigenen Abend gemacht hat, Buster Keaton und den Stummfilm, dem er wahrscheinlich am meisten verdankt.

Diese Männer taten mit Vorliebe genau die Dinge, von denen man gern sagt, dass sie einem nicht im Traum einfallen. Sie stellten sich in Feinrippunterwäsche und mit Bauch in die Öffentlichkeit. Sie verkrochen sich unter ihren Instrumenten. Sie drehten sich um Tischbeine und sahen aus wie Hampelmänner. Sie machten Gymnastik und machten sich dabei zum Affen. Sie nickten ein und schlummerten weg. Sie fielen um. Vor allem aber saßen und standen sie. Und sangen. Das dann gern auch gegen eine Wand.

Überhaupt kam mit Christoph Marthaler die Musik wieder ins Theater. Die Musik, die sich in der Oper aufgebläht hatte, die im Theater zurzeit seines Auftauchens vom Band als Hintergrundgeplänkel lief oder von drei lustigen Theatermusikern gemacht wurde, die – Avantgarde, Avantgarde! – immer auf der Bühne zu sehen waren und immer irgendwie nach Zirkus klangen. Die Musik kam bei ihm zurück in ihrer einfachsten Form, als Lied. Marthaler-Aufführungen sind zunächst einmal Liederabende, auch wenn er einen Klassiker inszeniert. Im Theater erzählt man, dass Marthaler die allerallermeiste Probenzeit damit verbringt, dass man gemeinsam Lieder singt.

Man kann es verstehen: So recht zu Bewusstsein kommen Marthalers Mannen nur, wenn sie singen. Kaum wird ein Lied angestimmt, heben sie den Kopf, es stärkt sich der Rücken, es erbebt das Herz. Diese Lieder werden immer sehr schön und sehr gern mehrstimmig gesungen. Sie werden so schön gesungen, dass man manchmal vergisst, welche Boshaftigkeiten mit ihnen angestellt werden. Marthalers Liedtheater begann mit den beiden Abenden *Wenn das Alpenhirn sich rötet, tötet, brave Schweizer, tötet* und *Stägeli uf, Stägeli ab, juhee!* Anfang der Neunzigerjahre in Basel. Beide Aufführungen setzten sich dezidiert mit Schweizer Liedgut auseinander. Marthalers Landsleute konnten dem ers tmal nicht viel abgewinnen. Es gab einen Skandal. Marthaler hatte die Nationalhymne und Militärlieder verwendet, die Soldaten haben gegessen, gerülpst und gesungen. Das reichte. Damals entstand, was seit *Murx den Europäer* und bis heute dann das Prinzip dieser Aufführungen wurde: Aus den Liedern erwächst der Ablauf der Aufführung, aus ihnen entwickelte sich das Geschehen, indem sie etwas Gemeinsames kommentierten, nahmen sie eine Kommunikation mit dem Publikum auf, die man dann immer weiter entwickeln konnte.

■ Shakespeares *Was ihr wollt* spielte bei Christoph Marthaler im Bauch eines betagten Schiffes.

Christoph Marthaler hat damit eine neue Tradition von Musiktheater erschaffen. Die Musik macht Stimmung, Rhythmus und Geist der Aufführung aus. Deutlich wurde das zum Beispiel bei den Salzburger Festspielen, als Marthalers *Was ihr wollt* – wir sind in der Zeit etwas vorgerückt, Marthaler ist nun schon Theaterintendant in Zürich – ein Gastspiel hatte. Es war die letzte Aufführung der zehn Jahre unter Gerard Mortier, die Salzburg grundlegend erneuert hatten. Aber was da zum Schluss aus Zürich kam, das war den Festspielbesuchern zu viel. Das in dieser Liebeskomödie ausgiebig Alkoholisches getrunken und ebenso ausgiebig geblödelt wurde, war ein Skandal. Uäääärrrrg, machte es, grrrg, uarg, UÄÄÄR. Das war vielleicht das Gurgeln schlammigen Kielwassers – Shakespeares Komödie war auf ein Schiff verlegt worden. Oder war es vielleicht eine Originalübertragung aus dem Magen von Sir Tobi Rülps, dem größten Jünger am Altar des Hochprozentigen. Musik aber war das nicht. Dass hier der Soundtrack aus dem guten Schluck, dem Magensaft und dem Brackwasser entstand, das war für den Festspielbesucher dann doch eine Zumutung. Und Orsino schüttete am Anfang auch noch Salz in die Wunde: »Wenn Musik der Liebe Nahrung ist ...«, sagte er. Wenn das nicht ein Salzburger Kernsatz ist. So kommunizierte diese Aufführung, mal sanft, mal böse, mit der Salzburger Tradition.

Meistens mischen sich bei Marthaler Sanftmut, Rührung und verhaltener Humor. Aber unter aller Sanftmut kann Marthaler richtig boshaft sein. Mehr: Richtig gut ist er oft dann, wenn er dieser Boshaftigkeit freien Lauf lässt, wie bei »Groundings«, als er die Pleite der Swissair zum Thema eines neuen Schweizabends machte. Marthalers Boshaftigkeit kommt nicht nur aus dem Spott über die Welt der Schnellen und Grellen, er weiß auch, dass seine stillen Kneipensitzer gewalttätig werden können, dass sie in ihren Spinden nackte Weiber hängen haben und dass sie auch in Chefetagen vorkommen.

Aber wieder zurück zur Form. Christoph Marthalers Aufführungen sind wie Kompositionen, die sich zusammensetzen aus Musik, Sprache und Bewegungen. Dabei sind alle drei Ebenen wie Teile einer Komposition zu denken und die Worte sind bestenfalls so wichtig wie Musik und Bewegung, nie aber wichtiger. Marthalers wunderbare Dramaturgin Stefanie Carp, die seinen Abenden meistens das Thema, den geistigen Rahmen und die Texte gibt, hat den schönen Satz gesagt, dass bei Marthaler die Worte nicht dazu da sind, die Lücke zwischen Text und Schauspieler mit Sinn zu schließen. Auch die Worte sind immer Teil einer Komposition, die Schauspieler sprechen so, wie sie singen. Sie sind Teil einer Spannungskurve, einer Dynamik, dem Wechsel aus Entladung und Beruhigung. Das erscheint heute relativ normal, Anfang der Neunzigerjahre war auch das ein Affront und eine Befreiung.

Dieses Theater schleppt sich gewollt dahin, es ist wie ein Stau, die Zeit scheint zu stehen. Am meisten ist wahrscheinlich über die Zeit in Marthaler-Aufführungen geschrieben worden, da ist nicht viel Neues zu sagen. Vielleicht lohnt es sich aber, noch einmal darauf hinzuweisen, dass die Langsamkeit subversiv wird. Berühmt wurde Marthaler mit *Murx den Europäer* an der Volksbühne bei Frank Castorf und mit dem »Wurzelfaust« in Hamburg. Mit Castorf und Marthaler war an der Volksbühne ein extrem merkwürdiges, sehr gegensätzliches Regiepaar entstanden, zwischen dem ein paar Jahre lang der Schnittpunkt der Theatergeschichte lag. Der eine war aggressiv und rotzig, der andere sanft und süß. Wo der eine den Unterleib in den Vordergrund schob, schien er beim anderen verschwunden. Und trotzdem spürte man eine Verwandtschaft, die man sich damals mit einer gewissen Ähnlichkeit der geschlossenen, schwer stockenden Systeme Schweiz und DDR erklärte.

Dann, 2001, wurde Marthaler Intendant in seiner Heimatstadt Zürich. Während dieser Zeit war das Schauspielhaus Zürich das interessanteste und schönste Theater, das es gab. Von Anfang an hatte

■ *Murx den Europäer! Murx ihn! Murx ihn! Murx ihn! Murx ihn ab!*, heißt die berühmteste Aufführung von Christoph Marthaler mit vollem Titel.

Marthaler Menschen, denen er begegnete, zu Schauspielern oder Sängern gemacht, jetzt versammelten sie sich alle an einem Ort. Einen seiner wichtigsten Mitstreiter, Graham F. Valentine, hatte er schon in der Studentenzeit kennengelernt. Jetzt spielten hier auch noch Ueli Jäggi, Siggi Schwientek, André Jung, Josef Ostendorf, Olivia Grigolli, Matthias Matschke und viele andere mit. Sie alle hatten sich durch Marthaler verändert, sie alle schienen Teil seines Sitz- und Schlafkosmos, eines neuen Zustandstheaters, seines Gesangskosmos geworden zu sein.

Marthaler ist wahrscheinlich zu eigenartig, um Regienachfolger zu haben. In dieser Welt, ist jetzt aber zu erkennen, wuchs nicht nur eine Generation von marthalerisierten Schauspielern, sondern auch von infizierten Theatermusikern: Ruedi Häussermann, Jörg Kienberger, Markus Hinterhäuser, Christoph Homberger, Clemens Sienknecht, Christoph Keller und wahrscheinlich noch ein paar andere. Das Theater Zürich schien sich damals in eine fremde Gegend zu verwandeln. Niemand wusste, wo das Marthal wirklich liegt, in Illyrien, einem Alpental oder doch in Zürich, es war wie eine Falte der Gegenwart, ein Biotop der Beladenen, in dem sich der Idyllendichter des siebzehnten und der Opernkomponist des neunzehnten Jahrhunderts vermählten, um ihre Träume zu Ende zu träumen. Und immer wusste man, wenn man aus diesen schönen Liedern erwacht, wird es ein Schock sein. Aber man wachte nicht auf, bis Marthaler von der Stadt Zürich wegen schlechter Buchführung wieder vor die Tür gesetzt wurde.

Irgendwie aber ist das Marthal, dieser Zustand aus Sitzen und Schauen, dieses Zustandstheater, dieses Areal des Understatements, dieser Abgrund, wo sich alle Zwecke in wohliger Paralyse auflösen und die Sinnlosigkeitswellen zu Slapsticknummern werden (auch hier der Slapstick), nicht mehr aus der Welt zu schaffen. Wir wissen nicht so genau, ob das nun ein Refugium der Entwürdigten ist oder ob wir hier erst zu sehen gelernt haben, dass man heute überhaupt ziemlich würdelos daherkommt. Wir wissen nicht, ob uns hier der Sinn abhandenkam oder ob wir es erst hier gemerkt haben. Wir wissen nicht, ob das Theater Christoph Marthalers am Ende Affirmation oder Rebellion ist. Sicher aber macht Marthaler Schönheit aus Sinnlosigkeit, Entwürdigung und Schwäche. Man kann es bis heute sehen, auch nach zwanzig Jahren hat sich sein Stil nicht verbraucht. Christoph Marthaler ist einzigartig.

ANDREAS KRIEGENBURG UND ARMIN PETRAS

Die Dramaturgin Marion Tiedtke, heute Leiterin der Frankfurter Schauspielschule, hat viele Inszenierungen mit Andreas Kriegenburg erarbeitet. In einem Interview hat sie gesagt, dass bei Kriegenburg Texte wie Flächen behandelt würden. Sie meint damit, dass man nicht jeden Satz versteht, dass die Sätze nicht als Botschaft an ein Gegenüber gerichtet sind, dass sie aber auch nicht den Regeln der Introspektion folgen, sondern dass ein Text wie ein emotionaler Zustand behandelt wird. Die Figuren schrauben sich durch Wiederholungen und Variationen in diesen Zustand hinein. Dieser Zustand kann so übermächtig werden, dass sie die Kontrolle über das Gesagte verlieren. »Es geht zum Beispiel darum, dass sich jemand die Welt schönredet und dabei in Rage redet.«

Das ist ein zentraler Aspekt von Kriegenburgs Arbeitsweise. Dass Texte als Fläche behandelt werden, ist für das heutige Theater alles andere als ungewöhnlich. Dass diese Fläche aber zu einem emotionalen Zustand wird, die Betonung liegt auf emotional, das ist einzigartig. Die schauspielerische Aktion verselbstständigt sich, sie emanzipiert sich sozusagen vom Text, katapultiert sich dabei aber in einen emotionalen Zustand, der im Text angelegt ist. Dabei kann, je nach Temperament des Schauspielers und den Vorgaben des Regisseurs, etwas vollkommen Unterschiedliches entstehen, es kann etwa ein

Slapstick (!) oder voller Verzweiflung sein, es kann hysterisch sein oder von großer Energie, er kann schnell und grell sein. Manchmal geht Kriegenburg dabei bis zum assoziativen Klamauk, aber egal wie weit er sich von der Vorlage entfernt, die Assoziationen gehen von einem präzisen Gefühl aus, das Kriegenburg aus dem Stück herausgelesen hat.

Dabei entsteht in jedem Fall ein neuer Text über den bestehenden, wie etwa bei den *Drei Schwestern* von Anton Tschechow. Deswegen muss man das Stück einigermaßen kennen, um Freude an diesem Spiel mit dem Text zu haben. Es handelt sich – ganz klassisch – um eine Interpretation. In Marion Tiedtkes Beschreibung ist die Sicht des Produzenten deutlich erkennbar. Es ist eine technische Beschreibung. Für den Zuschauer sehen Kriegenburg-Aufführungen aber zunächst einmal ganz anders aus.

Fast immer spielt die Musik eine große Rolle, die für Kriegenburg bisher der vor Kurzem verstorbene Laurent Simonetti geschrieben hat. Fast immer war diese Musik traurig und melancholisch, und immer war sie ein wesentlicher Teil der Stimmung, die diese Aufführungen herstellten. Simonettis letzte Komposition war die für Kafkas *Prozess*, den Kriegenburg im September 2008 herausbrachte. Die Musik liegt wie ein Stimmungsteppich unter vielen dieser Aufführungen, sie breitet sich viel weiter aus, als sie das im Theater gemeinhin tut, sie ist wie der emotionale Boden, auf dem sich die Aufführung bewegt. In einem relativ frühen Kriegenburg, *Bernarda Albas Haus* von Federico Garcia Lorca, gezeigt 1997 am Residenztheater München, wanderte Laurent Simonetti mit einem Akkordeon durch die Aufführung und war dabei so etwas wie der Geist oder die Seele des Stückes.

Eine andere, sehr intensive Seite dieses Theaters ist das Bühnenbild. In letzter Zeit stammt es oft von Kriegenburg selbst, etwa in den *Nibelungen*, den *Drei Schwestern* und zuletzt im *Prozess*, die er alle drei an den Münchner Kammerspielen gezeigt hat, neben dem

■ *Die drei Schwestern* von Andreas Kriegenburg an den Münchner Kammerspielen. Die traumverlorenen Riesenmasken sind von Andrea Schraad.

Thalia-Theater in Hamburg seit Längerem seine Theaterheimat. Kriegenburgs Bilder sind sehr fantasievoll, sie bewegen sich ohne Scheu an der Grenze zum Kitsch, es gibt wehende Tücher, Farben, die alles dominieren, wie das Ocker der *Drei Schwestern*, schwere Zeichen, wie die Masken mit den riesigen Augen ebenfalls bei den *Drei Schwestern*, einen Glaskasten, den die Schauspielerin Wiebke Puls von innen immer weiter ausmalt, oder eine Bühne, die sich unaufhörlich dreht wie bei *Das letzte Feuer*. Auch diese Bühnen stellen intensive Stimmungen her.

Überhaupt fällt in Kriegenburg-Aufführungen immer ihre Intensität auf. Sie können zart und flüchtig sein, sie können krass und massiv sein, aber weil sie immer auf das Gefühl zielen, haben sie eine im Theater seltene Intensität. Sie sind pathetisch, lakonisch, aufgekratzt, reich und weich, smart und hart. Doch egal welches Gefühl gerade vorkommt, stets sind sie grundiert von einer elegischen Traurigkeit. Oft steckt in ihnen etwas Zirzensisches und Clowneskes, die aber, wie wir spätestens seit Fellini oder Watteau wissen, Geschwister der Traurigkeit sind. Niemand kann so traurig schauen wie Clowns.

Das alles ergibt – im Gegensatz zu den anderen Regisseuren, die hier genannt werden – in erster Linie keine Theatersprache, sondern einen Stil. Andreas Kriegenburg ist der Stilist unter den zeitgenössischen Theatermachern. Dieser Stil ist, auch das ist ungewöhnlich, durch und durch poetisch. Was aber könnte das sein, Poesie im Theater? Poesie, Lyrik, das ist doch eine der drei Gattungen der Dichtung, von denen eine andere das Drama ist.

Wenn zurzeit einer das Theater träumt, dann ist es Kriegenburg, wenn einer daran glaubt, dass man im Theater weinen kann, dass man sich mit den Figuren identifizieren kann, dass man mit ihnen mitfühlen kann, dann ist es Kriegenburg. Manche halten ihn deswegen für die größte Heulsuse des deutschen Theaters. Dabei scheint er immer zu staunen. Wie fremd uns die vertrauten Stücke doch sind!

Wie merkwürdig das alles ist, egal ob er von Deutschland und den *Nibelungen* erzählt, von den Kommunisten und *Schmutzigen Händen*, von kindischen Menschen und *Drei Schwestern*! Unter seinem Blick ist das alles fern, merkwürdig, seltsam. Dadurch wird es wieder neu begehbar, nachvollziehbar und erlebbar. Und in das Staunen mischt sich das vielleicht wichtigste aller Kriegenburg-Gefühle, ein Schrecken. Diese Art Schrecken, der zum Beispiel in dem Satz »Das Schöne ist des Schrecklichen Anfang« steckt, ist ein Erschrecken über die Welt als Ganzes.

Es scheint, als arbeite Andreas Kriegenburg vor allem daran, diesen verborgenen Schrecken immer sichtbarer zu machen. Er hat wenig mit Sozialkritik und mehr mit Metaphysik zu tun. Es ist ein Erschrecken über die Welt. Sie ist gähnender, leerer, wüster, als wir das meistens annehmen. Das entdeckt Kriegenburg in den Stücken, die er sich und uns so fremd und ebenso poetisch zu machen versteht. Es ist ein Schrecken, der nur in der Kunst, vor allem in der Poesie, sichtbar wird. Theater, ist keine Poesie oder Lyrik, genauso wenig wie es Prosa oder Epos ist, aber so wie es das epische Theater gibt, so gibt es auch ein poetisches Theater und Andreas Kriegenburg ist sein Protagonist.

Seine Theatersprache ist dabei trotzdem reich und wandelbar. Kriegenburg verwendet viele Mittel des Theaters souverän. In *Unschuld* (2003) werden Filmszenen auf wehende Vorhänge projiziert, die Szenen aus dem Stück sind und genauso gut hätten gespielt werden können. In derselben Aufführung zogen sich die Schauspieler am Anfang ihre Kostüme an, die allerdings genau den Straßenkleidern entsprachen, die sie gerade ausgezogen hatten. Kriegenburg liebt also das Spiel mit der Illusion und ihrer Zerstörung. Er liebt die Täuschung und das durch und durch transparente Theater, da ist das Staunen am größten, und das Gefühl der Bodenlosigkeit und Leere, das einen neben der Bewunderung beschleichen kann, entspricht dem Schrecken. Er verwendet Masken, er dreht in einem Bühnenbild oben und unten um, er lässt die Schauspielerin Wiebke Puls, die eine Malerin darstellt, von innen den Glaskasten ausmalen, in dem sie spielt, sodass sie allmählich verschwindet. Er lässt Blechteller eine riesige Schräge herunterrutschen, er baut massive Wände. Lauter Zeichen, die auch die Beziehung zwischen Bühne und Zuschauer zu ihrem Gegenstand machen, die mit der Illusion spielen.

Kriegenburg kann mit Chören umgehen. Er treibt einzelne Schauspieler in Improvisationen so weit wie kein anderer, worauf sich Marion Tiedtke in ihrer Charakterisierung bezieht. Er hat einen ausgeprägten Sinn für die Extreme, vor allem wenn er mit Frauen arbeitet. Sein Theater ist choreografisch durchdacht, es kann akrobatisch sein, der Slapstick ist für ihn vertrautes Gelände. Seine Aufführungen sind wie Beschwörungen des Geistes von Buster Keaton und Jacques Tati. Sein Idol ist der finnische Filmregisseur Aki Kaurismäki, dessen Film *I hired a contract killer* er vor mehreren Jahren inszeniert hat. Ein Vorfahre, ein ähnlicher Einzelgänger, ein Theaterpoet wie Kriegenburg war übrigens Klaus Michael Grüber, der auch keine unverkennbare Theatersprache entwickelt hatte, aber eine ähnliche Lust auf die Entdeckungsreise, die Extreme, das Traurige und Existenzielle hatte.

Andreas Kriegenburg stammt aus Ostdeutschland, er wurde 1963 in Magdeburg geboren, er ist Autodidakt, früh aber wurde seine theatralische Hochbegabung entdeckt. 1991 inszenierte er an der Berliner Volksbühne den *Woyzeck*, noch bevor Castorf an dieses Theater kam, und schon dieser *Woyzeck* wurde zum Theatertreffen eingeladen. Dann kam Castorf, Kriegenburg blieb an der Volksbühne, und eine Zeit lang sah es so aus, als sei Kriegenburg der kleine Castorf – etwas verspielter, etwas trauriger, aber genauso dekonstruktiv. Bis Kriegenburg von dieser Rolle die Nase voll hatte und sagte, dass die Volksbühne »berühmt und tot« sei. Seitdem geht er seinen eigenen Weg.

Seine treueste Begleiterin ist dabei die Dramatikerin Dea Loher. Lohers Stücke sind düster, um nicht zu sagen finster, sie sind so finster, dass sich mancher ernsthaft Sorgen um sie macht. Diese Stücke sind geboren aus der Kraft des Mitleids, Mitleid mit den Unterprivilegierten, den Schmerzensreichen, den Verlierern. Loher hat eine grenzenlose schriftstellerische Empathie für diejenigen, denen es nicht gelingt, zeitgemäß zu sein, die mit den Schlägen, die das Leben austeilt, nicht fertig werden. So etwas gibt's nur noch im Theater. Man kann das lächerlich, unzeitgemäß, liebenswert oder beeindruckend finden, je nach persönlichem Geschmack. Darin ähnelt ihr jedenfalls Kriegenburg, wenigstens ein Teil von ihm. Von Anfang an ist beider Weg miteinander verbunden, Kriegenburg hat fast alle Stücke Dea Lohers uraufgeführt. Dabei erscheinen die Aufführungen nicht so finster, wie die Stücke beim Lesen wirken.

Der bisherige Höhepunkt dieser Zusammenarbeit von Loher und Kriegenburg war *Das letzte Feuer* am Hamburger Thalia Theater. Zehn Personen versuchen den Schmerz, den der Unfalltod eines Jungen ihnen verursacht, zu bewältigen, sie können es nicht miteinander, sie können es nicht ohne einander. Und doch gibt es zarte Berührungen zwischen ihnen, Urszenen des Menschseins könnte man es nennen. Das könnte furchtbar kitschig, pathetisch oder gefühlig werden. Man kann es sich kaum anders vorstellen. Kriegenburg aber hat es wirklich hinbekommen. Er macht aus dem Schmerz ein Summen. Auf die sich stetig drehende Bühne, die er entworfen hat, sind mehrere Zimmer gebaut, in denen die verschiedenen Personen wohnen und sich begegnen. Die Schauspieler bewegen sich mit der Bühne, besser gegen ihre Drehrichtung, damit sie für die Zuschauer sicht- und hörbar bleiben. Das ergibt einen überwältigenden Sog, ist aber formal auch so streng durchgeführt, dass alle Befürchtungen von Pathos und Gefühligkeit sich auflösen. Dea Loher hat nach dieser Arbeit übrigens angekündigt, dass sie jetzt eine Komödie schreiben möchte.

Ein Verwandter Kriegenburgs, ein ähnlicher Bühnentausendsassa, unablässig mit dem Theater beschäftigt, verliebt in Slapstick und Improvisation, mit einer Ost-West-Biografie, auf der Suche nach einem direkten, gefühlvollen und lebendigen Theater, verliebt in heftige, rückhaltlose Schauspieler – ist Armin Petras. Petras hatte einige der besten Schauspieler am Maxim-Gorki-Theater in Berlin versammelt, wo er seit einiger Zeit Intendant ist. Ähnlich wie bei Kriegenburg (und Marthaler) gibt es auch bei Petras so etwas wie sozialen Trotz. Mögen alle denken, dass die Randfiguren der Geschichte keine Bedeutung haben, bei mir haben sie eine, sagen die Aufführungen.

Bei Petras und Kriegenburg können, je nach Situation, die Dinge blitzschnell eine unterschiedliche Bedeutung bekommen. Kohlköpfe etwa (schon die Idee, Kohlköpfe auf die Bühne zu bringen, könnte auch von Kriegenburg stammen) sind in *Gertrud*, einer sehr komprimierten Version von Einar Schleefs Riesenroman, die Petras am Schauspiel Frankfurt herausgebracht hat, erst Babys und bald darauf die Bomben, die auf Dresden niedergehen.

Petras hat sich selbst in das Autorengegenüber aufgespalten, das Kriegenburg in Dea Loher hat. Einige seiner besten Aufführungen sind Inszenierungen der Stücke von Fritz Kater, der er selbst ist, und in denen er am liebsten von seiner Jugend in der DDR erzählt. Wenn es heute einen Dramatiker gibt, dessen Gegenstand das sogenannte »Leben« ist, wobei man ans Pralle, ans Unübersichtliche oder an die Enttäuschungen denken mag, die es mit sich bringt, dann ist es dieser Fritz Kater. Wenn es einen Autor gibt, der von der jugendlichen Liebe mit allen Peinlichkeiten, komischen und gefühlsintensiven Seiten zu erzählen versteht, dann ist das Fritz Kater. Und wenn es einen Regisseur gibt, der das auf die Bühne zu bringen versteht, dann ist es Armin Petras.

Es ist schon merkwürdig: In der ewigen Diskussion um traditionelles und neues Theater gelten Petras und Kriegenburg eindeutig als

Modernisten. Wofür es vielfältige Gründe gibt. Aber genauso gut könnten sie inzwischen als traditionsverliebte, gefühlsselige und geschichtenversessene Schauspielerregisseure durchgehen. Wir leben in merkwürdigen Zeiten, was das Theater angeht. Es werden merkwürdige Diskussionen um das Theater geführt. Es bleibt einem zurzeit nichts anderes übrig, als den eigenen Augen und Ohren – und dem eigenen Herzen – zu trauen.

Kriegenburg und Petras haben viele kleinere und größere Verwandte im deutschen Theater. Der wichtigste soll hier wenigstens noch genannt werden. Sebastian Nübling hat in Händl Klaus ebenfalls einen Autor, dessen Stücke er regelmäßig inszeniert und den man sich ohne diesen Regisseur schwer vorstellen kann.

RIMINI PROTOKOLL, VOLKER LÖSCH UND EIN PAAR ANDERE

»Das junge Theaterkollektiv macht in Rechercheprojekten und interaktiven Formaten andere Menschen zu Co-Autoren ihrer Stücke«, bewarb unlängst ein Theater eine seiner Aufführungen. Na super, denkt man da: Kollektiv, Recherche, Projekt, Format. Da hat man in einem Satz gleich vier Ausdrücke versammelt, mit denen man im Theater heute Erfolg hat und auf jeden Fall ganz vorne dabei ist. Die Arbeit im Kollektiv hat schwer Konjunktur, die Recherche in der sogenannten Wirklichkeit steht hoch im Kurs, das Projekt ist auf jeden Fall besser als ein Stück, weil es unbedingt zeitgemäßer ist, und das Format (ursprünglich mal ein Wort für Höhe mal Breite und dann ein Wort der TV-Sprache, wo es unterschiedliche Sendungsformate gibt) klingt auch ganz toll. »Projekte«, die sich den oben zitierten Satz auf die Fahne schreiben könnten, sprießen im Moment im Theater wie Unkraut in der Nährlösung. Massenweise holt man mittlerweile normale Menschen ins Theater, früher hieß das einmal Laientheater, heute sind es »Alltagshelden«, »Menschen«, »Experten« oder gar ein »Bürgerchor«.

»Experten« ist ein Wort von Rimini Protokoll, der mit Abstand erfolgreichsten deutschen Theaterneuerfindung der letzten Jahre. Mindestens drei der vier genannten Punkte treffen auf Rimini Protokoll zu: Es handelt sich um ein Kollektiv, sie recherchieren wie besessen und das erste Wort, das einem für das einfällt, was sie tun, ist: Projekte. Rimini Protokoll entstand in der zweiten Hälfte der Neunzigerjahre am Gießener Institut für Theaterwissenschaft, das manchem als ein Theatersündenbabel gilt, ein finsterer Unort, an dem sich alle Schrecklichkeiten des neuen Theaters versammelt und ausgebildet haben. (Von hier kommen auch die Gruppen She She Pop, Showcase Beat Le Mot und Gob Squad und hier hat René Pollesch angefangen.)

Bekannt geworden ist Rimini Protokoll aber erst 2002, als sie im alten Bonner Plenarsaal mit »Experten«, normalen Bürgern also, eine Berliner Bundestagsdebatte nachstellen wollten, was ihnen der damalige Bundestagspräsident Wolfgang Thierse unter Hinweis auf die Würde des Hauses untersagte. Thierse hat sie damit bekannt gemacht. Die Aufführung fand dann doch in Bonn statt, in der Halle Beuel, und ein Mythos war geboren. In den paar wenigen Jahren seitdem ist Rimini Protokoll zum Vorbild einer Theaterbewegung geworden, die inzwischen zur Dokumentartheaterschwemme angeschwollen ist. Rimini aber ist das Original.

Ein einziges Mal hat Rimini Protokoll bisher einen Klassiker inszeniert, es war – im Schillerjahr 2005 – der *Wallenstein* in den Schillerstädten Mannheim und Weimar. Ironischerweise war gerade diese Aufführung einer der größten Erfolge des Kollektivs. Auf der Bühne stand als einer von zehn Experten der ehemalige Mannheimer CDU-Bürgermeisterkandidat Sven-Joachim Otto, der einmal öffentlich mit dem Gedanken gespielt hatte, das Mannheimer Theater abzuschaffen. Was für ein Triumph des Theaters also, dass er nun selber spielte! Otto berichtete, wie er zum Bürgermeisterkandidaten aufgebaut und dann von seiner Partei fallengelassen wurde. Eine Geschichte von Aufstieg und Fall, eine Wallensteingeschichte also. Aufstieg und Fall hatte auch Ralf Kirsten erlebt, in Weimar die zu DDR-Zeiten Polizeipräsident war und suspendiert wurde, nachdem er ein Verhältnis zu einer Frau hatte, die als Republikflüchtling gebrandmarkt war.

Beide Geschichten waren Wort für Wort wahr. Trotzdem sah man richtiges Theater, also Spiel, also Fiktion. Otto und Kirsten spielten sich zwar selbst, aber das Selbst wurde sofort eine Theaterrolle. Otto und Kirsten waren nicht Otto und Kirsten, sondern spielten Otto und Kirsten. Sie erschufen sich und entblätterten sich im gleichen Moment. So haben sie, an diesem Samstag im Sommer 2005 in einer kleinen Halle am Stadtrand von Mannheim, das Theater abgeschafft. Man muss das wirklich so drastisch sagen. Die Wirklichkeit reichte aus, es war ja alles echt. Was für ein später Triumph von Otto, der auf diese Weise doch erreichte, was er Jahre zuvor gefordert hatte. Und gleichzeitig haben sie damals in Mannheim das Theater neu erfunden, sie haben die Wirklichkeit in Theater verwandelt. Was für ein Triumph der Bühne.

Solcherart sind die Effekte, die in einer Aufführung von Rimini Protokoll passieren können. Sie wirken ziemlich erhellend, man glaubt, die Bühne würde Gedanken regelrecht ansaugen und ausspucken. Rimini Protokoll hat es mit dieser Art Theater geschafft, in einer vollkommen durchtheatralisierten Welt einen Theaterraum zu schaffen oder zu behaupten, in dem diese Welt oder Öffentlichkeit transparent wird. Es ist ein Raum, in dem man sich mit der Wirklichkeit auseinandersetzen kann, weil sie eben nicht mehr wie eine Illusion erscheint. Der Trick – wenn man es denn wirklich Trick nennen will – ist natürlich, die Welt selbst zur Bühne zu machen, offensichtlich eine nicht ganz neue Erfindung.

Indem Rimini Protokoll daneben aber so sachlich und nüchtern recherchiert, indem das Kollektiv seine Ergebnisse so unaufgeregt theatralisiert, ist es das genaue Gegenteil des allgemeinen Spektakels, das überall selbst um alltägliche Nebensächlichkeiten aufgeführt wird. Wer es eher schwerblütig-katholisch will, der könnte auch sagen: Rimini Protokoll, das ist die theatrale Buße für die Theatralisierung der Welt.

In Mannheim stand noch ein Vietnamkriegsveteran auf der Bühne, der erzählte, wie in seinem Platoon die Pläne reiften, ihren grausamen Commander zu ermorden. Der Commander wurde damals wirklich umgebracht und der Zuschauer konnte kaum glauben, was er aber doch dachte: Dass es der Veteran war, der jetzt und hier auf der Bühne stand, der ihn damals umgebracht hat. Bekennt da gerade jemand hier im Theater, dass er ein Mörder ist? Wo, fragte sich jeder, bleibt denn jetzt die Polizei? Solche Momente machen das Theater von Rimini Protokoll unwiderstehlich.

Das Faszinierendste in Mannheim war aber, wie Rimini Protokoll die »Experten«, den Bürgermeisterkandidaten, den Polizisten und den Vietnamveteran und die sieben anderen, gefunden hatte, wie sie die Experten überzeugt hatten aufzutreten und wie sie sie dazu gebracht hatte, so aufzutreten, dass man nicht wissen konnte, wie sehr sie sie selbst waren. Die Bühne hatte sie zum Sprechen gebracht. Das wirkte brenzliger und durchsichtiger, als die Wirklichkeit jemals sein könnte. Das war die Wirklichkeit, aber es war noch wirklicher.

Bei Helgard Haug, Stefan Kaegi und Daniel Wetzel, die drei, die sich unter dem eigenartigen Namen Rimini Protokoll in wechselnden Konstellationen versammeln, geht es um Wahrnehmung, um Erkennbarkeit der Welt und insbesondere der Menschen. Es geht darum, den Komplex, der unsere Realität ist, aufzubrechen, in seinen Facetten zu zeigen, um ihn so befragbar zu machen. Rimini Protokoll wenden ihre Methode subtil, in immer wieder überraschenden Konstellationen und mit Neugier an. Im Kern aber sind ihre Aufführungen ein Triumph des Castings. Was ungezählte Nachmittagsshows im Fernsehen Tag für Tag versuchen, das wahre Leben in einen Kasten zu holen, das gelingt Rimini Protokoll durch ihre Genauigkeit wirklich. Das macht ihre Attraktivität aus und hat wohl auch die vielen Nachahmer auf den Plan gerufen.

Trotzdem, es gibt auch neben Rimini Protokoll noch eigenständiges Dokumentartheater, nicht alles ist Nachahmung. Das Bunnyhill-Projekt in München, benannt nach dem Problemstadtteil Hasenbergl, erfunden von dem Regisseur Peter Kastenmüller und dem Dramaturgen Björn Bicker, war zum Beispiel so etwas. Da wurde nicht ein Problemviertel analysiert, sondern aus vielen unterschiedlichen Veranstaltungen eine Gegenwelt geschaffen, es gab normale Theateraufführungen, Konzerte, man konnte sich in einer Wohnung treffen, in der Rainer Werner Fassbinder gewohnt hatte, es gab Diskussionsrunden, Klubs und Konzerte, man zog durch die Straßen. Wenn es um Einblick ging, dann erfuhr man hier, wie komplex eine Stadt ist. Auch die Autorin Gesine Danckwart macht die Stadt selbst zum Gegenstand von Untersuchungen. Die Zuschauer saßen bei einem solchen Projekt, wiederum in Mannheim, zum Beispiel in einer Straßenbahn, und allein dadurch, dass sie von vornherein Zuschauer waren, wurde die Stadt zur Bühne.

Der andere Dokutheaterstar ist Volker Lösch. Wie Rimini Protokoll wurde er durch einen Skandal bekannt – offenbar spitzt sich das Dokumentartheater genau darin zu. Lösch hat für seine *Weber* nach Gerhart Hauptmann einen Chor von Dresdner Bürgern auf die Bühne des Staatsschauspiels gestellt, die ihre politischen Überzeugungen, ihre Ängste, ihre Hoffnungen und Erfahrungen ziemlich ungeschminkt und vielköpfig aussprachen. Es war 2004, eine Zeit der vielen Arbeitslosen, vor allem ging es in diesem Chor um die Arbeits- und Aussichtslosigkeit, um den Sarkasmus und die Skepsis, mit der man den Politikern und den Medien gegenüberstand.

Diese Aufführung wurde dann auf doppelte Weise zum Skandal und die institutionalisierte Öffentlichkeit verhielt sich genau so, wie es von ihr erwartet wurde. Der Bühnenverlag von Hauptmanns Stück erwirkte eine einstweilige Verfügung, mit der die Aufführung zunächst unterbunden wurde: Man hätte die chorischen Passagen mit dem Verlag abstimmen müssen. Das wurde gerichtlich bestätigt, gleichwohl blieb es natürlich merkwürdig, dass gerade die chorischen Passagen, die die Übertragung der Erfahrungen der schlesischen Weber im 19. Jahrhundert ins Jahr 2004 waren, zum Verbot führten. Da sieht kein Gericht der Welt besonders gut aus. Der andere Teil des Skandals war, dass Sabine Christiansen, damals noch unangefochtene Moderatorin der nach ihr benannten Politplauderei am Sonntagabend, eine Textstelle verbieten lassen wollte, in der ein Chormitglied seiner Enttäuschung und Verbitterung mit den Worten »Wen ich sehr schnell erschießen würde, wäre Frau Christiansen« Ausdruck gab. Diese Klage wurde abgelehnt.

Durch die gerichtlichen Klagen wurden die ganze Wut, Enttäuschung, Aggression und Auflehnung, die in der Aufführung geäußert wurden, auf einmal Wirklichkeit. Und mehr noch: Mit der Aufführung selbst geschah, was sie anprangerte. Man versuchte sie auszugrenzen und mundtot zu machen. Man versuchte sie zu verbieten. Darüber ist Kunst in gewissem Sinn immer glücklich. Es sieht so aus wie Wirkung. Die Aufführung sollte unterdrückt werden, also war es jetzt ein Akt des Widerstands, genau das nicht zuzulassen. Handelte die Aufführung bis dahin von den politischen Verhältnissen, wurde sie durch das Verbot selbst politisch.

Lösch hatte also eine lange Tradition des politischen Theaters wiederbelebt, er hatte es geschafft, die Verhältnisse zu decouvrieren und das Theatermachen zu einem Akt der – in diesem Fall Dresdner – Selbstbehauptung zu machen. Man ließ Hauptmann weg, behielt den Chor bei, nannte das die *Dresdner Weber* und gab der Stadt mit dieser Aufführung eine Zeit lang ihren emotionalen Mittelpunkt. Als dann später gerichtlich festgestellt wurde, dass das Verbot der ursprünglichen Fassung nicht rechtens war, wurde zwar wieder die alte Fassung mit Hauptmann gespielt, aber darauf kam es damals schon nicht mehr an.

Löschs Mittel der Politisierung ist der Chor. Seit Einar Schleef gestorben ist, ist der Chor sozusagen tot. Er kommt in manchen Aufführungen vor, aber als eigenständiges und durchaus überwältigendes Mittel musste er auf Lösch warten, der ihn als »Bürger-Chor« wiederbelebte. Dabei gibt Lösch nicht dem kollektiven Unbewussten eine Stimme, er befragt vielmehr ganz normale Leute und erstellt aus deren Antworten den durchaus zugespitzten Text – man sieht die Nähe, aber auch den deutlichen Unterschied zu Rimini Protokoll. Während Letztere ruhig, liebevoll-distanziert, nüchtern sind, ist Löschs Theater vom Temperament her heiß, erregt, wütend.

Lösch gibt also, es ist ganz einfach, dem Volk eine Stimme. Insofern ist sein Theater wirklich politisch und volksnah. Die Aufführungen sind wuchtig und kräftig, böse und erregend. Sie haben den Furor

■ Bei den *Dresdner Webern* von Volker Lösch ging es hoch her. Leidenschaftlich wurden vom Bürgerchor politische Überzeugungen und Ansichten diskutiert.

166

der Rebellion. In Hamburg hat er schon kurz nach Beginn der Finanzkrise auf der Bühne das Einkommen reicher Hamburger vorlesen lassen. Lösch möchte in die Gesellschaft eingreifen, anprangern und aufdecken, sein Theater ist Aufklärung im klassischen Sinn, ironiefreie Fortsetzung von Brecht und Agitprop.

Dabei kann es aber durchaus vorkommen, dass Lösch dem Volk nicht nur eine Stimme gibt, sondern auch den Spiegel vorhält. Als er ein Jahr nach den *Webern* in Stuttgart Lars von Triers Film *Dogville* auf die Bühne brachte, jene Geschichte, in der die schöne Grace von einem Dorf, in dem sie Schutz sucht, erniedrigt und vergewaltigt wird, provozierte er, indem er das Stück im Schwäbischen ansiedelte. Deutlich machte er dies vor allem durch eine Unmenge lokaler Äpfel auf der Bühne, die die Schauspieler im Lauf des Abends zu Most zertraten. Das Publikum reagierte erbost und man musste also sagen: Es hatte verstanden. Weiter als mit Lösch, zum kleinen oder großen Skandal, kann diese Art Theater wahrscheinlich nicht kommen. Kraft und Direktheit sind die Stärken, Schlichtheit und ein Zug zur Rechthaberei die notwendig eingebauten Schwächen.

LUK PERCEVAL

Warum es in den Achtzigerjahren in den Niederlanden und vor allem in Belgien – zwei Ländern, in denen die Theaterlandschaft deutlich schlechter ausgestattet ist als in Deutschland – zu einer Blüte des Theaters kam, müssen wir hier nicht klären. Seit den Neunzigerjahren wurde dieses Theater aus dem nahen Westen auf jeden Fall zu einem wichtigen Bestandteil des deutschen Bühnengeschehens. Die drei wichtigsten Figuren sind: Jan Lauwers und die Needcompany, die in den Neunzigerjahren regelmäßig am Frankfurter TAT und Berliner Hebbel-Theater auftraten. Der Belgier Luk Perceval war in den letzten Jahren ein prägender Regisseur der Berliner Schaubühne und Münchner Kammerspiele, nachdem er 1999 in Salzburg die deutschsprachige

Theaterszene betreten hatte. 2009 wird er leitender Regisseur des Hamburger Thalia Theaters. Und der Holländer Johan Simons wird ab 2010, nachdem er ebenfalls seit mehreren Jahren in Deutschland inszeniert, Intendant der Münchner Kammerspiele.

Uns interessieren hier nicht die Institutionen, sondern die Theatersprachen der Regisseure. Es gibt keine nationalen Merkmale. Und doch gibt es, schaut man sich vor allem Perceval und Simons an, den belgischen Flamen und den Niederländer, etwas Gemeinsames. Das Theater, das die beiden machen, ist ausgesprochen kräftig. Nicht, dass es unintellektuell wäre, im Gegenteil, aber es steckt auch das reelle Handwerk des Arbeiters, das Erdige des Bauern und der Eigensinn des Proletariers darin. Jeroen Willems, der berühmteste der Schauspieler, die mit Simons groß wurden, kann äußerst wuchtig sein, Thomas Thieme, der deutsche Schauspieler, mit dem Perceval am meisten und liebsten zusammenarbeitet, ist das, was man »ein Vieh« nennt, weswegen immer, wenn eine Castingagentur nach einem animalischen Schwerverbrecher für einen TV-Film sucht, Thomas Thieme besetzt wird.

Redet man mit Perceval und Thieme über das deutsche Theater, werden keine Gefangenen gemacht. Man steckt sofort mittendrin in den Widersprüchen unserer Zeit, vor allem in der haarsträubenden Verteilung des Reichtums auf der Welt. Und genauso wenig wie andere wissen sie, ob sie die Augen verschließen und ihren Job machen sollen oder laut schreien und ihren Job machen sollen. Vor allem sind Perceval und Thieme der Meinung, dass es dem deutschen Theater immer noch viel zu gut geht, dass das Saturierte für das Theater die Pest ist, dass wir in einer Zeit leben, in der wir zu Verfettung, Perversion und Verblödung neigen, und dass das deutsche Theater viel zu selbstgefällig ist. Und dann ist ihnen natürlich auch klar, dass sie mittendrin in diesem Luxusboot sitzen, dass das zum Kotzen ist, dass Selbsthass aber auch keine Lösung ist. Damit ist man mittendrin im Nachdenken über das deutsche Theater, unsere Zeit und einen selbst, wie es für das deutsche und vor allem das Berliner Theater nicht unüblich ist.

Perceval war am Belgischen Nationaltheater angestellt, hat dort gekündigt und dann vier Jahre ohne alle Subventionen Theater gemacht. »Klar entsteht da wahnsinnige Lust nach Anerkennung und Wut auf die Gesellschaft: Du musst um Geld betteln, du spielst wie ein Sklave, du bist ausgeliefert. Hier weiß niemand, wie gut es ihm geht. Und irgendwann, wenn man dann gehypt wird, sitzt in der ersten Reihe der Kanzler.«

Luk Perceval und Thomas Thieme sind ein eigenartiges Paar, ein großes Theaterpaar. Der eine ist klein und dünn, der andere groß und dick. Der eine trinkt Pfefferminztee, der andere isst eine doppelte Portion Spaghetti Vongole. Der eine macht Yoga gegen seine Rückenschmerzen, der andere hat sich operieren lassen. Der eine ist Regisseur, der andere Schauspieler, der eine Belgier aus einer Arbeiterfamilie, seine Eltern waren Schiffer, der andere Deutscher mit DDR-Hintergrund und Aversion gegen Duckmäuserei. Irgendwie sind die beiden »Dick und Doof«. »Das müssen wir auch irgendwann noch mal machen«, sagt Perceval.

Thieme hat *Richard III.* gespielt, als Perceval 1999 mit seinem Shakespearezyklus *Schlachten* die deutschsprachige Theaterwelt betrat. Das war ein großartiger, wuchtiger Auftritt, er wurde damit zum Schauspieler des Jahres. Er war bei Perceval Lear, Othello, Willy Loman aus dem *Handlungsreisenden* von Arthur Miller und Moliere, eine Figur zusammengesetzt aus vier Molièrestücken, Menschenekel, Selbsthass und Weltwut. »Was ich an Molière so geil finde, ist seine Wut«, sagt Perceval. »Da steckt der Antichrist drin.« Was dann in Salzburg und an der Berliner Schaubühne zu sehen war, war eine Aufführung, die über fünf Stunden voll mit diesem Ekel, diesem Hass, dieser Wut war. Ein Porträt von Molière ergab es zwar nicht, es war mehr hingekotzt, als dass die Stücke auf diesen Molière hin transparent gemacht worden wären.

Aber schon lange war die Wut auf die Welt mit allem Drum und Dran nicht mehr so deutlich zu sehen wie in diesem *Molière*.

Wie hier Wut und Hass im Mittelpunkt stehen, sind es in anderen Aufführungen andere Zustände, immer aber sind es elementare Erfahrungen, denen Perceval in seinem Theater auf der Spur ist. Perceval will immer, deswegen hat er in Belgien einmal das etablierte Theater hinter sich gelassen und ganz neu angefangen, Kontakt zu den vitalen Wurzeln des Theaters und elementaren Emotionen behalten, und das ist in der Tat nicht einfach. In Interviews und Texten spricht er von Läuterung durch Schmerz, amoralischem Leben, Befreiung aus existenzieller Einsamkeit.

Man kann von solchen Beschreibungen halten, was man will. Tatsache ist, dass diese Suche Perceval immer wieder dazu anspornt, elementare, klare, wuchtige Aufführungen zu erarbeiten. Von seiner Suche kommt die Kraft, die in seinem Theater steckt.

Schauspieler flüstern bei ihm in Microports und stellen dadurch extreme Nähe her. Man hört sie atmen und keuchen. Sie gehen ganz nah an die Mikros, damit sie dem Zuschauer unter die Haut kriechen. Oder sie stehen sehr lange, lange, ohne etwas zu tun. Sie bewegen sich – buchstäblich – auf einem schmalen Grat, das heißt einer sehr kleinen Bühne. Sie strengen sich körperlich extrem an, sie rennen und rennen und rennen zum Beispiel, bis sie richtig schwitzen. Überhaupt ist die männliche Kraft und Gewalt nichts, was Perceval verstecken würde. Er zeigt sie deutlich, etwa in *Andromache* oder *Penthesilea*, beide an der Berliner Schaubühne. Musik kann bei ihm extrem laut sein, sie kann sich wie ein Mantra durch die Aufführung ziehen. Die heilige Sprache der Klassiker kann bei ihm in neuen Übersetzungen von Feridun Zaimoglu sehr schmutzig sein.

Immer macht Perceval sehr physisches Theater. Seine Aufführungen sind durchdrungen von einer aufgestauten Aggression, als ob sie auf den Moment warten würden, in dem alles auseinanderfliegt. Immer lebt dieses Theater von einer Art Extremismus, einem Extremismus des Suchens, der Wut, des Anrennens.

Auf der anderen Seite entsteht aus seiner Suche das, was man Percevals Reduktionismus nennen kann. Er inszeniert am liebsten klassische Texte, aber er interessiert sich nie für ihre Vielfalt, sondern immer für den einen Gedanken, der das Stück für ihn heute groß und dunkel, erregend und stark, rätselhaft und aufwühlend macht. Die Inszenierung besteht dann darin, diesen einen Gedanken klar in den Raum zu stellen, den Zuschauer hart damit zu konfrontieren.

Dieser harsche Reduktionismus zeigt sich auch in den Bühnenbildern. Die Räume, die die beiden Bühnenbildnerinnen Annette Kurz oder Katrin Brack für ihn erfinden, lassen sich kaum unterscheiden, weil sie immer eine Idee in einem mächtigen Bild auferstehen lassen, meistens ein Gegenstand, der dann bedrohlich im Raum steht: Ein

■ Eine Mischung aus Wut, Menschenekel, Selbsthass und Schnee: Thomas Thieme, zusammen mit Patrycia Ziolkowska, als Molière.

171

schmales Podest in einem Meer aus Glas, in dem man sich durchaus verletzen kann, wenn man vom Podest runterfällt *(Andromache)*. Strahlender Schnee, der stundenlang fällt und die Augen der Zuschauer glauben lässt, dass der Boden in Wellen auf ihn zuläuft *(Molière)*. In der Mitte stehen riesige Holzbalken, die eine Hand aufgerichtet hat, um sie dann wie beim Mikado in alle Richtungen fallen zu lassen *(Penthesilea)*. In der Mitte steht ein riesiges Holzei, auf das die Bohlen des Bretterbodens zulaufen wie auf ein Gravitationszentrum *(Turista)*. In der Mitte steht eine große entwurzelte Eiche *(L. King of Pain)*. In der Mitte der schwarzen Bühne befinden sich zwei Klaviere, ein umgedrehtes weißes, auf dem ein schwarzes steht *(Othello)*.

Dieses Theater interessiert sich am allerwenigsten dafür, Rollen richtig zu besetzen, im Gegenteil. Ein Schauspieler, der ganz offensichtlich nicht die Rolle verkörpert, die er spielt, stellt für das Publikum eine besondere Herausforderung dar: Othello, gespielt von Thomas Thieme ohne alle Theaterschminke, Penthesilea, gespielt von der kleinen zarten Katharina Schüttler.

JOHAN SIMONS

Bei Johan Simons liegen die Dinge noch etwas komplizierter. Zunächst ist auch der Sohn einer Bäckerin und eines Bauern, der angeblich den Familienbesitz verzockt hat, ein sehr kraftvoller Theatermacher. Es gibt kaum Äußerungen von ihm selbst zu seiner Theaterarbeit, es gibt keine Theorie. Theater scheint für ihn zunächst eine ganz und gar handwerkliche Angelegenheit zu sein. Zu seiner Inszenierung *Der Fall der Götter* nach Luchino Viscontis Film über die Krupp-Familie im Dritten Reich, mit der er sich vor einem knappen Jahrzehnt in der europäischen Theaterszene durchsetzte, schrieb Simons allerdings einen kurzen Text. Darin heißt es: »Zuerst gab es den Entschluss, die Schauspieler mehrere Rollen spielen zu lassen. Die Charaktere kreisen fortwährend um die Frage, was für eine Person sie unter bestimmten Umständen sein wollen und können.« Denn unser Bild des Menschen habe sich im 20. Jahrhundert geändert, man könne gleichzeitig gut und böse sein, schreibt Simons weiter. Darum ging es ihm bei einem Stoff aus dem Dritten Reich, der ja gerade von vornherein festzulegen scheint, wer gut und böse ist.

Simons macht sich über seinen Stoff Gedanken und setzt die Ergebnisse direkt um. Er zieht szenische Schlüsse aus dem Nachdenken. Um die Auflösung eindeutiger Identitäten zu zeigen, wird entschieden, die Schauspieler in mehreren Rollen auftreten zu lassen. Von solch klaren, bestimmten und einfachen Entscheidungen ist Simons' Theater geprägt. Da wird nie etwas hineingeheimnisst, da wird überlegt, bis ein klares Ergebnis da ist, und das dann auch umgesetzt. Trotzdem hat er manchmal den Ruf eines esoterischen Bühnenintellektuellen, dessen Aufführungen Gefahr laufen, gedankenvoll, aber blutleer zu sein. Diese Auffassung ist eines der merkwürdigsten Regiemissverständnisse, die es zurzeit gibt.

In Holland leitete Simons lange das ZT Hollandia Theater, zu dessen Eigenart es gehörte, dass sich die Gruppe gerne Spielorte außerhalb von Theatern suchte, die sich auf die Aufführung auswirkten.

Seit Simons in deutschen Theatern arbeitet, hat er diese Arbeitsweise in das Stadttheater übertragen. Seine zu Recht berühmte Aufführung von Michel Houellebecqs *Elementarteilchen* fand auf einem gewellten Boden statt, der von den Schauspielern dauernde Aufmerksamkeit erforderte (die Bühne war von Jens Kilian). Der *Prinz von Homburg* spielte in einem schwarz verspiegelten Gefängnis, in dem man sich selbst sah (Bühne Jan Versweyveld). In den *Zehn Geboten* tauchten rund sechshundert Neonröhren die Bühne in ein gleichmäßig untheatralisches Licht (Bühne Bert Neumann). In *Robinson Cruso, die Frau und der Neger* kochte André Jung ausgiebig (Bühne: Marc Warning). Vier Beispiele, wie Simons mit seinem jeweiligen

Bühnenbildner zunächst bestimmte Situationen herstellt, die als Realität die Aufführung beeinflussen. Die Schauspieler müssen sich mit der Situation auseinandersetzen, in der sie sich befinden. Man spielt anders, wenn man kocht oder wenn man dauernd aufpassen muss, dass man sich nicht den Knöchel verstaucht.

Johan Simons stellt Schauspieler in Situationen. Diese Situationen sind nicht willkürlich, sondern beruhen auf einer ausführlichen Auseinandersetzung mit dem Text. Denn Simons ist, das ist ein zweites Missverständnis, ein durchaus texttreuer Regisseur. Er liest Texte sensibel und wach, seine Arbeit geht vom Text aus. Aus dieser Lektüre destilliert er die grundlegende Vorstellung für die Situation, in der das Stück gespielt werden soll. *Anatomie Titus* an den Münchner Kammerspielen sah er mit den Augen von Titus, der nach einer Kette von Gewalt eine traumatisierte Person ist und im Rückblick auf die erlebte Gewalt schaut. Auch die *Elementarteilchen* erzählte er retrospektiv aus der Perspektive des unsterblich gewordenen Brüderpaars, das Houellebecq erfunden hat. Simons arbeitet gern damit, dass er die Erzählperspektive festlegt, eine Perspektive, in der er unsere heutige Sichtweise auf einen Vorgang ausdrückt.

Simons verwendet noch lieber als andere Regisseure Romanvorlagen, an denen ihn nicht nur das Personal, sondern auch die Umsetzung der Erzählform ins Theater interessiert. Dabei sucht er sich nicht die altbekannten Wälzer zwischen Thomas Mann und Tolstoi, die Zuschauer ins Theater locken. Was Simons macht, ist eine moderne Form des epischen Theaters. Vor allem zeichnet sich diese Form dadurch aus, dass der Schauspieler nicht nur eine Figur verkörpert, sondern auch Beobachter und Kommentator dieser Figur ist. Der Schauspieler ist nicht nur einer Rolle zugeordnet, sondern er ist auch in der Lage, den Standpunkt des Erzählers einzunehmen, seinen Charakter zu wechseln und das Geschehen distanziert zu betrachten. Es existiert von vornherein eine Spaltung in der Figur, die der modernen

Erfahrung entspricht. Sieht man das negativ, muss man sagen, dass die Figuren und dramatischen Konflikte hier nicht gespielt, sondern vorgeführt werden. Sieht man es positiv, kann man sagen, dass Simons mit seinen Aufführungen Situationen herstellt, die ein gemeinsames Nachdenken über den Text möglich machen und herausfordern.

Mit Heiner Müllers *Anatomie Titus Fall of Rome* hat Simons 2004 einerseits eine umfassende Reflexion über das Verhältnis der Ersten und Dritten Welt, über Reichtum und Armut geliefert, wie es von Heiner Müller schon in seinem Stück angelegt ist. Die Welt ist ein Schlachthaus, nie kam Shakespeare Heiner Müller näher als mit seinem *Titus Andronicus*, den Müller in *Anatomie Titus* dann noch einmal bearbeitete und zuspitzte. Er machte in einem Kommentar das Stück zu einem Modell der Verwüstungen des 20. Jahrhunderts. Die Blutspur dieser Jahre war bei Müller Ergebnis der strukturellen Gewalt zwischen Erster und Dritter Welt.

■ Wer schaut hier wem zu? Wer steht hier wo? *Elementarteilchen* von Johan Simons im Zürcher Schauspielhaus.

175

Simons versuchte nun Shakespeare und Müller in der Zeit nach dem 11. September, als Erste und Dritte Welt sich gewaltsam näher gerückt waren und doch jeder reale Konflikt im globalen TV-Netz gefangen blieb, weiterzudenken. Wo Shakespeare und auch noch Müller alle Gewalt sichtbar machten, zeigte Simons – nichts. Aus der Welt als Schlachthaus war eine Welt der Zuschauer geworden. Auf der Bühne standen Stuhlreihen wie im Parkett oder Kino, das Licht im Zuschauerraum blieb während der Aufführung an. Die Schauspieler saßen auf ihren Stuhlreihen dem Publikum gegenüber, aber anstatt das Publikum anzustarren, schliefen sie meist.

Titus wurde von André Jung gespielt, der damals einer der Protagonisten in Christoph Marthalers Theater in Zürich war, in dem ja viel und gern geschlafen wurde. Er spielte einen alten, ausgelaugten, seiner selbst unendlich überdrüssigen Titus. Einen Titus, der alles, auch die vielen Toten, gesehen hat. Einer, der alles weiß, aber dabei keinerlei Weisheit gewonnen hat, einer, der nichts tun kann. Der sein eigenes Stück, den *Titus*, kaum mehr sprechen kann, weil es sich durch endlose Wiederholung abgenutzt hat. Na ja, wenn ihr wollt, dann mach ich halt das Stück noch mal, schien er auszudrücken. So wurde aus Müllers Shakespearekommentar ein Müllerkommentar.

Wolfgang Pregler spielte diesen Kommentar, in dem er einen ausgepowerten Entertainer oder müden Moderator gab. Simons' Inszenierung imitierte so den dämmernden Bewusstseinszustand vor den Spätnachrichten im TV mit Meldungen aus Krisengebieten: der Regelfall politischer Partizipation. Der Wachschlaf vor den Bildern gebiert Ungeheuer, die aber niemand wecken.

Auf der Bildebene verwendete Simons die Geiselnahme tschetschenischer Terroristen in einem Moskauer Musical-Theater, die damals erst kurze Zeit zurücklag. Man sah über eine Videoübertragung, wie auf der Straße vor dem Theater, in dem man saß, zwei dunkle Gestalten umherschlichen, Peripheriebewohner, Trainingsanzugträger,

■ Auch hier spiegelt sich die Welt des Zuschauers in der Bühne, die in Schieflage geraten ist: *Anatomie Titus* an den Münchner Kammerspielen.

Schwarzmarkthändler. Sie drangen später in das Theater ein und besetzten es wie die tschetschenischen Terroristen. Aus dem kapitalismuskritischen Text Müllers wurde eine Aufführung über die vielen ungeklärten Fragen gegenwärtiger Gewalt und eine Vision über den Wachschlaf, mit dem der moderne Mediennutzer diese Gewalt am Bildschirm aufnimmt. Mit klar gesetzten Zeichen gelang Simons ein Bild der Vielschichtigkeit und Widersprüchlichkeit der Zeit.

So macht Simons im besten Fall texttreues, episches und visionäres Theater, das vor allem mit Erzählperspektive und Bühnensituation arbeitet. Das Theater legt bei Simons fest, wie wir auf ein Geschehen blicken. Seine Art der Texttreue geht nicht Zeile für Zeile vom Text aus, sondern sucht den Text von vornherein durch einen übergeordneten Gedanken in Kontakt mit unserer Welt zu bringen.

ALTE MEISTER

Die alten Meister, Peter Stein und Peter Zadek, Andrea Breth und Luc Bondy, Dieter Dorn und Claus Peymann zum Beispiel, gelten heute als Vertreter der texttreuen Theatermethode. Zum Teil stellen sie sich selbst so dar. Wer aber die Regiearbeit unserer alten Meister durch die Jahrzehnte verfolgt, stellt schnell fest, dass ihre Position nie besonders eindeutig war. Peter Stein war nicht von Anfang an der Regisseur, der meinte, den *Faust* oder den *Wallenstein* ungestrichen in vielstundenlangen Aufführungen zeigen zu müssen. Stein wird mit *Peer Gynt*, *Prinz Friedrich von Homburg* und ein paar anderen der großen Aufführungen der Berliner Schaubühne als einer der großen Vertreter des Regietheaters in die Theatergeschichte eingehen. Das kann er, wie sehr er sich auch müht, nicht mehr ungeschehen machen.

Seit den *Drei Schwestern* von 1984 ist Peter Stein aber tatsächlich so etwas wie ein Klassizist. Man könnte nun sagen, dass es Stein immer, damals wie heute, darum gegangen sei, den Text zu durchdringen, dass er also damals wie heute ein »texttreuer« Regisseur war. Man hätte damit wahrscheinlich sogar recht und alles wäre gesagt. Leider aber geht das nicht. Denn Stein, der ja nun einer der ganz Großen im deutschen Theater ist, schimpft seit Jahren auf alles, was nicht Stein ist, insbesondere aber auf die jüngeren Regisseure, als würde die Welt nach ihm das Theater vernichten wollen. Und viele glauben ihm das oder plappern es einfach nach.

Nun wollen wir hier nicht dem Werk von Peter Stein gerecht werden oder es diskutieren. Auch nicht das Werk von Peter Zadek oder Claus Peymann, die sich auch manchmal als große Schimpfer entpuppen und die zu großer Form auflaufen, wenn es um jüngere Kollegen geht. Wir wollen aber sehen, was für eine Position es eigentlich ist, die diese Regisseure jetzt für sich reklamieren.

Die Tradition, in der sich die alten Meister allesamt sehen, ist die von Fritz Kortner. Es ist auffällig, wie viele Regisseure sich auf Kortner beziehen. Auch Andrea Breth und Luc Bondy, eine Generation jünger als Stein und Zadek, tun das noch. Kortner, geboren 1892, war bereits 1932 vor den Nazis emigriert, ist 1947 nach Deutschland zurückgekehrt und 1970 gestorben. Die Zeit seines Wirkens ist also lange her. Kortner war ein außerordentlicher Schauspieler und Regisseur, das aber war zum Beispiel Gustaf Gründgens auch, der etwas kürzer, aber in etwa zur gleichen Zeit wie Kortner lebte. Auf Gründgens aber beziehen sich nur ganz wenige Regisseure, eigentlich gar keiner.

»Kortner« ist inzwischen weniger der wirkliche Fritz Kortner als eine Chiffre, eine Chiffre für das Schöne, Gute und Wahre sozusagen. Kortner – und niemand kann da widersprechen, denn Kortner ist lange tot und seine Aufführungen sind nicht mehr zu sehen – Kortner steht heute für ein Theater der Klassiker, ein Theater, das die Texte genau kennt, das sich in den Dienst dieser Texte stellt und ein treues Verhältnis zu ihnen pflegt. Vor dreißig Jahren stand Kortner für etwas anderes. Aber egal: Wenn man heute Kortner sagt, meint man das Gegenteil von sogenannten Regiemätzchen.

Nun ist gegen Regiemätzchen ja in der Tat manches zu sagen. Und gegen texttreues Theater ist grundsätzlich eigentlich nichts zu sagen. Es gibt da großartige Aufführungen, es gibt bis heute Regisseure, auch jüngere, die in dieser Tradition arbeiten. Es ist nicht der letzte Schrei, aber es macht manchmal großen Spaß. Vollkommen schleierhaft dagegen ist, warum man dauernd damit polemisieren muss. So als würden alle, die kein texttreues Theater machen, dem Regiemätzchen huldigen. So als habe es bei Peter Stein immer nur Träger von Wämsen gegeben, die Bildern des 17. Jahrhunderts abgeschaut sind, wie in seinem Berliner *Wallenstein*. So als würde im heutigen Theater quasi notorisch auf die Textvorlagen gespuckt oder gewichst.

Es gibt, ich erwähne das der Gerechtigkeit halber, übrigens auch den umgekehrten und genauso borniert en Fall, wo gegen das psychologische und dramatische Theater unausgesetzt polemisiert wird, als sei es das Bollwerk gegen eine lebendige Entwicklung, die uns ansonsten in eine selige theatralische Zukunft führen würde.

Statt uns an diesen Auseinandersetzungen zu beteiligen, tun wir hier am besten so, als gäbe es den ganzen Streit nicht. Denn in Wahrheit gibt es eine große durchgehende Tradition, die von Kortner und Gründgens bis zu Thomas Ostermeier reicht. Diese Tradition geht nicht von Kortner bis zu Andrea Breth und bricht dann da ab, sondern geht bis heute weiter. Am Anfang stehen zum Beispiel Fritz Kortner und Gustaf Gründgens. Ihnen folgen Peter Stein, Peter Zadek und Claus Peymann. Dann kommen Andrea Breth und Luc Bondy, beide sind etwa gleich alt wie Castorf und Marthaler. Und dann kommen, nur ein paar Beispiele, Thomas Ostermeier, Matthias Hartmann, Barbara Frey und Karin Henkel. Man könnte unter den Heutigen noch viele mehr nennen, und man könnte auch noch jüngere Regisseure aufzählen.

Stefan Kimmig ist zum Beispiel einer, der aus sich keine Marke gemacht hat, in dem Sinn, dass seine Inszenierungen etwas Unverwechselbares hätten, sodass man immer und sofort sehen würde, aha, das ist ein Kimmig, sondern der den Stil der Aufführung aus der Auseinandersetzung mit dem Text entwickelt. So gesehen ist er ein in höchstem Maße texttreuer Regisseur. Kimmigs Theater kann sensibel und zurückhaltend, aber auch schrill und provokativ sein. Immer kommt es aus einer intensiven Auseinandersetzung mit dem Text und einer soliden Handwerklichkeit. Sagen wir es so: Er weiß, wie man Theater macht. Zwei Dinge, die Stein, Peymann, Zadek unbedingt auch für sich in Anspruch nehmen würden.

Und trotzdem hat Kimmig eine unverwechselbare Eigenschaft: Er interessiert sich intensiv für Menschen, die Zusammenhänge, in denen sie leben, aus denen heraus sie das tun, was sie tun. Er interessiert sich für ihre Beschädigungen und er hasst die Schablonen, die meistens über sie gestülpt werden. Er kann dabei genau hinschauen, jedenfalls so genau, dass wir auf der Bühne Dinge sehen, die wir vorher nicht gesehen haben. Und er misstraut den einfachen Antworten. Alles Eigenschaften, die für einen Regisseur sprechen, der es liebt, mit einem Text zu arbeiten. Was Stefan Kimmig mit Hingabe tut.

Zurück zu den alten Meistern. Luc Bondy hat über seinen ersten Eindruck von Peter Stein, den er Anfang der Siebziger als junger Regisseur kennenlernte, gesagt: »Er konnte Konstellationen auf der Bühne weben und diese an die Schauspieler vermitteln, indem er eine Sprache entwickelte, nie abstrakt, sondern immer an Situationen gebunden, an Vorgänge. Er hatte eine Vorstellungskraft. Jeder Mensch hat Fantasie, das reicht aber nicht. Steins Vorstellung bezieht sich auf die Figur, und er kann sie weitergeben – das Schwierigste überhaupt in unserem Beruf: vermitteln, erst an die Schauspieler und über diese an das Publikum. Das hat mich am meisten interessiert bei Stein, diese Techniken und Möglichkeiten, um Schauspieler zu motivieren, zu etwas zu bringen. Er schaffte eine Form der Klarheit, der Durchsichtigkeit. Er forderte und förderte auf der Bühne die Natürlichkeit.« Das ist gut und schön, aber das ist nichts Außergewöhnliches. Stein machte es, heute machen es andere. Stein war ein Meister darin, andere sind es heute nicht. Aber das ist ja nun kein Grund, daraus eine Grundsatzdebatte zu machen. Natürlich geht es im Theater um Vermittlung. Niemand bestreitet das. Wo also liegt das Problem? Bondy weiter: »Bei ihm ist die Verbindung von Text und Inszenierung ernsthaft, nicht einfach eine Behauptung. Er will Stoffe vermitteln. Dieses Interesse, das er verfolgt, fehlt heute weitgehend, es ist verloren gegangen. Heute – ich sage das, obwohl ich ungern ›damals‹ und ›heute‹ gegenüberstelle – scheinen Einfälle im Vordergrund zu stehen. Bei Stein hingegen ist da eine ganz bestimmte Absicht, eine Tiefe, wenn er sich zum Beispiel mit der Schwierigkeit von Menschen beschäftigt, die zwischen herrschender Rechtsordnung und eigener Persönlichkeit stehen.«

■ Das große Vorbild ganzer Generationen von Theaterregisseuren in Deutschland: der Regisseur und Schauspieler Fritz Kortner.

Neben der Tiefe, die nun einerseits das Großartige von Stein war, andererseits ein höchst schwammiger Begriff ist, geht es um Vermittlung. »Er will Stoffe vermitteln«, sagt Bondy. Es geht darum, dass der Regisseur sich in dienender Funktion dem Text unterordnet. Es geht um ein bestimmtes Verhältnis zu den klassischen Texten. So weit ich sehen kann, ist das Theater der einzige Bereich, wo diese dienende Haltung gegenüber der alten Kultur gefordert wird. Dieter Dorn verfolgt in München seit Jahrzehnten das Programm, das Bondy skizziert hat, ohne davon – wenigstens meistens – ein besonderes Gewese zu machen. Jürgen Flimm, Peter Zadek, Claus Peymann, sie alle verfolgen es, jeder mit seinen besonderen Begabungen. Peymann, nicht verwunderlich bei einem großen Polemiker, war am größten bei den Aufführungen der Stücke von Thomas Bernhard. Zadek kann sich selbst verwandeln und war über Jahrzehnte ein großer Klassikerbewahrer, Stückezertrümmerer und Theaterneuerfinder gleichzeitig. Seit er 2000 am Wiener Burgtheater *Rosmersholm* inszenierte, eine sehr klassische Inszenierung, stellt er, der einstige Aufrührer, sich trotzdem gegen die zeitgenössischen »Spielereien«.

Was also ist das für ein Theater, um das es da geht? Es geht neben der Vermittlung um einen gewissen Realismus. Das Theater der alten Meister ist sicher nicht surreal, es ist sicher nicht postmodern, sondern bewegt sich, meistens wenigstens, auf einer Ebene, die man als die Realität begreifen kann – so wie man in einem Film das, was man sieht, meistens als Realität begreift. Manchmal spricht man auch vom psychologischen Realismus, eigentlich ein Begriff aus der Romandiskussion des 19. Jahrhunderts. Im Theater des 21. Jahrhunderts meint man damit Schauspieler, die die seelischen Beweggründe ihrer Figuren deutlich machen, die so aussehen, wie man sich ihre Vorbilder vorstellt. Es geht darum, die vierte Wand bestehen zu lassen.

So eindeutig, wie es aussieht, ist das alles aber nicht. Luc Bondy, seit Jahrzehnten der Fachmann für die vielen Facetten der Liebe im deutschen und im französischen Theater, verwahrt sich immer wieder dagegen, als psychologischer Regisseur verstanden zu werden. Es sei ihm ein Rätsel, wie er wieder und wieder als psychologischer Regisseur verstanden werden könne, sagt er gern. Er wolle nicht das Verhalten und schon gar nicht die Defekte seiner Figuren erklären. Er wolle tiefer.

Wahrscheinlich geht es bei dem Streit um ein paar der letzten Fragen des Theaters. Fragen, auf die es keine hinreichenden Antworten gibt. Wie bekommt man es hin, dass das Gedachte ganz konkret wird? Wie schafft man es, dass der Text in die Körper der Schauspieler eindringt und sichtbar wird? Das ist das ganze Geheimnis. Und das ist das ewige Problem der Schauspielkunst. Es ist das, was der normale Zuschauer im Theater (oder Film) als Glaubwürdigkeit bezeichnet. Es geht darum, eine große gedankliche Auseinandersetzung, wie sie in den klassischen Stücken steckt, wie sie aber im Prinzip mit jedem Text auf dem Theater möglich ist, so mit den Schauspielern zu erarbeiten, dass sie diese dem Zuschauer vermitteln können.

Ein Schauspieler, der seine Rolle nicht richtig versteht, wird das nicht hinbekommen, da haben die alten Meister recht. Aber das ist nur eine Frage von gutem oder schlechtem Theater und nicht von Generationen. Im Gegenteil, alle, die Alten wie die Jungen, möchten, dass die Schauspieler auf der Bühne nicht theatralisch, sondern normal wirken. Alle möchten Intensität. Alle möchten Präzision in der Behandlung der Texte und der Figuren. Dafür gibt es unterschiedliche Methoden, egal ob sie nun von Stanislawski oder Meyerhold ausformuliert wurden, egal ob sie von Stein oder Ostermeier angewandt werden.

Auch der Regisseur Thomas Ostermeier, eine ganze Generation jünger als Stein, setzt auf Realismus, auf Konkretion, auch Ostermeier geht es wie Stein vor vierzig Jahren um die gesellschaftlichen Zustände. Anfangs waren – auch durch seine Vorliebe für die dreckigen, harten Stücke, die damals in England geschrieben wurden – die Underdogs die Gewährsleute seines Realismus. Nachdem er einige Zeit die Schaubühne geleitet hatte, passte er sich aber an das veränderte Publikum an und machte Ibsen zu einer Art Hausautor und Oberrealisten: Mit *Nora* und *Hedda Gabler* hielt Ostermeier dem Charlottenburger Publikum genau den Spiegel vor, in dem es sich erkennen konnte. Ostermeiers Theater ist inhaltlich und narrativ, ohne dabei altbacken zu wirken, die Schauspieler orientieren sich bei ihm an einer emotional nachvollziehbaren Handlungsführung, ohne als psychologische Abziehbildchen durch die Bühnenwelt zu laufen.

Wie er dabei arbeitet? In einem Gespräch hat er einmal erläutert, wie er die Arbeit mit den Studenten, die er an der Berliner Ernst-Busch-Schule unterrichtet, beginnen lässt. »Ich lasse die Regie-Studenten mit professionellen Schauspielern erst einmal ganz nach ihrer eigenen Fasson arbeiten, und das heißt fast immer: über die psychologische Situation, was irgendwann bei den Schauspielern zu emotionalem Stress führt, gestemmten Tönen, verschwitzten Haltungen etc. Dann versuche ich, andere Wege vorzuschlagen; dass man darüber nachdenkt, was die Figur tut, nicht was sie fühlt. Das führt meistens dazu, dass die Leute ein Reich von Fantasie entdecken, das ihnen vorher nicht zur Verfügung stand.« Dann fügt Ostermeier noch die Pointe dazu: »Eigentlich eine völlig antipsychologische Vorgehensweise.« Sollte er etwa genau das Gleiche meinen wie Luc Bondy?

Wir wissen es nicht. Die Begriffe sind schwammig, jeder meint das Gleiche und doch wieder etwas anderes. Es ist in etwa so, wie wenn zwei Menschen über Farben oder Gefühle sprechen. Aber wir vermuten, dass alle nach etwas Ähnlichem suchen. Nennen wir es Wahr-

■ Zweimal Ibsens *Nora* im Jahr 2002, einmal von Stephan Kimmig mit Susanne Wolff am Thalia Theater, einmal von Thomas Ostermeier mit Anne Tismer an der Berliner Schaubühne. Beide Male modern und altmeisterlich zugleich.

heit. Dass das über den Streitereien vollkommen aus dem Blick geraten ist, ist das Ärgerliche und Traurige an diesem Streit.

JÜRGEN GOSCH

Auch Jürgen Gosch ist ein alter Meister. Aber nach seinem Düsseldorfer *Macbeth* von 2005 wurde er als einer der Blut- und Ekelregisseure dieser Zeit gebrandmarkt. Ein größeres Missverständnis hat es in der Kunst selten gegeben. Man muss Gosch nicht mögen, aber ihn zu einem Krawallbruder der Bühne zu machen: Das ist ein krasses Missverständnis.

Eine Aufführung von Jürgen Gosch war eine der größten Merkwürdigkeiten überhaupt, die man in den vergangenen Jahren erleben konnte. Da saßen Menschen, die vor sich hin stierten, da malten sich Menschen an, da zogen sie sich aus, da nahmen nackte Männer andere nackte Männer Huckepack, da setzten sich nackte Männer kindische Kronen auf, da traten ebenfalls erwachsene Menschen als Belag zwischen zwei großen Toastscheiben auf, da krabbelten Männer auf dem Boden und blökten, da schichteten sie in absehbarer Sinnlosigkeit Äste aufeinander. Es gibt viele sinnlose Kindereien, die erwachsene Menschen tun können. Viele davon kann man bei Jürgen Gosch sehen.

Solche Sachen sind immer peinlich, nicht so bei Jürgen Gosch. Da ist kein Kreischen oder Quietschen, da sind keine dümmlich geilen Männerblicke. Alles wird bei Gosch mit einer beispiellosen Selbstverständlichkeit getan. Seine Regiearbeit scheint in dieser Selbstverständlichkeit nachgerade ihr Ziel zu haben. Man macht absonderliche Dinge und tut sie wie normale Dinge. Man zeigt sich und macht kein Aufhebens davon. Das ist alles. Und das ist viel.

Selbstverständlichkeit, man könnte auch sagen »Unbewusstheit«, ist natürlich ein paradiesischer Zustand. Es ist nicht nur der Zustand, den Menschen im Paradies hatten, es ist auch der Zustand, der einen

Ort zum Paradies macht. Goschs Figuren spielen in Stücken und machen Sachen, die aus unserer Welt kommen, aber sie scheinen auch irgendwo herausgefallen zu sein und sich jetzt darüber zu wundern, wo sie gelandet sind.

Das Goschtheater insgesamt aber ist alles andere als seiner selbst nicht bewusst, so einfach es zuweilen auch aussieht. Es weiß sehr genau, was es tut und ist. Es unterläuft die Sehgewohnheiten zum Beispiel ganz einfach dadurch, dass es fast immer Männer sind, die sich bei ihm nebenbei ausziehen. Da waren dann wirklich nackte und nicht verführerische Körper, da war Irritation und nicht Erotik.

Schon das ist von einfacher, stiller Größe. Es hat, bei allem Spektakulären, das dieser Selbstverständlichkeit innewohnt, auch etwas Bescheidenes. Das Auftrumpfen ist dem Theater von Jürgen Gosch fremd. Wer die zurückhaltende Art, Regie zu führen, besser: Theater entstehen zu lassen, die Jürgen Goschs Arbeit auszeichnet, einmal in sich aufgesogen hat, wird bei Schauspielervorführungen, die sich vor dem Publikum spreizen, ein ungutes Gefühl nie mehr loswerden. Er wird wissen, dass man keine Eitelkeit braucht, um Theater zu machen.

Goschs Theater hat immer etwas Puristisches, es ist immer Texterforschung, auch wenn es manchmal zunächst so aussieht, als hätte sich da einer in Regieeinfälle verrannt. Für diese Textnähe wurde er, wenigstens im zweiten von den drei Theaterleben, die Jürgen Gosch gehabt hat, oft gescholten. Vom Purismus zum Puritanismus, dem man Gosch damals unterstellte, ist eben nur ein Schritt. Man sah ihn damals als Pedant oder Langweiler, einen unglamourösen Textarbeiter, schwierig, sperrig, verbissen. Seine erste Inszenierung an der Berliner Schaubühne, in deren Leitung er als Nachfolger von Peter Stein und Luc Bondy 1988 berufen worden war, war schon einmal Shakespeares *Macbeth*. Diese Aufführung ödete das Publikum an, Gosch verließ die Schaubühne wieder. Seitdem schleppte er sich von

Inszenierung zu Inszenierung. Das war das zweite Theaterleben des Jürgen Gosch.

Seine Karriere als Regisseur hatte in der DDR begonnen, wo er 1978 Büchners *Leonce und Lena* inszeniert hatte. Die Aufführung beschrieb deutlich einen Staat der Eingeschlossenen, spielte auf die Berliner Mauer an, wurde zu einem Skandal und beendete damit das erste Theaterleben Goschs. Im Westen, in den er danach ausreisen durfte oder musste, damals nach der Abschiebung Wolf Biermanns durchaus nicht unüblich, nahm ihn Jürgen Flimm in Köln und in Hamburg unter seine Fittiche. Anfangs durchaus mit Erfolg. Der *König Ödipus*, den er 1984 mit Ulrich Wildgruber in der Titelrolle und dem Bühnenbildner Axel Manthey inszenierte, ist auch wegen der eindrucksvollen, blutig-bleichen Masken mit schwarzen Augen bis heute im Theatergedächtnis haften geblieben.

1988 begann mit dem Engagement an der Schaubühne der lange Abstieg dieses zweiten Theaterlebens. Aber irgendwann nach der Jahrhundertwende begann Gosch sich von sich selbst zu befreien. Am Deutschen Schauspielhaus in Hamburg inszenierte er in klaren, kalten Bildern die Stücke von Roland Schimmelpfennig. In Düsseldorf zeigte er 2004 eine extrem leichte, einfache, wie von aller Vergangenheit befreite Version von Gorkis *Sommergästen*. Vor allem diese Aufführung wurde der Durchbruch ins dritte Theaterleben des Jürgen Gosch. Mit ihr erfand er sich noch einmal neu.

Seine Dramaturgin Rita Thiele hat damals einen Bericht über die Atmosphäre bei den Proben zu den *Sommergästen* verfasst. Sie beschrieb, wie Gosch die Schauspieler verunsicherte, indem er jegliche Interpretationsvorgabe vermied. »Die einzige Möglichkeit, sich den *Sommergästen* zu nähern, war die gemeinsame Suche nach dem Leben und der Welt, die dieses Stück enthält, und die sehr persönliche Frage an jeden, ob und inwieweit hier auch über ihn selbst erzählt wird.« Gosch zwang die Schauspieler, sich durch das Stück mit sich selbst auseinanderzusetzen.Hier deutete sich diese eigenartige Ehrlichkeit an, die forthin die Arbeiten von Gosch prägte, auch eine Form von Nacktheit.

Thiele berichtete von den Proben weiter, dass sich Gosch bis kurz vor der Premiere weigerte, Entscheidungen zu treffen. Die Schauspieler waren entsprechend verunsichert und angespannt. Dabei brachte Gosch dann den Begriff »Ergänzungsenergie« ins Spiel: »Wenn etwas fehlt – etwa flankierende Hilfe durch Möbel, Kostüme, Masken –, setzen sowohl Schauspieler als auch Zuschauer Energie frei, um sich das Fehlende zu ergänzen.« Das gelang, gehörte fortan zu den Arbeiten Goschs. Auch das ist eine Art Nacktheit, eine Nacktheit der Bühne, die durch Vorstellungskraft aufgefüllt wurde.

Goschs Aufführungen wurden gleichzeitig immer konzentrierter und lockerer, was bei ihm kein Widerspruch war. Auf der Bühne lief kein dramatisches Geschehen ab, sondern bildete sich ein Zustand ab, ein Zustand, der etwas Schwebendes, Flüchtiges hatte, wie hochdestillierter Alkohol. Damit wurde Gosch am Ende zu einem Guru, wie sie im Theater immer wieder auftauchen, und seine Arbeit bekam eine spirituelle Ebene. So ist Jürgen Gosch ein Fortführer der textnahen als auch der spirituellen Ebene des Theaters geworden.

Und so gibt es also das dritte, das einzigartige Theaterleben des Jürgen Gosch. Es führt, obwohl die Methode immer die gleiche bleibt, zu ganz unterschiedlichen Inszenierungen. In *Wer hat Angst vor Virginia Woolf* entblößt sich ein Ehepaar: Zwei Virtuosen ihres Fachs, Corinna Harfouch und Ulrich Matthes, spielen mit einer fiebrigen Intensität, die es schwer macht, sie nur noch als Schauspieler wahrzunehmen. In *Macbeth* spielen dagegen sieben Männer, die sich gleich am Anfang der Aufführung ausgezogen hatten, mit Theaterblut und -kot. Es war dabei immer klar, dass es sich um Theaterblut handelte, aber sie taten so, als würden sie es ganz ernst nehmen.

Daraus ergeben sich die beiden Richtungen des Gosch-Stils, der elegante, psychologische, man könnte auch sagen der gezähmte

■ Ulrich Matthes und Corinna Harfouch beim Ehekrieg in *Wer hat Angst vor Virginia Woolf?*, Deutsches Theater Berlin.

Stil – wie bei der Berliner *Virginia Woolf* oder dem *Gott des Gemetzels* in Zürich. Bei diesem Stil geht es zwar um Abgründe, die Oberfläche aber bleibt intakt und die Form gewahrt. Und dann der nackte, wilde Stil, wo entkleidete Schauspieler bluten und blöken. Hier geht es um eine andere theatrale Dialektik: Wo wir wissen, dass es Theaterblut ist, liegt es am Spiel, dass wir trotzdem glauben, dass es echt ist. Da ist sie wieder, die Ergänzungsenergie.

Auch der Wald bei Shakespeare, einer der wichtigen Orte der Theatergeschichte, unterliegt einer Art Dialektik. Er ist verlockend wie das Paradies, man kann dort guten Sex, wahre Liebe und einfache Freundschaft finden, aber er ist auch schrecklich und abstoßend, denn er ist nicht der Hof, die Stadt und die Zivilisation. Man kann in diesem Wald deswegen einen gleichzeitig fleischlichen und geistigen Ort erkennen, gleichzeitig Traum und das echteste Leben. Ein entrücktes Diesseits sozusagen, derb und heilig zugleich.

Der Wald bei Jürgen Gosch besteht meist aus ein paar knorrigen Ästen, die sich bewegen, von schleichenden Schauspielern getragen. Er ist ein paar Tierlaute und gelegentliches Insektensummen, das die Schauspieler selbst erzeugen, manchmal werden die Äste zusammengehalten, um dichtes Gestrüpp anzudeuten. Auch der Wald ist bei Jürgen Gosch eine gehauchte Behauptung. Lust kommt hier auch aus der Frage, wie wenig Baum es braucht, um auf der Bühne einen Wald zu sehen.

Auch dieser Wald ist wie der von Shakespeare derb und heilig, aber er ist es mit einer rehartigen Scheu, die ihn fast verschwinden lässt. Dieser Wald fühlt sich an, als wollte er sich auf offener Bühne verstecken. Aus dem Spiel von Fleisch und Transzendenz, das so lange das Herz von Shakespeares Welt ausmachte, ist das Spiel von Dezenz und Sichtbarkeit, von Zurückhaltung und Vulgarität geworden. Für Jürgen Gosch ist Theater auch eine Frage des Taktes, das heißt der guten Sitten und des richtigen Tons.

Gleichzeitig ist dieses Theater ein Theater der Schamlosigkeit, das heißt der Nacktheit, der Offenheit und der Transparenz. Im Zusammenspiel von Takt und Schamlosigkeit liegt das Geheimnis von Goschs Theatermagie. Das Theater der Schamlosigkeit ist dabei eine radikale Form von Ehrlichkeit, eine Art Durchlässigkeit. Gleichzeitig ist es ein Mittel, die Vorstellungs- und Einbildungskraft herauszufordern.

Im zweiten Theaterleben waren es die bunten, gleichzeitig archaisierenden und abstrakten Bühnenbilder von Axel Manthey, die Goschs Inszenierungen die Bildsprache gaben. In seinem dritten Theaterleben waren es die luziden, durchsichtigen, einfachen Räume von Johannes Schütz. Schütz stellte meist einen Kasten aus Holz auf die Bühne, manchmal deutete ein Quader aus weißen, dünnen Stahlkanten den leeren Raum an. Sonst nichts.

Die vorerst letzte Inszenierung, die Jürgen Gosch erarbeiten konnte, ist *Hier und Jetzt* von Roland Schimmelpfennig. Gosch insze-

■ *Hier und Jetzt* von Roland Schimmelpfennig, von Jürgen Gosch schwebend inszeniert in der Schiffbauhalle in Zürich.

nierte in Zürich, wie bei vielen Schimmelpfennig-Stücken zuvor, die Uraufführung. Zwischen dem 1943 geborenen Regisseur und dem 1967 geborenen Autor ist über die Jahre eine intensive Arbeitsbeziehung entstanden, die Fantasie der beiden schien sich, zusammen noch mit der des Bühnenbildners Johannes Schütz, ineinander verschränkt zu haben.

In insgesamt neun Aufführungen schuf Gosch den Stil, der für Roland Schimmelpfennigs Stücke sehr wahrscheinlich so klassisch werden wird, wie die Schaubühnen-Aufführungen einst für die Dramen von Botho Strauß. Dieser Stil, im Gegensatz zum gezähmten Reza-Albee-Stil und auch im Gegensatz zum wilden Shakespeare-Stil, ist immer von schwebender Ironie und bewusster Skizzenhaftigkeit. Die Ironie entsteht durch ein leichtes Befremden über uns Zeitgenossen, es sind merkwürdige Tiere, denen man da zuschaut. Die Skizzenhaftigkeit ist die Art, mit der Schimmelpfennig viele seiner Stücke gebaut hat.

Hier und Jetzt wirkt, als sei es aus einer Situation oder besser einer Stimmung heraus entstanden, die wir alle schon einmal erlebt haben und die doch niemand richtig versteht: Mitten in der Freude fällt einen unerklärliche Traurigkeit an. Hier ist es eine Hochzeit. In Goschs Aufführung, auch durch ein geniales Bühnenbild von Johannes Schütz, wird deutlich, woran das liegen könnte. Es ist das Vergehen der Zeit, das einen so traurig werden lässt, weil man es hier besonders spürt. Wie Schütz und Gosch das hergestellt haben, wurde bereits im letzten Kapitel über die Theaterelemente dargestellt. Indem die gefühlte und die tatsächliche Tageszeit auseinanderfielen, stand im Raum, was das heimliche Thema der Aufführung war: die Zeit.

STEFAN PUCHER

Die Zeiten und Zeichen waren andere geworden. Sogar unter Theaterbesuchern hatte die Zahl der Menschen zugenommen, die bedeutend leichter erkannten, dass dieser Song von den Beatles, Prince oder

Tocotronic ist als diese Zeile von Goethe oder Shakespeare. Also wurden im Theater Songs verwendet. Das fand das Publikum erst lustig, dann aber kam der Aufschrei: Verflachung, Verrat, Oberflächlichkeit, Willkür, Banalität, rief man. Pop-Regisseure nannte man die Urheber.

Stefan Pucher ist ein solcher Pop-Regisseur. Pucher, hört man immer wieder, kennt Hunderte von Songs auswendig (was stimmt). Pucher erlebt und denkt die Gegenwart im Zeichen des Pop, das heißt des Glamour und der Show, ihrer Verheißungen, ihrer Abgründe und ihrer Macht. Auch in die Klassiker schleicht sich bei Pucher der Pop, mal wie eine überraschend platzende, bonbonbunte Blase, wie im *Sturm*, mal wie eine dunkle Flüssigkeit, die alles durchtränkt, wie im *Othello*. Pop ist einfach da, als Song, als Kraft, als Verstärker, als Geilheit, als Video, als Projektion, als Glanz.

Eigentlich ist das ja nichts Besonderes. Pop, eine der machtvollen Strömungen unserer Zeit, die längst die gesamte Öffentlichkeit infiziert hat, die sich längst auf allen öffentlichen Bühnen durchgesetzt hat, kommt auf die erste aller Bühnen, die des Theaters, zurück, um sich dort zu entfalten und dort ihrerseits angeschaut und durchleuchtet zu werden. Und trotzdem wurde Stefan Pucher (und andere) deswegen angefeindet und verflucht. Sie wurden Teil eines Kulturkampfes. Sie wurden Teil von jener Kraft, die im Theater angeblich stets das Böse will und nie das Gute schafft. Es gab damals vor und nach der Jahrhundertwende erregte Debatten über Pop im Theater, als handele es sich um einen hochgefährlichen Virus, der da kursierte. Stärker noch aber war die stille Ablehnung, eine Wand, durch die es damals fast kein Durchkommen gab. Als sei da etwas, was das Theater infiziere und unwiederbringlich verderbe wie HIV das Immunsystem. Als sei Pop geist- und seelenlos, als sei er durch und durch theaterfremd.

Mittlerweile gebiert dieser Kulturkampf skurrile Momente. Peter Zadek saß im Winter 2004 in Puchers bahnbrechendem *Othello* im Hamburger Schauspielhaus, dort, wo er viele Jahre zuvor selbst einmal dieses Stück mit Ulrich Wildgruber in der Titelrolle in einer berühmten Aufführung herausgebracht hatte. Beim Applaus, so erzählte man sich hinterher, habe er – schönes Zeichen – Alexander Scheer, der hier den Othello spielte, zugegrüßt und dann angekündigt, er wolle sich mit Stefan Pucher einmal über den *Othello* unterhalten. Nicht dass er jetzt ein Fan dieser Aufführung sei, soll Zadek damals gesagt haben, aber etwas interessierte ihn. Es blieb allerdings bei der Ankündigung. Zadek schimpfte dann doch lieber wieder über die jungen Regisseure. Damit waren die Fronten wieder klar.

Nun ist auch Pucher, eigentlich ein eher scheuer und skrupulöser Mensch, keiner, der einem kleinen Kampf aus dem Weg geht. Ebenfalls in Hamburg hat er, als er die *Möwe* inszenierte, den Kulturkampf zwischen Alt und Jung, der in dem Stück ohnehin eine wesentliche Rolle spielt, deutlich verstärkt. Er hat die Aufführung in den Zusammenhang des Streits gestellt, den der damalige Intendant Tom Stromberg gegen die Stadt Hamburg oder die Stadt Hamburg gegen Stromberg führte. Man hatte sich heftig ineinander verbissen und Pucher streute Salz in die Wunden. Die aufrührerische Rede des jungen Dichters Trepljow, in die schon viele junge Regisseure ihre eigenen Ansichten gelegt hatten, war bei ihm ein Pamphlet gegen angestaubte Plüschtheateranhänger und Gefühlsfanatiker. Als sich der Vorhang nach einem Vorspiel im Zuschauerraum öffnete, war gleich Trepljows Rede zu hören: »Das Theater öffnet sein Maul und herauf steigt der moderige Geruch des 19. Jahrhunderts. Scharlatane sind unter uns, die behaupten zu wissen, was eine richtige Figur ist. Wenn ich keine richtige Figur bin, sind die alle keine richtigen Menschen.«

Sitzt man in einer Probe von Stefan Pucher, hört man zu, wie da geduldig die Sätze durchgesprochen werden, wie sie auseinandergenommen und wieder zusammengesetzt werden, wie ihrer inneren Melodie nachgelauscht wird, und wundert sich. Was, das soll ein Klassikerzerstörer sein, einer, der den Geist aus dem Theater treiben will? Wenn man ihn dann noch sagen hört, dass es ihm genüge, die Sätze zu verstehen, fragt man sich, was da in der Vergangenheit so grässlich schiefgelaufen ist, wie es zu solchen Missverständnissen kommen konnte. Oder ist da wirklich einer vom Saulus zum Paulus geworden? Es sieht so aus – und ist trotzdem falsch. Pucher war schon immer ein Textbesessener. Er kann nicht nur die Beatles, sondern auch Tschechow auswendig.

Nur wer mit Augen schaut, für die sich Pop und Tschechow ausschließen, für die Literaturtheater so aussehen muss, wie Peter Steins *Kirschgarten*, für den sieht es so aus, als habe sich da einer grundsätzlich gewandelt. Die erste Klassikerinszenierung von Stefan Pucher war zufälligerweise der *Kirschgarten* 1999 in Basel. Vorher hatte er im Stil von Rolf-Dieter Brinkmann geschrieben, Platten in Klubs aufgelegt und auch mal Theater gemacht. Das nannte er dann Performance und gab sich einen postdramatischen Überbau. Elektronik war damals im Theater noch neu, hier kam sie mit Microports, Videoprojektionen, Konzerten ins Spiel, verzwirbelte sich im Zeichen der Bytes zu einer unauflösbaren neuen Mischung – wie eben im Pop auch. In Frankfurt, wo Pucher damals lebte, wurde er damit langsam bekannt. Bei der documenta X in Kassel zeigte er mit der Performance-Gruppe Gob Squad *15 minutes to comply* mitten in der Nacht in einer U-Bahn-Haltestelle. Es war ein kurzes, rätselhaftes, hochverdichtetes Stück Alltag mit Videoprojektion, das sich da abspielte, bis die Bahn vorbeikam und die Performer mitnahm. Das ist der Durchbruch, dachte man damals.

Es war auch eines jener Stadtprojekte, die Pucher bis heute macht. Der Geist eines Ortes, seine Vergangenheit genauso wie die Menschen, die hier mehr oder weniger zufällig vorbeikommen, wird in eine Aufführung an diesem Ort umgesetzt, die mit ihm verschmilzt. Theater und Ort fließen ineinander, idealerweise ist das natürlich an einer U-Bahn- oder Straßenbahnhaltestelle zu verwirklichen.

Der *Kirschgarten* in Basel hatte als einen Ausgangspunkt, dass es in Basel, zwischen Bahnhof und Theater, eine Straßenbahnhaltestelle gibt, die »Kirschgarten« heißt.

Pucher hat seit 1999 alle Dramen Tschechows mit Ausnahme von *Iwanow* aufgeführt, es wurde eine großartige Reihe mit dem *Kirschgarten*, den *Drei Schwestern* und der *Möwe* als Höhepunkten. Pucher hat sich mit dieser Reihe, mit dem Theaterklassiker Tschechow, ein zweites Mal erfunden, und er hat einen neuen Tschechow gezeigt. Durch Tschechow geschahen drei wesentliche Dinge. Einmal bekam Puchers Arbeit einen neuen, weiteren Hallraum, die Gegenwart öffnete sich sozusagen in die Vergangenheit hinein. Da Pucher mit den alten Texten durchaus etwas anzufangen wusste, entstand ein großer Kommunikationsraum zwischen dem Gegenwärtigen und der Geschichte, zwischen Stück und Aufführung.

Dann führte Pucher den Song, den Microport und das Video endgültig in die Klassikeraufführung ein. Die Songs, zu denen der Regisseur offenbar so etwas wie eine persönliche Beziehung unterhielt, wurden auf der Bühne derart intime Mitteilungen der Figuren, dass es dumm und denunziatorisch gewesen wäre, sie als willkürliche Mätzchen abzutun. Der Microport verstärkte die Möglichkeiten der Intimität, man konnte flüstern und murmeln, vertraut und beiläufig sprechen. Das Video ist die vielfältigste der neuen Möglichkeiten, die Stefan Pucher etablierte, es stellt im Theater mühelos Verbindungen zwischen unterschiedlichsten Ebenen her, es lässt die Bühne selbst als Schein erscheinen, es macht das Theater zu einem Ort, an dem verschiedene Schichten übereinandergelegt und verschmolzen werden können.

Was Pucher bei den neuen elektronischen Medien anders machte als die anderen Regisseure, war einerseits die Perfektion, mit der sie eingesetzt und gesampelt wurden. Er hatte sich in der Club-Culture da offenbar bessere Grundlagen erarbeitet. Andererseits wurden sie Teile einer düsteren Welt, die der Regisseur immer weiter und immer perfekter aufspannte. In seinen Stückanfängen, den ersten zwanzig Minuten einer Aufführung etwa, hat Stefan Pucher das zu einer Perfektion gebracht, die diese Anfänge manchmal magisch macht. Man ahnt mehr als dass man wüsste, was da alles zusammenfließt, man spürt allenfalls, was hier alles angespielt wird, und doch ist schon alles da.

Meistens arbeitet er dafür mit Videos. *Richard III.* etwa, das Shakespearedrama vom großen, mordenden Bösewicht mit dem Hinkefuß, begann bei Pucher mit einem süßen Mädchen, das sich von Platz 214 des Zürcher Schauspielhauses erhob. Das Mädchen wirkte rein und unschuldig, es hatte einen Blumenstrauß in der Hand und ging damit nach vorn zur Bühne. Da standen die Schauspieler, aufgereiht vor dem eisernen Vorhang wie zum Applaus. Die Aufführung hatte gerade begonnen und schon schien sie zu Ende zu sein, schon schloss sie sich wieder. An allen Schauspielern ging das Mädchen vorbei, aber es übergab den Strauß keinem.

Das Mädchen, der eiserne Vorhang, die Schauspieler, die Blumen, sie alle waren nicht echt, sondern – ein Video. Dieses Video war im Zürcher Schauspielhaus aufgenommen worden und wurde zu Beginn der Aufführung auf den (echten) eisernen Vorhang des Zürcher Schauspielhauses projiziert. Und die echten Schauspieler standen dann auch in echt da, ebenfalls aufgereiht wie zum Applaus. Vor der Frage, was hier echt ist und was nicht, hatte man fasziniert die Waffen gestreckt. Die Aufführung dauerte gerade mal einige Sekunden, das Theater hatte sich videotechnisch verdoppelt und in den Schwanz gebissen. Die Bühne hatte sich zu einem Bedeutungsraum geöffnet, der alles aufzunehmen vermag, wenn es nur gut gemacht ist, die ganze Welt war wieder mal eine Bühne und das alte Shakespearemotto bestätigte sich aufs Schönste.

Es dauerte lange, bis das Mädchen an allen Schauspielern vorbeigegangen war. Erst der Letzte in der Reihe, der der wirkliche Robert

Hunger-Bühler war, bekam die Blumen. Doch noch bevor er Richard werden konnte, sozusagen wachgeküsst von einem unschuldigen Mädchen, entblätterte sich die Bühne weiter. Pucher zog wie ein Erotiker Schicht um Schicht von ihr, eine Hülle nach der anderen fiel und brachte doch nur einen weiteren Vorhang zum Vorschein. Richard schob den eisernen Vorhang hoch, dahinter war ein Vorhang aus Samt. Als der sich öffnete, war dahinter eine Holzkassettenwand mit Nischen wie im Rokoko. Diese Wand aber war auch als Video auf sich selbst projiziert und wirkte dadurch unwirklich, wie ein Fernsehbild. In den Nischen nun stand, wirklich, der Hofstaat, dem wir dann in den nächsten Stunden zusahen. Vergangenheit und Gegenwart, Wirklichkeit und Spiel war da nicht mehr auseinanderzuhalten.

Diese Videos waren von Daniel Hertli und Alexander Meier. Eigentlich aber baut Barbara Ehnes fast immer Puchers Bühnen und Chris Kondek macht die Videobilder. Die Perfektion, mit der Bühne und Video zusammenspielen, mit der Kondek diese Videos baut, wie er verschiedene Zeiten und Gefühle durch Bilder anzuspielen versteht, wie er die Videos durch Verfremdung fast materiell, regelrecht erdig erscheinen lässt und wie genau und geschmeidig die Projektionen in den Ablauf der Aufführung integriert sind, das hat im Theater Schule gemacht und eine neue Generation von Videotheaterkünstlern angespornt.

Ein kleines Beispiel: Am Ende von *Die Ehe der Maria Braun* brennt ein Haus. Im Film ist das leicht darzustellen. Wie aber im Theater? An den Münchner Kammerspielen legte die Maria selbst Feuer, indem sie ihren Rock anzündete. Die kleine Flamme, mit der der Rock brannte, überlagerte sich mit einer Feuerprojektion auf diese Stelle. Diese Projektion wuchs und weitete sich dann – immer noch auf dem Rock – in den Hausbrand aus. Keine große Sache, aber gerade dadurch aufschlussreich: Diese Integration von technischen Ebenen in ein Spiel mit einem Spitzenrock wäre bei einem Regisseur wie Thomas Ostermeier, von dem diese Aufführung stammt und dessen Stärken eigentlich woanders liegen, noch vor einigen Jahren unmöglich gewesen. Hier war es wunderbar integriert. Kondek hat Pionierarbeit geleistet.

Am Deutschen Schauspielhaus in Hamburg hat Pucher 2004 Shakespeares *Othello* erarbeitet, eine seiner erfolgreichsten Aufführungen. Auch hier gab es einen genialen Anfang. Der Schauspieler Wolfram Koch kam aus dem Publikum, gab dann stockend eine Art Produktmanager oder Moderator, der sich immer trefflicher selbst anzupreisen verstand und erklärte, wie unverzeihlich es doch sei, dass er bei der letzten Beförderung übergangen wurde. Da entstand die Bosheit Jagos aus verletzter Eitelkeit. Jago war ein smarter, glatter Entertainer; Alexander Scheers pechschwarz angemalter Othello setzte dagegen die Aura des schwarzen Gangsta-Rappers. Pucher inszenierte den Konflikt zwischen Jago und Othello als Duell zweier Glamourfiguren, die Aufführung war voller aktueller Kommentare zum Thema Rasse. Sie zeigte zwei Kämpfer im großen Geschäft um den Glanz der Bilder, der hier als der eigentliche Krieg der Gegenwart erschien.

Vollkommener Popzauber war dann 2007 der *Sturm* in München. Man könnte sagen, mit diesem Stück kommt Shakespeare Pucher weit entgegen: Es entstand ein Abend aus dem Geist des Zauberers Prospero, der bei Pucher ein dunkler Meister immer neuer Bildwelten wurde, wie ein Theaterregisseur, gespielt von Hildegard Schmahl, die mit langem, glattem, grauem Haar, schwarzem Gehrock und schwarzen Cowboystiefeln wie ein erhabener, dämonischer Kolonialherr und verwegener Konquistador aussah.

Diese Aufführung ist wie die Erfüllung des Traums vom Pop-Theater. Ein Traum, den der Regisseur Stefan Bachmann, ein anderer sogenannter Pop-Regisseur, in einer verwandten Aufführung knapp zehn Jahre zuvor schon einmal in Basel geträumt hatte. Das war damals eine Inselfantasie. Bachmann näherte sich dem Theater, sich selbst und der Welt durch und durch ironisch. Peter Greenaways Film

■ Die Farbe Schwarz: Stefan Puchers *Othello* mit Alexander Scheer und Jana Schulz am Deutschen Schauspielhaus in Hamburg.

Prospero's Books war noch in den Köpfen, also bestand Bachmanns Bühne aus einem riesigen Buch, das neue Inselszenen freigab, wenn eine Seite umgeblättert wurde. So gut gelaunt die Aufführung war, so sauer war hinterher das Publikum.

Auch in Puchers *Sturm* klappten nun riesige Bühnenseiten um. Auch dieses Theater war ein Theater aus dem Geist des Pop, Marilyn Manson, Drag Queens, Gilbert & George, Punk traten auf. Es gab selbst komponierte Songs. Bei Pucher wird aus alldem eine überschäumende, sich verselbstständigende Bühnenwelt. Ein Abend voller Fantasien, Fantasmen und Selbstentwürfe, aber anders als in der fröhlichen Welt von Bachmann scheitern hier alle, sind lächerlich oder unbeholfen. Ein skeptischer, melancholischer und desillusionierter Blick liegt diesem Bildersturm zugrunde.

Hier, wie schon im *Othello*, wurde deutlich, warum das so ist: Der Popregisseur schaut (wie auch Johan Simons) vom – vorläufigen – Ende her auf die Geschichte. Die Trauer und Melancholie im Inneren des Pop kommt vom Wissen um die traurige Gegenwart. In der Balance verschiedener Stimmungslagen, die in dieser Aufführung entstand, zwischen Spiel, Magie, Skepsis und Melancholie, war Pucher dann wieder ganz nah an Shakespeares Zauberspiel. Wieder zeigte sich: Pucher liest Shakespeare und Tschechow mit der peniblen Hingabe, mit der er die Lieder der Beatles hört. Er ist einer der textverliebtesten Regisseure, die es gibt. Er ist skrupulös im Umgang mit dem Wort, das bei ihm etwas Auratisches zurückzubekommen scheint. Und er weiß, dass sich die großen Bühnen der Selbstdarstellung schon längst nicht mehr in unseren Theatern befinden, sondern dass das Theater der beste Ort ist, sich die Bühnen unserer Zeit anzusehen und zu durchleuchten.

*

Hier können nicht alle wichtigen Regisseure vorkommen, die zurzeit im deutschsprachigen Theater arbeiten. Im Gegenteil, nicht einmal die meisten der Regisseure, die einen oder mehrere Bausteine zur Regiesprache der Gegenwart beitragen, kommen hier vor. Bei einigen ist das Fehlen besonders auffällig: Der düster-pessimistische, kraftvolle und genresichere Martin Kušej, der lange ebenfalls düstere und sehr an Heiner Müller orientierte Dimiter Gotscheff, der Klassiker-Konzentrierer und -Destillierer Michael Thalheimer, der oben nur kurz gestreifte Stephan Kimmig und der großartige Jossi Wieler, ein bedächtiger Mann, der in die Stücke so genau hineinhorcht wie nur irgendjemand vor ihm. Wieler versteht seine Aufführungen als Interpretationen. Tatsächlich ist er ein Visionär. Er schafft es, Stücke bewegend und aufregend zu machen, von denen zuvor niemand etwas gehört hatte. Er kann Dramen vollkommen anders lesen, als man es erwartet hätte.

Alle Regisseure, die hier charakterisiert oder nicht charakterisiert wurden, stehen nicht für sich allein. Um sie herum hat sich eine Familie gebildet, die aus Schauspielern, Dramaturgen, Bühnenbildnern, Kostümbildnern und manchmal aus Musikern oder Videokünstlern besteht. Manchmal haben sie ein Haus als eine Art gemeinsamer Heimat, manchmal ist es nur der innere Zusammenhalt, der diese Gruppen immer wieder miteinander arbeiten lässt. Sie wissen, dass die Häuser ohnehin mit den Intendanten wechseln, dass es eine verlässliche Heimat im Theater immer nur auf Zeit gibt.

Die Regisseure, die hier beschrieben wurden, sind etabliert. Grob gesprochen sind es zwei Generationen. Mittlerweile gibt ist aber mindestens eine weitere Generation nachgerückt, Regisseure, die sich bereits einen Namen gemacht haben, die neue Theaterfamilien gegründet haben. Es ist noch zu früh zu sagen, wohin es da geht. Aber eines lässt sich schon jetzt festhalten: Diese Generation ist pragmatischer, unkomplizierter und vielleicht auch lustbetonter, sie muss keine grundsätzlichen Auseinandersetzungen mehr führen, sondern macht sich direkt daran, möglichst gutes Theater auf die Bühnen zu bringen. Diese Generation wirkt unbeschwerter, aber wahrscheinlich ist das ein Trugschluss. Diese jungen Regisseure heißen Florian Fiedler, David Bösch, Roger Vontobel, Barbara Weber, Barbara Bürk, Jette Steckel, Tilmann Köhler oder Jorinde Dröse, um nur ein paar Namen zu nennen.

KAPITEL 5

DAS DRAMA MIT DEN DRAMATIKERN

Der deutsche Dramatiker der Gegenwart ist eine umfassend und liebevoll gehegte und gepflegte Pflanze. Sein Verbreitungsgebiet ist groß, er tritt im Lande, übrigens auch in Österreich und der Schweiz, flächendeckend auf, die Dichte der Population ist beachtlich, allerdings – im Vergleich zu den Prosa schreibenden Autoren – nicht extrem hoch. Auch die öffentliche Reputation des Dramatikers wird durch die des erzählenden Autors übertroffen. Und unter den Autoren, die dialogische Texte schreiben, hat der Drehbuchautor in der Regel ein höheres Einkommen. Dafür wiederum ist das Ansehen des Dramatikers gegenüber dem Drehbuchautor größer.

Hier liegt mittlerweile eine eindeutige Arbeitsteilung vor, jeder Autorentyp hat seine Nische, jedes Tierchen sein Revierchen. Drehbuchautoren bestimmen das Bewusstsein, was gesellschaftlich relevante Themen wie Erderwärmung, Russenmafia, deutsche Türken oder auch das Bild von Städten angeht (wer kennt schon Münster, aber jeder kennt den *Tatort* aus Münster), Dramatiker aber sind für die zugespitzten Fragestellungen im Bereich des Großen und Ganzen, das heißt für die »Kunst« zuständig.

Das entspricht auch weitgehend der Arbeitsteilung zwischen Fernsehen (die deutsche Filmkultur ist im wesentlichen eine Fernsehkultur) und Theater. Im Bewusstsein des Fernsehens übrigens kommt das Theater nicht vor, außer wenn es mal für einen Tatort oder eine Serie eine ungewöhnliche Location zu finden gilt. Umgekehrt ist das ganz anders, das Theater träumt ausgiebig vom Fernsehen, auch wenn die Beeinflussung durch das Fernsehen und das Bewusstsein der Autoren, in einer Fernsehkultur zu schreiben, ihren Zenit bereits überschritten haben dürfte.

*

Obwohl der deutsche Dramatiker also von links und rechts, von Seiten des Erzählens und des Drehbuchs, in die Zange genommen wird,

ÖKODRAMA

geht es ihm besser denn je. Denn gepflegt und gehegt wird der deutsche Dramatiker von einer mittlerweile fast unübersehbaren Menge an Institutionen.

Allen voran der Lehrgang Szenisches Schreiben an der Universität der Künste in Berlin, den es mittlerweile seit fünfzehn Jahren gibt und den eine Menge bekannter oder mittelbekannter Dramatiker verlassen haben. Unter anderem sind es Marius von Mayenburg und Dea Loher, Katharina Guericke und Rebekka Kricheldorf, Thomas Oberender und Thomas Freyer, Darja Stocker und Anja Hilling, David Gieselmann und die zuweilen als Duo auftretenden Andreas Sauter und Bernhard Studlar. Anne Habermehl und Dirk Laucke heißen die letzten der Abgänger, die es zu ein wenig Ruhm gebracht haben. Aber nicht nur in Berlin, auch am Leipziger Literaturinstitut, in Bern oder bei den Gießener Theaterwissenschaftlern kann man zum akademischen Dramatiker ausgebildet werden.

*

Ursprünglich und bis heute sind die eigentlichen Förderer der Theaterautoren die sogenannten Theaterverlage, die eigentlich eher Dramatikeragenturen sind. Diese Verlage sind das Einzige, was ein Dramatiker neben einem Theater wirklich braucht, nämlich seine Rechte- und Interessenvertreter. Sie begleiten die Dramatiker bei ihrer Arbeit, überzeugen die Theater von den Stücken, handeln die Aufführungskonditionen aus und überwachen die Aufführungen im Sinne der Autoren. Daneben versuchen sie natürlich, manchmal auch durch Abwerbungen, die meistgespielten Autoren in ihrem Verlag zu versammeln. Es gibt diese Theaterverlage als Ableger großer Buchhäuser wie bei Rowohlt, S. Fischer, Gustav Kiepenheuer oder Suhrkamp. Es gibt sie aber auch als eigenständige kleinere Agenturen wie bei Henschel, Felix Bloch Erben, Nyssen und Bansemer, Hartmann und Stauffacher, Jussenhoven und Fischer oder dem Verlag der Autoren. Diese Theaterverleger sind die Nachtschattengewächse unter den das (Scheinwerfer-)Licht liebenden Bühnenarbeitern, sie entfalten ihre rege Tätigkeit meist im Verborgenen, dem Publikum deswegen weitgehend unbekannt, nur durch einen kleinen Vermerk im Programmheft sichtbar.

*

Ist der Autor ausgebildet, hieß das zumindest in der Vergangenheit noch lange nicht, dass er auch aufgeführt wurde. Lange Jahre, bis weit hinein in die Neunziger, scheuten die Theater Uraufführungen eher, vor allem wegen der Unsicherheit, die mit ihnen verbunden war. Deshalb schlug damals die Stunde der Stückemärkte (ein Wort, dem man seine Herkunft aus den Siebzigern durchaus anhört) und Autorentheatertage (ein Wort, dem man seine Entstehung in den Neunzigern ebenfalls mal anhören wird). Hier werden neue Stücke, meist in »szenischen Lesungen«, bühnenbildfreien Gruppenlesungen oder aninszenierten Regieschnellschüssen, die allerdings gern von den besten Kräften gemacht werden, dem interessierten Publikum vorgestellt. Das kann so quasi an der Produktion teilnehmen.

Entsprechend ist es oft Fachpublikum, das sich hier tummelt, Dramatiker, Dramaturgen diverser Häuser, alle Arten von Theater-Insidern und Kritiker, die sich als Trüffelschweine oder Frühwarnsystem versuchen. Will man einem Theater näherkommen, empfiehlt sich der Besuch solcher Veranstaltungen ganz besonders. Er macht wegen der familiär-vertrauten, angeregt-offenen Atmosphäre auch Spaß. Es gibt mittlerweile eine auch für den Spezialisten unübersehbare Menge solcher Einrichtungen. Die wichtigsten sind in Berlin, seit einiger Zeit unter dem Dach des Theatertreffens, in Heidelberg, in Hamburg und seit Kurzem auch in München. Jeder dieser Stückemärkte versucht sich ein eigenes Profil zu geben, was nicht einfach ist.

Der Urtypus, der von Berlin, sucht aus den vielen Einsendungen europäischer Autoren fünf Stücke aus, die während des Theatertreffens in Berlin in szenischen Lesungen vorgestellt werden. Fünf weitere besuchen den sogenannten Dramatikerworkshop. Einer dieser Autoren wird prämiert und dann »richtig« aufgeführt, ein anderer bekommt einen Werkauftrag, eine weitere und wesentliche Unterart der Autorenförderung. Das ist übrigens nicht das einzige Festival für junge Dramentalente in Berlin. An der Schaubühne gibt es eine Veranstaltung mit dem sprechenden Namen F.I.N.D., dem Festival Internationaler Neuer Dramatiker. Der Stückemarkt und dieses Festival haben nichts miteinander zu tun. Bei dem in den frühen Achtzigern lancierten Heidelberger Stückemarkt darf der Sieger des szenischen Lesens im nächsten Jahr mit einer richtigen Aufführung des Heidelberger Theaters das Festival eröffnen.

Die Autorentheatertage sind dagegen ein Kind des findigen Intendanten Ulrich Khuon, erst Hannover, zurzeit noch Hamburg, bald Berlin, und des Dramaturgen Michael Börgerding, der heute die Hamburger Schauspielschule leitet. Aus den eingesandten Texten wählt ein Juror, gern ein Kritiker, hier die besten aus, die dann von namhaften Regisseuren des Hauses in zweiwöchiger Probenzeit zu einem Zwitter zwischen szenischer Lesung und Aufführung gebracht und in einer langen Nacht der Autoren gezeigt werden (erstmals 1995). Mittlerweile werden in Hamburg daneben auch die wichtigsten deutschen Stücke einer Saison in Gastspielen vorgestellt. Da wollten dann auch die Münchner Kammerspiele nicht zurückstehen, seit 2003 gibt es hier das Wochenende der jungen Dramatiker, zum Teil werden hier auch Stückaufträge vergeben.

Überhaupt ist der Stück- oder Werkauftrag eine weitere Form der Autorenförderung, der Autor bekommt vor den Tantiemen eine garantierte Summe Geld und kann sich also ohne Druck an die Arbeit machen. Mittlerweile hat sich hier die Rollenverteilung umgekehrt: In manchen Fällen ist der Werkauftrag keine Autoren-, sondern eine Theaterförderung. Renommierte Autoren können durch einen Vorschuss an Häuser gebunden werden, für die sie sonst nicht unbedingt schreiben würden. Man sieht allein schon daran, wie das Ansehen des Autors seit dem Ende der Siebzigerjahre kontinuierlich gewachsen ist. Er gedeiht eben prächtig.

Die erweiterte Form des Werkauftrags ist der Hausautor, der nicht nur ein Stück schreibt, sondern sich an ein Haus bindet, um in der Stadt zu wohnen, am Theatergeschehen teilzunehmen und für das Theater Stücke zu schreiben. Das lässt sich dann manchmal auch in eine Dramaturgenstelle überführen. Seit Langem arbeitet etwa der Dramatiker Marius von Mayenburg als Dramaturg an der Berliner Schaubühne oder der Autor John von Düffel am Hamburger Thalia Theater. Die Bindung eines Autors an ein Theater erinnert an die guten Zeiten, als die Rollen noch nicht so eindeutig getrennt waren, als die Autoren, man denkt natürlich zuerst an Shakespeare und Molière, zuerst einmal Theaterpraktiker waren. Der Hausautor ist ein Kind der schlichten Erkenntnis, dass es für einen Dramatiker gut ist, wenn er in einem Theater arbeitet, dass es für ein Theater gut ist, wenn es einen Dramatiker im Haus hat. Der Dramatiker wird vom Schriftsteller zum Theaterarbeiter. Dieses Modell haben die deutschen Theater aus England übernommen, vor allem Thomas Ostermeier hat es – indem er sich am Vorbild des Royal Court orientiert und mit diesem Theater intensiv kooperiert – hierzulande durchgesetzt.

*

Außerdem gibt es Werkstatttage oder Autorenlabore, oder wie diese Einrichtungen auch immer heißen, mit leicht unterschiedlichen Profilen. Fast immer treffen sich hier junge Autoren an einem Theater, sprechen über ihre Arbeit, bekommen ein wenig Geld, kommen mit den Mitarbeitern des Theaters in Kontakt und schreiben dabei ein Stück. Die Wiener Werkstatttage, der Schweizer Dramenprozessor, das Autorenlabor in Düsseldorf (und auch der schon erwähnte Stückemarkt des Berliner Theatertreffens) arbeiten im Wesentlichen so.

Die ultimative Form der Autorenförderung hat im Übrigen Andreas Beck, der sich als Dramaturg seit Langem um Autoren verdient macht, nun am Wiener Schauspielhaus etabliert: Das Haus ist ein Theater für neue Stücke junger Autoren.

Der aktuelle Run auf das neue Stück hat viele Gründe. Dazu gehört: Es garantiert mediale Aufmerksamkeit. Das führt zu dem, was Moritz Rinke (seinerseits ein erfolgreicher Dramatiker) einmal verhalten boshaft den UGI nannte, den uraufführungsgeilen Intendanten. Der veranstaltet dann massenhaft Uraufführungen, die dann aber schon qua Masse schnell wieder vergessen und nicht noch einmal aufgeführt werden. Daraus wiederum hat man in Osnabrück, jeder Marktlücke ihr Festival, die Konsequenzen gezogen und das zurzeit hochgelobte Festival der Zweitaufführungen gegründet.

*

Damit sind wir dann fast durch. Denn hier, ganz am Ende der langen Kette des Hegens und Pflegens der deutschen Dramatik, steht das gute alte Mülheimer Festival, das den etwas merkwürdigen Namen *Stücke. Theatertage NRW* trägt. Hier werden von einem Kritikergremium meist acht Produktionen ausgewählt, die sie für das Beste halten, was die deutschsprachige Dramatik in dem Jahr hervorgebracht hat, sie alle werden in Mülheim in den wirklich oder angeblich besten Aufführungen gezeigt, und am Ende wird von einer Jury in öffentlicher Sitzung der Sieger gekürt. Da haben wir es dann: Das beste Stück der deutschsprachigen Dramatik, das andere Ende der langen Verwertungskette des Rohstoffs Autor.

Es geht ihm also prächtig, dem Theaterautor, nie ging es ihm so gut wie heute, denn nie war er für die Theater so wertvoll wie heute. Das Verhältnis von Theater und Autor scheint durch Wertschätzung, Kooperation und liebevolles Miteinander geprägt. Aber auch im Theater selbst beginnt man sich langsam darüber lustig zu machen, dass die Theaterlandschaft von geförderten Autoren überschwemmt wird. Ein eigener Markt sei da entstanden, mehr oder minder große Talente würden von einem Festival zum nächsten weitergereicht und hier ein freudloses und kümmerliches Dasein fristen. Die Rückkopplung mit dem normalen Aufführungsbetrieb klappe immer weniger. Eine eigene Nische der Talente sei entstanden, die im Übrigen alle irgendwie ähnlich schrieben, was kein Wunder sei, da sie ja eine ähnliche Sozialisation hinter sich hätten. Die Autoren würden also nivelliert in den Schreibschulen, es würden massenhaft mittelmäßige Autoren ohne nachhaltigen Erfolg gezüchtet. In Wirklichkeit würden zwar immer mehr Uraufführungen gezeigt, aber immer weniger moderne Dramatik, das heißt, die Stücke kämen auf den Spielplan, um dann gleich nach wenigen Aufführungen wieder abgesetzt zu werden. Auf den großen Bühnen würden zeitgenössische Autoren ohnehin nicht gezeigt. Es gebe in diesen Stücken eine inhaltliche Leere, man würde nicht erkennen, warum diese Autoren schreiben.

*

Dem deutschen Dramatiker mag es also mehr oder minder prächtig gehen. Das deutsche Drama aber gilt als Patient. Seit vielen Jahren, meint man, gibt es keine großen Stücke mehr. Die Letzte große Zeit, sagt man, war die von Thomas Bernhard und Heiner Müller, die beide tot und mittlerweile Klassiker sind. Davor gab es politisches Engagement, das man zwar allgemein für zweifelhaft hält, Stücke von Kroetz, Sperr, Fassbinder, Fleisser oder Brecht, dem es aber im Gegensatz zur heutigen Spielerei wenigstens ernst war. Der letzte in dieser Reihe mit einer guten Prise Bernhard, Werner Schwab, ist früh gestorben. Dann sind da Peter Handke und Botho Strauß, die beide nicht tot und Halbklassiker sind. Aber sie sind seit ihren merkwürdigen essayistischen Einlassungen über Serbien und Bocksgesänge keine Identifikationsfiguren mehr. Man sehnt sich nach ihren großen Stücken zurück. Aber wenn sie dann mal ein neues Stück schreiben, will man auch nicht so recht etwas davon wissen.

Eigentlich hätte Elfriede Jelinek seit den Neunzigerjahren Anspruch auf die Königinnenrolle im deutschsprachigen Drama: Nobelpreisträgerin, von den besten Regisseuren in guten Aufführungen gezeigt. Aber ihr Sprach-, Gedanken- und Diskurstheater wird von vielen für unsinnig und damit nicht für echtes Theater gehalten. Ihr wurden deswegen die realitätsgesättigten Engländer, vor allem Sarah Kane und Mark Ravenhill, entgegengehalten. Heute, nachdem die Engländer entweder auch tot, verstummt oder entmystifiziert sind, ist es dagegen gern Yasmina Reza, die schöne, mondäne Französin, die in Deutschland zum Vorbild wird. Sie wirft leichthändig Beziehungsstücke aufs Papier, die großartiges Rollenfutter sind und sie auch noch zur weltweit erfolgreichsten Dramatikerin machen. Man will offenbar immer das, was man nicht hat. Dass Roland Schimmelpfennig ebenfalls mit leichter Hand und äußerster Eleganz schreibt, dass er im Ausland enormen Erfolg hat, interessiert schon niemanden mehr so richtig.

*

Was ist los? Ist die Unzufriedenheit mit dem Drama eine Schimäre? Aber irgendetwas fehlt uns doch im Theater! Vielleicht sind ja auch wir, die Zuschauer, das Problem: Irgendetwas fehlt, aber niemand sagt deutlich, was ihm fehlt. Was fehlt, wir haben es gesehen, ist nicht die Förderung. Was fehlt, sind auch nicht talentierte Autoren. Sehr wahrscheinlich laufen im deutschen Sprachraum mehr Theaterautoren mit Talent herum als in jedem anderen Land. Und es fehlt auch nicht an Realität. Es wird immer noch so getan, als beschäftige man sich im Theater am liebsten mit »Sprachspielen«, tatsächlich aber gibt es im Theater mittlerweile Realität im Überfluss. Wenn Ihnen jemand vom verschrobenen, experimentellen Gegenwartstheater erzählt, dann glauben Sie ihm nur bedingt! Das heutige Drama ist durchaus ein Kind unserer Zeit. Medienwelt, Globalisierung und neue Formen von

Ausbeutung und der Widerstand dagegen sind in Theaterstücken ohnehin immer Thema. Was dem Theater auch nicht fehlt, ist eine kritische Haltung zur Gesellschaft. Im Gegenteil: Manchmal geht das so weit, dass man meint, das Theater – ausgerechnet das Theater – sei der letzte Ort echter linker Gesellschaftskritik.

Was fehlt, ist wahrscheinlich einfach der große Text. Es geht um das Erlebnis, um etwas wie Erschütterung, Bewegung, Staunen. Um Überraschung oder Begeisterung. Um die großen Fragen. An diese großen Fragen, Vorstellungen und Fantasien traut man sich im Theater nicht heran. Man schreibt nicht über das andere, das, was man nicht kennt. Der durch und durch bürgerliche Schiller hat fast nur über Adlige geschrieben, Kleist hat über Amazonen und Römer geschrieben, Shakespeare hat über alles geschrieben, nur unsere Dramatiker meinen, dass es eine besondere Qualität eines Dramas sei, wenn es aus der Welt kommt, aus der die Autoren kommen. Sie laufen einem Ideal von Authentizität und Ehrlichkeit hinterher, das immer und überall Stücke entstehen lässt, die alle echt, aber irgendwie alle gleich sind. Man sollte heute einen Preis für das erste Stück ausloben, das eine Staatsaktion darstellt, einen Wirtschaftskrimi erzählt oder historische Figuren auftreten lässt.

Es sagt im Theater zwar niemand, aber selbstverständlich ist es die Sehnsucht nach dem großen Stoff, die Romanbearbeitungen im Theater seit Jahren so beliebt macht. Es ist geschwindelt, wenn die Regisseure behaupten, dass es ihnen vor allem darum ginge, neue Erzählweisen auszuprobieren. Oder dass der Reiz von Romanstoffen darin bestehe, Material, das in einen Roman oder Film gegossen wurde, ins Theaterformat umzugießen. Es geht um den großen Stoff, der in den *Buddenbrooks* oder *Schuld und Sühne* zu finden ist.

*

Nun gibt es gute und schlechte Zeiten für das große Drama. Vielleicht leben wir einfach nicht in einer Zeit für große Stücke. Aber vielleicht

■ *Das letzte Feuer* von Dea Loher, am Thalia Theater inszeniert von Andreas Kriegenburg. Der Mann, der das Zimmer wechselt, ist Hans Löw.

ist unsere Zeit auch viel besser, als es aussieht. Ich mache hier drei Vorschläge für Stücke, die in letzter Zeit geschrieben wurden und auf irgendeine Weise ergreifend sind.

Zuerst ist da *Der Bus* des Schweizer Autors Lukas Bärfuss. Im Zentrum des Stücks steht eine junge Frau, die in einem Bus nach Tschenstochau sitzt und von der man nicht weiß, ob sie eine drogenabhängige Schwarzfahrerin oder eine Pilgerin zur Schwarzen Madonna von Tschenstochau ist. Genauso zweideutig ist der Busfahrer: Er könnte ein gewalttätiger Perverser sein oder jemand, der bei seinen Fahrten schon so manche schlechte Erfahrung gemacht hat und dem es damit reicht. Daraus entstehen vieldeutige, bedrohliche Dialoge, in denen Fragen nach Religion und Sinnvakuum behandelt werden.

Der zweite Text ist *Vorher/Nachher* von Roland Schimmelpfennig. *Vorher/Nachher* ist ein Stück für annähernd achtzig Personen, zwischen denen Schimmelpfennig fantastische Verbindungen knüpft. Er öffnet einen bedrohlichen Raum, der weit größer ist als unsere Erfahrungswelt, es handelt von Glühbirnen bis zu Zeitschleifen und Science-Fiction-Monstern. Ein Stück, das den Anspruch erheben kann, alle Daseinsbereiche, auch krude Fantasien, zu verbinden. Man kann in Schimmelpfennigs Stücken das erste Mal im Theater wirklich die Postmoderne sehen. Das kommt zwar spät, wirkt im Theater aber ganz anders als im Film oder im Roman.

Das dritte Beispiel ist Dea Lohers bereits erwähntes Stück *Das letzte Feuer*, ein Stück mit mehr chorischen und monologischen als dialogischen Elementen, darin durchaus postdramatisch. Gleichzeitig gibt es aber sehr klar gezeichnete Rollen und eine eindeutige Handlung, einen Unfall mit tödlichem Ausgang für einen Jungen. Dieser Unfall verknüpft die Personen, die irgendwie mit dem Jungen zu tun hatten. Sie alle sind durch den zufälligen Unfall von Mitleid, Trauer und der Unmöglichkeit, das Leben sinnvoll fortzusetzen, infiziert. Daraus entsteht, ein gar nicht so paradoxer Vorgang, wie man annehmen mag, Gemeinschaft.

Ob man diese Texte, und es sind alles Texte, die vor der Probenarbeit geschrieben wurden, mag oder nicht, Erschütterung, Bewegung, Staunen, die großen Fragen wird man in ihnen finden. Dabei dröhnen und tönen sie nicht bedeutungsschwer, sondern entwickeln sich aus eher nebensächlichen beiläufigen Vorgängen. Die Autoren nehmen es mit dem Ganzen auf, sie beschränken sich nicht auf ein Thema, sondern sie wollen es wissen: Wie ist es mit »dem Leben«?

*

Eigentlich müsste jetzt mal die Frage beantwortet werden, was das eigentlich heute ist, ein Drama. Aber die Unsicherheit darüber ist groß. Man weiß nicht einmal mehr richtig, ob Drama und Theater wirklich zusammengehören. Die sognannten Postdramatiker bezweifeln es. Dass Dramen geschrieben werden wie die Stücke von Bärfuss, Schimmelpfennig und Loher, schafft diese Unsicherheit merkwürdigerweise nicht aus der Welt. Genauso merkwürdig ist, dass jeder, der sich über das Drama Gedanken macht, irgendwann auf Aristoteles zu sprechen kommt. Man stelle sich vor, dass man, um Probleme mit der Raumfahrt oder dem Klima in den Griff zu bekommen, immer wieder zu Aristoteles' Schrift *Physik* greifen würde. Aber offenbar herrschen im Theater andere Gesetze als in der Naturwissenschaft. Während es in der Physik darum geht, die Erkenntnisse zu erweitern, geht es im Theater darum, die Erkenntnisse immer wieder zugänglich zu machen, immer wieder zu erneuern.

Zunächst einmal ist es sehr einfach: Ein Drama ist ein Text in Dialogen, ohne ein erzählendes, lyrisches oder sonst irgendein übergeordnetes Ich. Das Autoren-Ich ist im Drama, im Gegensatz zu anderen Schreibgattungen, nirgendwo festzumachen. Die spezielle Schwierigkeit des Dramas merkt man schnell, wenn man es laut liest.

Man weiß nicht, ob man den Namen der sprechenden Person mitlesen soll oder nicht. Tut man es, wirkt es plump, lässt man es bleiben, verwirrt man eventuelle Zuhörer.

Als Text funktioniert ein Drama erst richtig, wenn es auf mehrere Sprecher verteilt wird. Es ist also nicht wirklich zu sagen, wo ein Stück ist, bevor es gesprochen wird. Im Buch ist es jedenfalls nicht. Auch der Adressat bei einem Drama ist nicht eindeutig festzumachen. Es richtet sich nicht an einen Hörer oder Zuschauer, es richtet sich an eine Gemeinschaft. Der Adressat ist kein Ich, sondern ein Wir, selbst wenn man einem Stück, etwa auf einer Probe, allein zuhört, spürt man dieses Wir, für das man stellvertretend herhält.

*

Mit Beginn der Moderne wurde die Auflösung der klassischen Formen eingeleitet. Der Dialog, beziehungsweise seine Auflösung, spielt dabei die zentrale Rolle. Die Rolle der Handlung für das Drama wurde dagegen lange kaum beachtet. Wahrscheinlich aber ist die Frage der Handlung für das Drama noch zentraler als die des Dialogs, möglicherweise liegt in der Unsicherheit über den Stellenwert des Geschehens nicht erst seit den Postdramatikern der Kern der Unsicherheit über das Drama.

Auch wir werden diese Unsicherheit nicht aus der Welt schaffen. Wir können nur festhalten, dass es im Theater zurzeit ein neu erwachtes, aber unbefriedigtes Interesse an Handlung und Geschehen gibt. Dabei geht es aber nicht mehr darum, Roland Schimmelpfennig und Dea Loher machen das deutlich, verschiedene Szenen als Teile einer Handlung wie auf einer Perlenschnur aufzufädeln. Die Verknüpfungen wechseln jetzt die Ebenen, wie bei Schimmelpfennig, oder die Verknüpfung liegt in einem zufälligen Ereignis, dem Unfall, wie bei Loher. Es ist also mehr ein Geschehen als eine Handlung, Sinn produziert es immer nur vorläufig, ein Ziel, auf das alles zuläuft, gibt es nicht.

Die Frage nach dem Drama lässt sich ganz anders stellen: Kann man wirklich lernen, ein Autor zu sein? Das große Geflecht der Autorenförderung geht davon aus. Und es scheint ja recht zu haben: Außer der Literatur glaubt keine Sparte der Kunst ohne geregelte, fundierte Ausbildung auszukommen. Kein Schauspieler ist als Naturtalent an die Bühne gekommen, kein Musiker macht einfach so Musik, die bildenden Künstler haben ihre Kunsthochschulen. Nur beim Schriftsteller scheint sich bis heute widersinnigerweise das Bild vom Originalgenie zu halten, das einsam und in Auseinandersetzung mit sich selbst irgendwann in der Lage ist, ein großes Werk zu schaffen.

Wobei das nicht in allen Bereichen der schreibenden Zunft der Fall ist. Das bereits angesprochene Schreiben von Drehbüchern wird allgemein als Handwerk begriffen, niemand beim Fernsehen käme auf die Idee, den Drehbuchautor als Originalkünstler zu behandeln. Entsprechend gibt es hier eine fundierte Ausbildung: Drehbuchschreiben gilt als etwas, was man lernen kann. Es scheint also eine grundsätzliche Kluft zwischen Drehbuch und Drama zu liegen. Aber welche?

Wie groß die Welt ist, die zwischen Drehbuchautor und Dramatiker liegt, die doch beide Dialoge verfassen, zeigt übrigens auch, dass es keinen Dramatiker gibt, der für den Film schreibt, keinen Drehbuchautor, der Dramen schreibt. Peter Handke hat mal für Wim Wenders geschrieben, Stefan Dähnert hat tatsächlich vom Theater zum Film gewechselt. Eine weitere Ausnahme ist Andres Veiel, der, als er über einen Mord an einem Jugendlichen, den er recherchierte, keinen Film machen konnte, zunächst eine Theateraufführung erarbeitet hat. Ansonsten aber gibt es keine Berührung. Im Verlag der Autoren, ursprünglich ein Theaterverlag, gibt es seit vielen Jahren eine erfolgreiche Filmabteilung – einen Autor des Verlags, der in beiden Bereichen tätig wäre, gibt es aber nicht.

Was also liegt dazwischen? Die Antwort ist ganz einfach: die Kunst. Offenbar gilt das Theater als eine Kunstform, was es mit dem dramaturgisch geschickten Erzählen einer Geschichte, die immer noch der Kern des Films ist, nicht kompatibel macht. Das Schreiben fürs Theater erschöpft sich auch nicht in der Erfindung gelungener Figuren oder im Schreiben lebendiger Dialoge. Das Schreiben von Theaterstücken folgt anderen Gesetzen. Damit schränkt sich die gestellte Frage ein: Kann man Kunst lernen und lehren?

Da ist die Antwort dann ein schlichtes Nein. Handwerk, darüber besteht in allen Kunstschulen, vom Schauspieler bis zum Videokünstler, größte Einigkeit, kann man lernen, Kunst kann man nicht lernen. Bei Schauspielern und Musikern hat das Handwerk einen großen Anteil an dem, was sie tun. Und nur das kann man lehren. Das weiß man auch an der Berliner UdK sehr genau, Oliver Bukowski, der hier die angehenden Dramatiker betreut und selbst Dramatiker ist, hat jüngst in schöner Klarheit gesagt: »Schreiben kann man nicht lernen – aber wer es kann, dem können wir noch etwas beibringen.«

Werden also in Deutschland in massenweisen Institutionen lauter Dramenkünstler ausgebildet, obwohl man weiß, dass es nicht geht? Oder hofft man, dass nach ein paar Semestern eben doch der Künstler wie ein Phönix aus der Asche steigen wird?

Künstler und die Kunst umgibt nach wie vor etwas Dunkles. Und Kunst ist es, die nach wie vor im Theater erwartet wird. Es ist das unausgesprochene Gesetz: Mache Kunst! Irgendwie steckt das deutsche Theater in einer Kunstzwickmühle.

Eine der intelligentesten, praxisnächsten und schönsten Reaktionen auf diese verzwickte Situation hat in letzter Zeit ein – wer sonst? – Engländer gegeben. Simon Stephens, einer der besten Dramatiker, die es zur Zeit gibt, hat beim Stückemarkt des Berliner Theatertreffens zur Frage der Dramatikerausbildung eine Rede gehalten. Stephens glaubt nicht, dass es unmöglich ist, schreiben zu lernen, und hat sich deswegen überlegt, welche Eigenschaften man als Dramatiker braucht.

Es sind vier Punkte, die er gefunden hat. Neigung: Ein Dramatiker muss Theater machen wollen, er muss es sehr wollen, so sehr, dass es ihn wie eine Krankheit durchdringt. Alle guten Dramatiker, die er kennt, sagt Stephens, wollen arbeiten, arbeiten und noch mal arbeiten. Die zweite Eigenschaft ist Beobachtungsgabe: Man muss die Welt wahrnehmen können, die einen umgibt, und man muss das dauernd tun. Drittens müsse man die Welt unausgesetzt auseinandernehmen und befragen. Das heißt, der Dramatiker muss die Welt analysieren. Als vierte Eigenschaft nennt Stephens dann noch die Artikulationsfähigkeit. »Damit meine ich, dass man nicht nur packende und farbige Wendungen und Sätze schreiben, sondern durch eine Handlung Figuren erstehen lassen kann. Eine Bühne imaginieren. Verhalten zuordnen. Metaphern bauen.«

Allein der vierte Punkt ist es, der gelehrt wird. Auch Stephens sagt, dass er seinen Kurs am Royal Court Theatre vor allem auf den vierten Punkt abgestimmt hat. Der Clou seiner Rede aber liegt darin, dass er das Talent, das Genie, das, was nicht vermittelbar ist, in die Punkte eins bis drei überführt, in normale menschliche Eigenschaften, die wir auch mit Engagement, Neugier und Kritik übersetzen können. In solchen Begriffen aber versammelt sich, was man an den Dramen heute vermisst.

Es gab Zeiten, wo einem die Gesellschaft Engagement und Kritik quasi von selbst beigebracht hat, wo sie zum Widerspruch gereizt hat. Heute muss man diese Eigenschaften lernen. Es wird zu Recht darüber geklagt, dass Stücken Thema, Inhalt und Dringlichkeit, das Existenzielle und das Feuer fehlen, dass man nicht spürt, worum es dem Autor geht, dass genau das fehlt, worauf es ankommt. Das Schöne an Simon Stephens' Rede ist, dass das, worauf es ankommt, in normale menschliche Begriffe gefasst wird, in Eigenschaften, die sich üben lassen, über die man diskutieren kann, auf die man die Aufmerksamkeit richten kann, die man entwickeln kann. Sein Ansatz erschöpft sich nicht in dem Lamento, dass schwierige Zeiten oft bessere Kunst ergeben.

*

Damit haben wir viel über das Drama und Dramenpflege geredet und haben immer noch kein einziges gutes Drama. Aber wir sind einen entscheidenden Punkt doch ein Stück näher gekommen. Welthaltigkeit, Brisanz, Realität, Inhalt: All das, was Dramen oft fehlt, ist einem methodischen Zugang zugänglich. Und das heißt auch, dass man darüber diskutieren kann. Und das gilt auch für das Publikum. Dramen sind nicht per se schwer verständliche Wesen aus einer dunklen Sphäre der Kunst, die wir nicht verstehen. Damit kann auch mal Schluss sein. Das Drama kann dem Publikum zugänglich sein!

Wir haben von der Hingabe gehört, mit der der Dramatiker im Theater gepflegt wird. Den Gipfel erreicht die Zuneigung zwischen Theater und Dramatiker zurzeit in vielen überraschend stabilen Dramatiker-Regisseur-Ehen, wie sie schon im letzten Kapitel erwähnt wurden. Jürgen Gosch und Roland Schimmelpfennig, Andreas Kriegenburg und Dea Loher, Sebastian Nübling und Händl Klaus, Armin Petras und Fritz Kater sind stabile Regisseur-Dramatiker-Ehepaare. Das ist alles so gut eingespielt, funktioniert so prachtvoll, dass man fast Angst hat, zu fragen, ob das alles denn wirklich so stimmt.

Denn es gibt auch die Feindschaft zwischen Autor und Theater. Und es muss sie geben. Zum Beispiel gibt es den Satz, dass ein Dramatiker umso besser sei, je weniger Regieanweisungen er in sein Stück einbaue. »Die Autorin gibt nicht viele Anweisungen, das hat sie inzwischen gelernt. Machen Sie, was Sie wollen«, hat Elfriede Jelinek in ihrem Sportstück geschrieben. In *Rechnitz*, ihrem letzten Stück, sagt sie: Dass es der Regisseur, wie immer bei ihr, auch ganz anders machen könne, als sie es vorschlage. Sind solche Bemerkungen desillusioniert, sarkastisch oder weise? In jedem Fall steckt darin Resignation: Ihr macht ja eh, was ihr wollt.

Das Theater hat Jelinek ihre großzügig-hellsichtige Haltung gedankt und nie verziehen. Gedankt hat es mit großartigen Aufführungen, unter anderem von Einar Schleef, Frank Castorf, Jossi Wieler und Nicolas Stemann. Nachtragend war es, weil es sich immer wieder über die Autorin lustig gemacht hat. Schleef trampelte auf den auf die Bühne projizierten Worten des Textes herum, bei Castorf trat sie als Puppe mit Fotze auf, bei Stemann nur noch als Fotze *(Ulrike Maria Stuart)*, im Paar mit Marlene Streeruwitz, die dann auch rechtlich dagegen vorgehen wollte.

Jelineks Satz erinnert uns daran, dass Autor und Theater, im engeren Sinn Dramatiker und Regisseur, zwar aufeinander angewiesen sind, sogar einander ausgeliefert sind, aber auch einander misstrauen und sich insgeheim auch hassen. Zwischen beiden besteht Rivalität, beide haben ja Anspruch darauf, als der eigentliche Schöpfer des Abends zu gelten. In der Applausordnung bei Uraufführungen geht das Theater mit diesem Konflikt auf eine eigenartige Weise um.

Erst stehen wie immer die Schauspieler auf der Bühne und verbeugen sich. Beim zweiten oder dritten Applaus kommt dann der Regisseur nebst Bühnen- und Kostümbildner, Musik, Video, manchmal auch die Dramaturgie dazu. Und dann erst holt der Regisseur den Autor auf die Bühne. Dabei gibt er sich fast immer den Anschein, dass er nicht wisse, wo der Autor ist. Er tut so, als sei der Autor einer, der wie immer irgendwo im Verborgenen sitzt und man müsse ihn nun in eine andere Sphäre, nämlich ans Licht ziehen. Gleichzeitig legen er und die Schauspieler dem so Herabgewürdigten beim Applaus, der nun ganz seiner ist, sich aber gänzlich zu Füßen und feiern ihn als den eigentlichen Urheber des Abends.

Man sieht daran, dass sich Theater und Autor in einem tiefgreifenden Kampf befinden. Dieser Kampf scheint im Theater der Gegenwart mit seiner Autorenpflege nicht stattzufinden. Nichtsdestotrotz gibt es ihn und er ist für das Theater wesentlich. Es gibt ihn, seit es im Theater so etwas wie Regie gibt, es gibt ihn sicher, seit der Autor Anton Tschechow und der Theatermann Konstantin Stanislawski zusammengearbeitet haben, und wahrscheinlich gibt es ihn schon viel länger.

KAPITEL 6

ALTE STÜCKE

Ein paar Dutzend Dramenfiguren, dachte man lange, sind einfach nicht totzukriegen. Na ja, muss man von heute aus gesehen schlicht sagen, na ja, so kann man sich täuschen. Wenn man heute von einem jungen, schlanken, intelligenten Mann spricht, einem Mann mit Hang zur Melancholie, zu Selbstzweifeln, zu ungewöhnlichen Ideen und zu einem gewissen moralischen Rigorismus, einem klassischen Intellektuellen also: Denkt da jemand an Hamlet? Vorbei ist die Zeit, als Dramenfiguren die Blaupausen bestimmter Typen waren.

Genauso wenig wird jemand an Faust denken, nur weil man von einem wissbegierigen Menschen spricht – die andere Art von Intellektuellem übrigens, wie ihn das Theater vorgestellt hat: verschrobener, dafür aber nicht ganz so grüblerisch wie der junge Däne Hamlet. Selbst Faust und Hamlet, neben Romeo und Julia die wahrscheinlich berühmtesten Theaterstücke überhaupt, zumindest in Deutschland, sind nicht mehr sprichwörtlich, sind nicht mehr mit einer bestimmten Vorstellung verbunden, sind nicht mehr Teil der alltäglichen Kommunikation und Vorstellungswelt.

Man kann es sich einfach machen und sagen, das ist das Ende des Theaters. Das Vergnügen an theatralen Gegenständen ist deutlich gemindert, wenn man nicht diese Figuren – und ein paar andere auch noch – irgendwo im Kopf mit sich herumträgt. Das Theater ist Variation. Die meisten Personen, die hier auftreten, sind Variationen von Grundmustern. Wenn man diese Grundmuster nicht kennt, wenn man kein Gefühl für sie hat, macht die Sache einfach nicht so viel Spaß.

Auf der anderen Seite liegen die Dinge weit weniger schlimm, als es aussieht. Man muss diese Welt nicht unbedingt mit Goethe und Shakespeare kennenlernen. Die Figuren, um die es geht, kommen auch in Filmen, Spielen, Büchern oder Comics vor. Sie tauchen überall dort auf, wo irgendwie Geschichten erzählt werden. Die Muster sind immer die gleichen, die Grundkonstellationen bleiben.

„So, Wilhelm Tell ist nackt, der Sohn ist nackt – jetzt müßte eigentlich nur noch der Apfel geschält werden!"

Und übrigens hat es auch gar keinen Sinn, die Stücke zu genau zu kennen. Man wird dann mäkelig. An manchen Kritikern ist es deutlich abzulesen. Kennt man ein Stück genau, kann man gar nicht anders, als die Aufführung mit dem Text zu vergleichen, nach Änderungen und nach Fehlern zu fahnden. Natürlich darf das jeder halten, wie er will, aber wirklich freudvoll und lustbetont stelle ich mir diese Art des Zuschauens nicht vor.

*

Trotzdem ist man mit Shakespeare im Vorteil. Denn er macht einem die Sache ziemlich einfach. Es gehört nämlich ganz unbedingt zu Shakespeares überragender Bedeutung, dass er der Dichter ist, der den meisten dieser Figuren ihre Form gegeben hat. Am besten nennt man sie vielleicht »Charaktere«. Die Verbitterung eines alten Mannes darüber, dass ihn seine Tochter nicht so liebt wie einen jungen Mann, der ihr gefällt, ist in König Lear Figur geworden. Wie man Enttäuschung und Verzweiflung in die Welt hinausschreit, eine Enttäuschung und Verzweiflung, die dann weit über das Familienunglück Lears hinausgeht, hat in der Sturmszene des Stückes wahrscheinlich für immer das Vorbild. So wie wahrscheinlich jede machtgeile Ehefrau am Ende doch eine Lady Macbeth sein wird. Nirgends gibt es eine solche Konzentration von Charakteren, die stellvertretend für menschliche Eigenschaften geworden sind.

Eifersucht, die ja immer dazu tendiert, grundlos zu sein, wird niemals, so kommt es uns vor, eine gültigere Form als im *Othello* bekommen. Das von Jago geschickt angestachelte Misstrauen berührt so stark, weil es vollkommen grundlos ist. Kein Herz wird jemals reiner sein als das von Desdemona, Othellos Frau. Mit Ausnahme vielleicht das ein paar anderer junger Frauen, die Shakespeare erfunden hat: Cordelia aus dem *Lear*, die jüngste Tochter des alten Mannes, die ihr Herz nicht auf der Zunge tragen will, oder Ophelia, die über Hamlets Weltekel wahnsinnig wird.

Romeo und Julia werden immer das Liebespaar sein, das das Vorbild für Treue bis in den Tod abgibt. Die beiden werden immer für den schönen Eigensinn der Liebe stehen, der sich gegen den stumpfen Eigensinn verfeindeter Familien auflehnt. *Romeo und Julia* ist das Stück, in dem das zugleich zarte und bedingungslose Aufbegehren der Jungen gegen eine verfahrene Welt in Worte gefasst ist. Aber nicht nur die zarte Liebe, auch andere Spielarten haben bei Shakespeare ihre Zuspitzung erfahren. Auch die Spötterin der Liebe hat Shakespeare in Berenice aus *Viel Lärm um nichts*, die ich schon in der Einleitung dieses Buches erwähnt habe, Figur werden lassen. Er hat mit Malvolio den lächerlichsten Liebenden erfunden, den man sich vorstellen kann, dieser Malvolio ist in den gelben Strümpfen, in denen er sich präsentiert, immer wieder die Mensch gewordene Peinlichkeit.

Shakespeare hat mit Falstaff den intelligenten Völler und Säufer zu einem großen Charakter gemacht, anarchistisch und opportunistisch zugleich, ungemein vital, großmäulig, schlagfertig und gewitzt. In Deutschland ist Falstaff, der in gleich vier Stücken Shakespeares auftritt (*Heinrich IV.*, Teil 1 und 2, *Heinrich V.*, *Die lustigen Weiber von Windsor*), anders als in England keine der berühmtesten Shakespearefiguren, mancher Shakespearekenner ist aber der Meinung, dass Falstaff die größte Shakespearefigur überhaupt ist. Und Harold Bloom glaubt sogar, dass Shakespeare selbst, wenn er denn irgendeiner seiner Figuren glich, dem Falstaff am nächsten kam.

Auch für die Bosheit hat Shakespeare die gültige Form gefunden: Macbeth und seine Frau, Jago, der aus Neid Othello, Desdemona und deren Liebe zerstört, sind Spielarten. Richard III., der sogar die Frau dessen verführen will, den er gerade hat umbringen lassen. Perfidie, Berechnung, Schlauheit und Skrupellosigkeit sind nirgendwo so eng vereint wie bei Shakespeare. Er hat die gallenbitteren Ironiker Touchstone, Jacques und den Narr aus *Lear* erfunden. Und am Ende, so scheint es wenigstens allen Dramenliebhabern, hat dieser Shakespeare in Prospero, dem Zauberer des *Sturm*, der allgemein für sein letztes Stück gehalten wird, alle diese Figuren zu einer Art höherer Weisheit zusammengeführt. »Nach Gott hat Shakespeare am meisten geschaffen«, hat James Joyce gesagt.

Es sind nicht nur diese Charaktere, für die Shakespeare bis heute gültige Formen gefunden hat. Auch die Genres und Situationen haben bei ihm zu sich selbst gefunden. Bis heute orientiert sich Theater (und Film) daran. Zu Tragödie und Komödie kommt bei ihm noch das Historiendrama, sozusagen der Historienschinken im Cinemascope-Format des Theaters. *Titus Andronicus*, eines der ersten Stücke, die Shakespeare geschrieben hat, ist bis heute die Urform des Splatter-Dramas – seine Zeit hat die grausigen Stoffe und Bearbeitungen geliebt.

Fantasy gab es bei ihm auch: Die spinnwebartige Traumluft, die in jugendlichen Liebesverstrickungen weht, ist im *Sommernachtstraum* Theater geworden. Das ganze Stück ist eine Art verzauberter Königshof. Und wenn es einen Ort gibt auf dieser Welt, der für die Liebe wie geschaffen scheint, dann ist es der Ardenner Wald aus *Wie es Euch gefällt*, fern der Zivilisation, wo Menschen ihre wahren Gefühle entdecken können.

Shakespeare hat das Schicksal der Juden im *Kaufmann von Venedig* auf erschütternde Weise zum Thema gemacht, obwohl er wahrscheinlich kein Philosemit gewesen ist und auch keine Juden kannte – die gab es damals in England nicht. Die ganze Verbitterung und Sehnsucht des Ausgestoßenen liegt in dem berühmten Monolog »Hat nicht auch ein Jude Augen, Hände, Gliedmaßen?« Genauso wie Shakespeare das Drama des schwarzen Mannes mit dem *Othello*, dem Mohren aus Venedig, beschrieben hat. Shakespeare ist nun einmal universell, sein Kosmos des Menschlichen ist gewaltig, so gewaltig, dass wirklich niemand, kein Regisseur, kein Schauspieler, kein Wissenschaftler, ihn auszumessen vermag.

Ähnliches, allerdings nicht mit dieser Fülle, ließe sich über ein paar andere Dramatiker sagen. Aischylos, Sophokles und Euripides, die drei griechischen Tragiker, Tschechow und Ibsen, Schiller und Kleist und noch ein paar andere mehr haben ebenfalls Figuren, Situationen und Stimmungen erfunden, die Evergreens des Theaters geworden sind. Das Vertrackte ist nun eben, dass diese Evergreens gar nicht mehr so ever sind. Erst sind diese Figuren bürgerliches Bildungsgut geworden, was sie nicht immer waren, und dann sind sie gemeinsam mit diesem Bildungsgut verschwunden. Jetzt stehen sie in diversen Schauspielführern herum und führen dort eine etwas angestaubte Existenz.

Da wird es auch nichts bringen, das Ganze weiter einzudampfen, auf die absoluten Kernbegriffe zu reduzieren und hier einen weiteren Kurzschauspielführer, ein »Best of Bühne« sozusagen, durchzunehmen. Davon haben wir tatsächlich genug. Aber ich will Ihnen nichts vormachen, dem Vergnügen ist es nicht abträglich, wenn man ein wenig Ahnung hat, und Ahnung vom Theater heißt meiner Meinung nach zunächst, dass man Faszination für den gewaltigen Kosmos empfindet, den die Dramen in den vergangenen zweieinhalbtausend Jahren entfaltet haben.

Vielleicht origineller und zielführender als ein Dramen-Digest ist es, wenn wir uns hier von etwas Ehrfurcht und Erregung für den doch an sich schlichten Gedanken ergreifen lassen, dass das Theater dann eben doch der einzige Ort ist, mit Ausnahme der alten Baudenkmäler, wo Vergangenheit wirklich präsent ist. Allein mit der Architektur teilt das Drama den unmittelbaren Bezug zur Vergangenheit. Die Bauwerke der Antike können wir anfassen, die alten Dramen werden auf der Bühne lebendig. Das ist wirklich ein außerordentlicher Vorgang: Der Lauf der Zeit wird ein Stück weit rückgängig gemacht.

Das ist ein Wunder, an das man sich gewöhnt hat. Jeden Abend werden überall im Land Texte aufgesagt und gesprochen, die zweihundert, fünfhundert oder mehr als zweitausend Jahre alt sind. Es wird ihnen von einer mehr oder minder großen Menschenmenge dann doch ziemlich andächtig zugehört. Die Zuhörer tun so, als würden diese Worte im Moment erfunden, als würde etwas Neues, etwas Aufregendes, etwas Bedeutsames gesagt, als wären es lebendige Worte für den Menschen von heute, die da fallen, als wären sie ein wirklicher Bestandteil der Gegenwart.

Das ist doch, näher betrachtet, ein großes Mysterium, merkwürdiger sogar als ein Gottesdienst, weil es ähnlich rituell, aber viel säkularer ist, was im Theater stattfindet. Es ist so, als würden im Theater Abend für Abend die Geister der Vergangenheit beschworen und lebendig gemacht. Es ist ein eigenartiger Ritus, dem Schauspieler und Zuschauer gleichermaßen huldigen. Je nachdem, wie man darauf schaut, kann man darin sogar einen ziemlich gruseligen Vorgang sehen, bei dem man die Hamlets und Julien nicht sterben und ruhen lassen kann.

*

Man kann das alles natürlich auch viel nüchterner sagen: Das deutsche Stadttheater mit seinen vielen Klassikeraufführungen ist ein Speichermedium erster Güte geworden. Es ist so flüchtig, wie das gesprochene Wort nun mal ist, es ist die einzige Kunst, von der nichts bleibt, außer vielleicht ein paar Ton- oder Bildaufnahmen, die aber immer schal wirken, und doch ist nirgends, nicht in der Musik und nicht in der Literatur, die abendländische Geschichte so drängend präsent wie auf der Bühne.

Dabei ist es äußerst merkwürdig, dass sich in den vergangenen Jahren, in denen doch eine Rückbesinnung auf unsere europäischen Werte stattgefunden haben soll, das Interesse am Theater trotzdem nicht sprunghaft gestiegen ist. Nirgendwo bekommt man doch die sogenannten europäischen Werte einfacher präsentiert als hier. Hier werden die Vorstellungen, denen man sich irgendwie verpflichtet

fühlt, erzählt, aktualisiert und befragt. Genau das ist ja das sogenannte Regietheater. Hier wird unsere Sache mit alten Texten verhandelt, es wird gefragt, was uns die alten Texte zu sagen haben, womit sie
uns helfen können.

Anstatt sich davon anstecken zu lassen, wird das Verhältnis des
Theaters zur Vergangenheit immer und immer wieder mit Begriffen
wie Werktreue diskutiert. Sogar der amtierende Bundespräsident hat
sich mit dem Ausspruch »Ein ganzer Tell! Ein ganzer Don Carlos! Das
ist doch was!« vor einigen Jahren in diese Diskussion eingemischt
und der Werktreue das Wort geredet. Es ist, sagt Horst Köhler, ein
Wert an sich, wenn man Schillers Dramen ungestrichen vorgetragen
bekommt. Da ist natürlich etwas dran. Auf der anderen Seite würde es
auch Horst Köhler unerträglich langweilig und verstaubt finden,
wenn er im Theater dauernd ungestrichene Fassungen in werktreuen
Inszenierungen sehen würde. Aber egal wie man das sieht, eines ist
doch klar: Auch in solchen Worten wie denen Köhlers wird deutlich,
wie sehr das Theater überall als Ort der Vergangenheitsvergegenwär-
tigung gesehen wird. Insgesamt gesehen ist die Situation also paradox: Jeden Abend werden die Stücke wie in einem Ritus zelebriert,
aber niemand nimmt so richtig ernst, was dabei herauskommt. Auch
wir werden diesen gordischen Knoten hier nicht lösen und nicht zerschlagen können.

*

Stellen wir noch einmal die Frage, die bereits im letzten Kapitel gestellt wurde: Was ist ein Drama? Wie alle wirklich Epoche machen-
den Erfindungen der Menschheit kommt auch das Drama aus dem
Dunkel. Wahrscheinlich hat es sich aus dem Gesang entwickelt, eine
Person trat aus der Reihe des Chors und trat ihm mit einer Art Gegen-
gesang gegenüber. Die Entwicklung und vollständige Entfaltung des
Dramas (die für uns vor allem eine der Tragödie ist) ging dann in ra-
senden Schritten über drei griechische Dichter vonstatten. Es hat nur

ein paar Jahre gebraucht, dass der Schritt eines Sängers aus dem Chor heraus zu voll entwickelten, individuellen Figuren führte, die in Konflikten mit den Göttern, den Menschen und sich selbst zerrieben werden.

Die drei Griechen, die das Drama entwickelt haben, heißen bekanntlich Aischylos, Sophokles und Euripides. Mit ihnen ist das Drama vollständig da, sehr viel ist seitdem nicht verändert worden oder dazugekommen. Diese Entwicklung fand in einem sehr kurzen Zeitraum statt, man muss sich immer wieder klarmachen, dass nicht nur Euripides, der modernste der drei, Aischylos-Aufführungen sah, sondern auch Aischylos, der altmodischste, Aufführungen von Stücken des Euripides. Die drei Erfinder des Dramas lebten mehr oder minder gleichzeitig.

Anfang und Endpunkt der Geschichte der großen griechischen Tragödien, wie sie uns überliefert sind, sind zufällig. Es gibt wahrscheinlich ältere und jüngere Dramen, die wir nicht kennen. Trotzdem sind der Anfang und das Ende dieser kurzen Geschichte ein treffendes Beispiel dafür, was in Dramen verhandelt wird und wie sie miteinander kommunizieren. Das kann übrigens ebenfalls eine erregende Entdeckung sein: Die Stücke kommunizieren nicht nur mit uns, wenn sie aufgeführt werden, sie kommunizieren auch untereinander. In der Wissenschaft nennt man das Intertextualität. Das Wort vermittelt aber nichts von der Spannung, die darin liegt, dass ein Schriftsteller den anderen weiterschreibt, umschreibt und vielleicht sogar verbessert.

*

Das erste Theaterstück, das vollständig überliefert ist, sind *Die Perser* von Aischylos, aufgeführt 472 vor Christus. Athen unter Perikles war damals eine Demokratie. Auch der zeitgeschichtliche Hintergrund des Stückes ist vergleichsweise bekannt. Die Perser waren das weitaus mächtigste Volk der Erde, ihr großes Reich erstreckte sich im Westen bis in die heutige Türkei. Die Griechen, besser die Ionier, waren aus Sicht der Perser ein unbedeutendes, unkultiviertes Völklein am Rande ihres riesigen Reichs. Sie wagten einen Aufstand und mussten für ihre Unbotmäßigkeit bestraft werden. Auch das aus persischer Sicht eine vergleichsweise unbedeutende Angelegenheit.

Wie wir wissen, endete die Auseinandersetzung zwischen Griechenland und Persien aber mit dem Sieg der Griechen, die griechische Kultur erlebte danach eine kurze, aber bis heute strahlende Blüte, das persische Weltreich versank. Die Seeschlacht bei Salamis mit der Vernichtung der persischen Flotte unter Xerxes war der Höhepunkt dieser Auseinandersetzung. Die attische Bevölkerung war auf die Insel Salamis evakuiert worden, es ging ums Ganze, Leben und Tod, Sklaverei oder Freiheit. Das war im Jahr 480 vor Christus.

Nicht einmal ein Jahrzehnt später führte Aischylos dann sein Drama auf, das diesen heute noch immer welthistorischen Vorgang, die erste Auseinandersetzung zwischen Orient und Okzident, zum

■ Das erste überlieferte Stück der Theatergeschichte: *Die Perser* von Aischylos, hier am Schauspielhaus Zürich mit Catrin Striebeck als Königsmutter Atossa.

239

Vorbild hatte. Damals aber war es kein welthistorischer Vorgang, sondern unmittelbare Geschichte. Eine Geschichte, die mit den Konsequenzen so kompromisslos und bedrohlich gewesen war, dass das Wort »Schicksal« dafür fast noch schwach erscheint.

Das absolut Erstaunliche ist, dass sich in Aischylos' Drama keinerlei revanchistische oder hasserfüllte Gedanken über Perser finden. Im Gegenteil: Aischylos nimmt den Standpunkt der Perser ein! Der Chor besteht aus alten persischen Adligen, er berichtet eingangs von der gewaltigen Streitmacht und der Vielzahl der Stämme, die Xerxes zusammengezogen hat. Nach der Niederlage dieser gewaltigen Streitmacht versetzt sich das Stück in die Lage der Verlierer, es vollzieht nach, was die Perser erlebt haben mochten. Es versetzt sich in die Situation des Gegenübers, der noch vor Kurzem der bedrohliche Feind war. Auch dieser großartige Wechsel des Standpunkts ist ein Beginn des Dramas, er ist die Voraussetzung dafür, dass im weiteren Verlauf der Geschichte, nicht nur der des Theaters, die Figuren eines Dramas für sich sprechen können.

Dass Aischylos' *Perser*, Teil zwei einer Tetralogie, überliefert ist, verdankt sich wohl auch der Beliebtheit des Stückes bzw. der Bedeutung, die ihm gegeben wurde. Man kann sich die Erregung vorstellen, die allein darin liegt, die Perser selbst auf der Bühne zu sehen.

*

Und nun, wahrscheinlich 408 vor Christus entstanden, wahrscheinlich 405 nach dem Tod des Euripides posthum uraufgeführt, dagegen *Die Bakchen*. Dieses Drama ist wie ein später Reflex auf den knapp achtzig Jahre zurückliegenden Beginn der Dramatik. Dionysos kehrt hier in seine Geburtsstadt Theben zurück. Er kommt, wie die Perser, aus dem Osten. In Theben will er die Ehre seiner Mutter Semele wiederherstellen. Und auch er ist, wie die Perser, eine Gefahr. Aber eine Gefahr, die nicht mehr von außen, sondern von innen kommt. Dionysos, der Gott des Theaters, will den Thebanern seine Macht demonstrieren, eine Macht, die die aufgeklärten Skeptiker vergessen haben. Dionysos versetzt die Thebanerinnen deswegen in einen Rausch, der sie zu wilden Bacchantinnen macht, zu Bakchen eben, und die Pentheus, den König Thebens, der den modernen Geist der Stadt repräsentiert, in diesem Rausch in Stücke reißen.

Das ist das Ende der griechischen Tragödie, die Griechen zerfleischen sich selbst. Euripides erzählt dieses Ende, indem er den Blick auf den Anfang lenkt, die dionysischen Riten. Sein Stück, so archaisch es wirkt, ist auch eine Reflexion der Geschichte des Dramas, ein Reflex auf den Beginn. Bei Aischylos widerstanden die Griechen der kriegerischen Gefahr aus dem Osten, bei Euripides gehen sie an der Irrationalität aus dem Osten zugrunde.

Dass das nicht nur freundliche Reflexion war, sondern wirklich Qualitäten eines Streits hatte, kann man den *Fröschen* entnehmen, einer Komödie des Aristophanes. Das Stück wurde kurz nach dem Tod des Euripides geschrieben. *Die Frösche* spielen in der Unterwelt, wohin Euripides kommt und wo er Aischylos fünfzig Jahre nach dessen Tod den Ehrenthron des Tragikers streitig macht.

Wir lassen hier offen, wie sich Dionysos, der auch hier als Gott des Dramas gefragt ist, entscheidet. Wichtig für uns ist vielmehr: Man sieht, wie die Dramen ständig miteinander kommunizieren, wie sie selbst ihre Geschichte weiterschreiben. Die Geschichte des Dramas ist eine Geschichte, die sich aus sich heraus fortschreibt. Das Theater ist ein ewiges Gemurmel der Stücke untereinander.

*

Vergleicht man *Die Frösche* mit den *Persern,* wird ein Umstand deutlich, auf den Friedrich Dürrenmatt aufmerksam gemacht hat. Der wesentliche Unterschied zwischen dem Tragiker und dem Komödiendichter liegt nicht nur darin, dass die einen traurige und die anderen lustige Stücke schreiben, das weiß nun jeder, ein wesentlicher Unterschied liegt im Einfall, sagte Dürrenmatt in einer sehr schönen, weitgehend unbekannten Beobachtung. Die unerhörte Kunst der Tragödiendichter habe darin bestanden, keine Einfälle nötig gehabt zu haben. Ihre Stoffe kommen aus den Mythen, sie sind Bearbeitungen, Fortschreibungen bereits vorhandener Stoffe.

Schon im Beginn des Dramas steckt also – nach dieser Beobachtung – der Vorgang des Weiterschreibens, des Umdenkens und Veränderns. Anders dagegen, so Dürrenmatt, die Komödie. Sie lebe vom Einfall, sie sei wesentlich Einfall. Jedes der Stücke des Aristophanes habe eine Idee, aus der heraus sich der Witz ergibt. In den *Fröschen* ist das der Wettstreit um die Dichterkrone in der Unterwelt, den Dionysos entscheiden muss. Damals ein durchaus neuer Einfall.

Die Personen der Tragödien sind abstrakte Figuren, die Personen der Komödie konkrete Figuren der Zeit, wie eben Euripides, den Aristophanes ziemlich auf dem Kieker hatte und nicht nur in den *Fröschen* lächerlich gemacht hat. Sieht man sich jetzt die *Bakchen* noch einmal an, sieht man sehr schnell, dass für sie Dürrenmatts schöne und richtige Regel nicht gilt: Auch die Bakchen leben von einem Einfall, der Rache des Dionysos. Vielleicht war es das, was der Tragödie den Todesstoß versetzte, vielleicht war es auch das, was Aristophanes an Euripides nicht gefallen hat.

Zwischen Aischylos und Euripides stand Sophokles, der vielen, darunter möglicherweise auch Aristophanes, als der größte der Dichter galt. Aus dem Wettstreit in der Unterwelt hält Sophokles sich vornehm heraus. Dieser Sophokles ist der Schöpfer des *Ödipus* und der *Antigone*, die als Modelle des Dramas, der Entwicklung einer tragischen Erkenntnis und eines tragischen Konflikts, bis heute nicht übertroffen worden sind. Wir wissen nicht besser, was es heißt, ein Mensch zu sein, als durch das, was in diesen Dramen des Sophokles niedergelegt ist.

Sieht man sich die weitere Geschichte des Dramas an, wird man feststellen, dass es nicht nur die Dramatiker sind, die auf Dramen geantwortet haben. Gerade das Beispiel des *Ödipus* und der berühmten Interpretation durch Sigmund Freud beweist die bedeutsame Kraft, die diese Tragödien noch viele, viele Jahrhunderte nach ihrer Niederschrift und Aufführung für das Nachdenken des Menschen über sich selbst hatten.

*

Die weitere Geschichte des Dramas hat nicht mehr die schöne Übersichtlichkeit und Folgerichtigkeit des Anfangs. Und doch kann man sie, wenn man will, als eine ganz einfache Geschichte erzählen. Nach der griechischen Blüte gab es eine zweite, eine gesamteuropäische Blüte, die im sechzehnten Jahrhundert begann und im neunzehnten Jahrhundert endete. Es gab hier am Anfang den Tragiker und Komödianten Shakespeare bei den Engländern, den Komödiendichter Molière und etwas später die klassischen Tragiker Racine und Corneille bei den Franzosen, den schwergewichtigen Hofdichter Calderón und den leichtfüßigen Lope de Vega bei den Spaniern und noch etwas später die gut gelaunten Gozzi und Goldoni bei den Italienern, die die überall, besonders aber in Italien gepflegte Commedia dell'Arte in geschriebene Worte gefasst haben. Dann kam, verspätet, aber vielfältig, die Blüte des deutschen Dramas, mit Lessing, Schiller, Kleist und Büchner. Ob der Geheimrat Goethe in diese Reihe zu setzen ist, darüber gehen die Meinungen unter Theatermachern durchaus auseinander.

Und dann, im neunzehnten Jahrhundert, begann die Geschichte des Dramas vollends unübersichtlich zu werden, mal hier ein großer Dichter, mal dort ein großer Dichter. Die Höhepunkte am Ende des neunzehnten und zu Beginn des zwanzigsten Jahrhunderts waren, Gerhart Hauptmann möge uns verzeihen, in Norwegen mit Henrik Ibsen und August Strindberg, in Russland mit Anton Tschechow und in den USA mit Eugene O'Neill und Tennessee Williams, die man beide als Dichter des neunzehnten Jahrhunderts ansehen kann, auch wenn sie bis zur Mitte des zwanzigsten geschrieben haben. Dann kam die Moderne, in der die Geschichte neu beginnt, in der alles anders wurde. Die klassische Theatergeschichte endet mit Tschechow, genauso wie die Moderne mit Tschechow beginnt.

*

Insgesamt sind es erstaunlich wenig Stücke, die in den 2500 Jahren, die die Geschichte des Theaters schon dauert, zu jenem Kern des Theaters geworden sind, der es ausmacht und bestimmt. Auf der Suche nach dem Gott des Theaters, dem wir hier ja immer ein wenig huldigen, sind diese Stücke der Geist des Theaters – wenn denn die Schauspieler sein Körper sind.

Im Zentrum stehen dabei nicht die Stücke der Griechen, die die Sache erfunden haben, sondern die Stücke jenes Engländers, über den wir bereits gesprochen haben, jener Engländer, der zwischen Renaissance und Barock, zwischen den Königen Elisabeth und Jacob, zwischen katholischer und protestantischer Welt, zwischen Mittelalter und Neuzeit, zwischen Herz und Verstand versuchte, jenes Theater am südlichen Themse-Ufer in London mit Publikum zu füllen, an dem er beteiligt war. Der Theatererfinder Shakespeare war im Kern wahrscheinlich ein sehr kommerziell ausgerichteter Geschäftsmann, der sich auf seine Güter zurückzog und mit dem Schreiben aufhörte, als er mit dem Theater genug verdient hatte. Damit soll die Sache mit Shakespeare hier ihr Bewenden haben. Jeder im Theater sagt, dass Shakespeare der größte aller Autoren ist, auch das ist wie ein Ritus, der zum Theater dazugehört. Wir sagen es auch und lassen es gut sein.

*

Die weiteren Stücke, die das Theater wirklich ausmachen, das klassische Repertoire sozusagen, der Kanon, sind nicht eindeutig festgelegt, sie variieren natürlich auch von Land zu Land, aber es gibt doch einen erstaunlichen Konsens. Zu dem, was wir eben in der wahrscheinlich kürzesten Theatergeschichte der Welt aufgezählt haben, gehören noch ein paar weitere Autoren dazu. Einige Griechen und Römer gibt es noch, die aber nicht wirklich in den Kanon eingegangen sind. Zu Shakespeare muss man den jung gestorbenen Christopher Marlowe dazudenken, dessen Stücke ähnlich wüst und hochbegabt sind wie die des jungen Shakespeare.

Im neunzehnten Jahrhundert haben in deutscher Sprache vor allem Friedrich Hebbel und Franz Grillparzer geschrieben, aber man kommt auch im Theater ganz gut klar, wenn man nichts von ihnen kennt. Vielleicht sollte man Mozarts Opern, den *Figaro*, die *Zauberflöte* und *Così fan tutte*, als Dramen verstehen, wenn auch als etwas ungewöhnliche. Denn vielleicht ist in ihnen der Geist der Komödie am besten eingefangen.

Die meisten der Autoren, die noch dazugehören, stammen aus unserem Jahrhundert: der Italiener Luigi Pirandello, der vor allem für seinen Dramentitel *Sechs Personen suchen einen Autor* unsterblich geworden ist. Der Spanier Federico Garcia Lorca, der die Hitze und Härte Spaniens in poetische Dramen mit großartigen Frauenrollen gegossen hat. Es gehören auch ein paar Amerikaner dazu. Neben Eugene O'Neill, der im zwanzigsten Jahrhundert Tragödien wie aus alter Zeit geschrieben hat, Tennessee Williams und Edward Albee, bei denen immer Psychokrieg herrscht, und Arthur Miller, der – und nicht Bertolt Brecht – mit dem *Tod eines Handlungsreisenden* das Drama von der Gnadenlosigkeit des Kapitalismus geschrieben hat.

Der größte Dramatiker des zwanzigsten Jahrhunderts war wahrscheinlich der zwar zuweilen komische und tragische, nach herkömmlichen Begriffen aber vollkommen untheatralische Ire Samuel Beckett, dessen Endzeitstücke sich immer weiter in sich zusammenzogen. Beckett ist das große Reduktionsgenie der Dramengeschichte. Es ist paradox, aber wahrscheinlich trotzdem wahr, dass gerade er nun der große Dramatiker der jüngsten Zeit ist, aber so merkwürdig ist das Theater nun mal.

Die meisten Autoren, die aus dem zwanzigsten Jahrhundert bleiben werden, haben aber in deutscher Sprache geschrieben. Ziemlich sicher muss man Hugo von Hofmannsthal und Ödön von Horváth in die ewige Liste aufnehmen. Hofmannsthal ist der letzte Klassiker im eigentlichen Sinn: mit vielen Umdichtungen und Opernlibretti hat er die klassischen Formen weitergeschrieben. Ödön von Horváth aber hat, mehr als Brecht und darin nur Büchner vergleichbar, den kleinen Mann zu einer Dramenfigur gemacht. Dabei neigt Horváth nicht dazu, diesen kleinen Mann zu idealisieren.

Sonst sind da noch Bertolt Brecht und Heiner Müller, die Hauptfiguren einer großen Traditionslinie. Brecht ist wahrscheinlich der letzte Dramatiker, der im Weltkanon einen selbstverständlichen Platz hat. Seine Stücke sind zweifelsfrei in den ewigen Dramenschatz eingegangen, sein *Herr Puntila und sein Knecht Matti* beispielsweise sind feste Figuren geworden. Als ein Autor der Gegenwart aber wird Brecht, anders als zum Beispiel Samuel Beckett, der nun auch schon längere Zeit tot ist, nicht mehr empfunden.

Dafür genießt Brecht das Privileg, in Heiner Müller einen kongenialen Weiterdichter gefunden zu haben. Aber Müller, der ein reiner Intellektuellenautor ist, zeigt auch das Brecht-Problem, das in dessen Weltanschauungsdramatik steckte.

Sicher gehört Thomas Bernhard mit seinen furchtbaren und komischen Wiederholungsschleifen dazu, vielleicht auch Elfriede Jelinek mit ihren Textteppichen. Max Frisch und Friedrich Dürrenmatt sind ebenfalls unverzichtbarer Bestandteil der Dramentradition, mindestens mit *Andorra* und mit dem *Besuch der alte Dame*, auch wenn diese beiden Stücke sehr »brechteln«. Das war's, diese Autoren und Dramen sind das Gerüst, an das man alles andere anbauen kann. Damit kommen Sie ganz gut klar.

Das Faszinierende ist nun, ich habe es schon gesagt, dass diese Stücke miteinander reden. Die Dramen führen tatsächlich ein Gespräch. Es sind nicht die Autoren, die da sprechen, eher schon die Figuren, im Kern aber sind es die Dramen selbst, die miteinander kommunizieren. Die Figuren, die Genres, die Situationen, die Stimmungen wiederholen sich in ihnen und sie wandeln sich. Damit sind nicht einmal die ungezählten Bearbeitungen und Weiterdichtungen gemeint, die fast jedes große Drama gefunden hat. Damit sind die heimlichen Umdichtungen und Umdeutungen gemeint, die in manchen Fällen nicht mal dem Autor bewusst sind.

Ein schönes Beispiel dafür ist die Liebe und *Romeo und Julia*. Shakespeare schrieb das Stück als junger Mann vor 1597, als es veröffentlicht wurde. *Romeo und Julia* ist seine erste echte Tragödie. Es ist das Drama der kompromisslosen romantischen Liebe geworden, als solches weder von ihm noch von irgendjemand anderem jemals übertroffen. Die Liebe zwischen Romeo und Julia hat etwas Religiöses, sie ist so rein und groß, so seelenvoll, wie man sich eine ideale Religion vorstellt.

Wahrscheinlich konnte dieses etwas pastorale Stück dann gar nichts anderes mehr werden als eine Tragödie. Die beiden Liebenden müssen an der Idealität ihrer Liebe zugrunde gehen. Dieses Ende – man spürt es, kann es aber schwer glauben und noch schwerer beschreiben – hat etwas Notwendiges. Ihre Liebe war zu groß. Obwohl das nun wirklich ein großes Thema ist und Notwendigkeit der Durchführung immer als Qualitätskriterium gilt, neigen Kritiker und Literaturwissenschaftler trotzdem dazu, *Romeo und Julia* nicht ganz ernst zu nehmen. Vielleicht ist ihnen die Tragödie zu naiv, zu liebesselig. Vielleicht ist sie ihnen auch nur zu populär.

Wie immer ist das Publikum schlauer: *Romeo und Julia* hat eine bis heute andauernde Volkstümlichkeit, vielleicht ist es für das breite Publikum das Theaterstück schlechthin. Die populärste Szene dieses populären Stücks ist die Balkonszene aus dem zweiten Akt. Der berühmteste aller Balkone der Weltgeschichte wird allen Veronatouristen von ihren Fremdenführern gezeigt. Alle wissen sie dabei, dass dieser Balkon nicht existiert, nicht existieren kann, weil Julia nie existiert hat – und doch glauben alle, dass sie vor Julias Balkon stehen. Auch in diesem Fall ist das Publikum klüger als alle Wissenschaft. Denn wer wollte im Ernst behaupten, dass diese Julia weniger lebendig ist als andere Menschen. Sie ist um so vieles seelenvoller als wir alle zusammen.

Die Balkonszene ist die Szene, in der sich die beiden jungen Liebenden – sie ist gerade mal vierzehn Jahre alt – ihre Liebe schwören. Die Tiefe der Szene entsteht durch Julia, die oben auf dem Balkon steht. Sie glaubt so sehr an Romeo, dass sie auf seinen Schwur verzichtet, sie vertraut so sehr der Stimme ihres Herzens, dass sie keine Beweise sucht. So verabschiedet sie Romeo mit den schönen Worten: »Nun gute Nacht! So süße Ruh und Frieden, wie mir im Busen wohnt, sei dir beschieden.« Als er, ungestümer als sie, nicht von ihr lassen will oder kann, fragt sie, was er noch begehrt. »Gib deinen treuen Liebesschwur für meinen«, sagt er fordernd. »Ich gab ihn dir, eh' du darum gefleht; und doch, ich wollte, er stünde noch zu geben«, ist ihre wunderbare Antwort, unendlich zart und feinfühlend (man verzeihe mir die schwärmerischen Worte).

Das Frappierende an dieser Julia ist, dass man ihr bei aller Poesie jedes Wort glaubt, dass ihre Worte die Qualität jeder Liebesrhetorik weit hinter sich lassen. Romeo, nicht ganz so zartfühlend wie sie, ist trotzdem verunsichert. Da sagt sie: »So grenzenlos ist meine Huld, die Liebe so tief ja wie das Meer. Je mehr ich gebe, je mehr' auch hab ich: beides ist unendlich.«

An dieser Stelle, in der Unendlichkeit, beginnt bereits der Tod spürbar zu werden, der in diesem Stück der notwendige Begleiter der Liebe ist. Er ist weniger der Feindschaft zwischen den beiden Familien

Capulet und Montague zuzuschreiben als der Grenzenlosigkeit des Gefühls. Vom ersten Moment an hat sich die Liebe zwischen ihnen vollständig erfüllt, nur durch Tragik und Tod kann diese Liebe so ewig und unendlich werden, wie sie empfunden wird. Solche Art romantischen Lyrismus ist einerseits schwer auszuhalten, andererseits dürfte genau hier der Grund der enormen Popularität des Stückes liegen. Die verfeindeten Familien sind dann eher der notwendige Hintergrund, um den Untergang dramaturgisch vollziehen zu können.

*

In jedem Fall ist die Feindschaft zwischen den Familien wie das Gegenstück zur bedingungslosen Liebe zwischen Romeo und Julia. Sie ist das stärkste Moment einer auch sonst liebesfeindlichen Umwelt. Als Friedrich Schiller an seinem *Wallenstein* gerungen hat, das größte Projekt seiner Dramatikerlaufbahn, hat er sich mit anderen Fragen als reiner Liebe herumgeschlagen. Es ging vor allem um die Übertragung von Historie ins Drama und um historische Größe. Es ging also um Politik, und die hat, man weiß es, mit Liebe nicht viel am Hut. Trotzdem spürte Schiller die Notwendigkeit, die beiden Liebenden Max und Thekla, er ist Octavio Piccolominis Sohn, sie Wallensteins Tochter, in das Drama einzubauen.

Für Max gibt es kein historisches Vorbild. Octavio ist vom Kaiser als Wallensteins Nachfolger bestimmt worden, er ist also bereits Wallensteins Gegenspieler. Schiller schreibt an Goethe, dass die Liebe zwischen Max und Thekla sich entgegen der sonstigen zielvollen Handlung durch die Freiheit von allen Zwecken auszeichne. Das sah Schiller damals noch als Problem, da untheatralisch, gleichzeitig spürte er, dass sie sein Drama bereichern würde.

Schillers fertiges Drama zeigt die beiden Liebenden dann weitaus deutlicher und präziser als Shakespeares Familientragödie als Spielball politischer Interessen. Wallenstein will, obwohl er sich selbst zu Max hingezogen fühlt, Thekla gewinnbringend verheiraten, und das heißt, er will sie nicht Max geben. Er möchte durch die Heirat seine Macht festigen. Thekla erkennt, hellsichtiger als Max, dass man Maxens Verliebtheit benutzt, um ihn an Wallenstein zu binden.

Schiller baut sein Gegenstück zur Sphäre der Politik, in der alles den sogenannt höheren Zwecken der Macht untergeordnet ist, genau nach Shakespeares Modell. Explizit bezieht er sich nie auf Shakespeare und auf *Romeo und Julia*, es ist aber genau dieser Kontrast zwischen Liebe und Umwelt, den er bei Shakespeare vorgebildet fand. Fast erübrigt es sich zu sagen, dass Thekla und Max in dieser Welt werden sterben müssen.

Vielleicht hat Schiller beim Schreiben sich noch einmal *Romeo und Julia* vorgenommen und nachgelesen, wie Shakespeare es gemacht hat. Wir wissen es nicht. In jedem Fall reden Max und Thekla miteinander in einer Sprache der Liebenden, die Shakespeares Sprache zum Vorbild hat. Es ist die Sprache der Kinder, die vor den Eltern sterben, ja durch die Eltern sterben. Sie sprechen eine unverbildete Sprache des Herzens, an der sowohl Shakespeare als auch Schiller gearbeitet haben. Sie sprechen aus dem Gefühl und nicht aus den höheren Zwecken heraus. Es ist eine Sprache unvergleichlicher Zartheit, die einem unmittelbar ans Herz geht.

*

Ein dritter Dramatiker hat, kurz nach Schiller, ebenfalls an dieser Sprache gearbeitet. Heinrich von Kleist schrieb in seinem ersten Drama *Die Familie Schroffenstein* in der Spur von Shakespeare und Schiller weiter. Woher Kleist seine Inspiration für sein erstes Stück bezogen hat, ist unklar. Einer unsicheren Überlieferung zufolge ist es eine Kleidertauschszene zwischen Agnes und Ottokar, so heißen die beiden Liebenden dieses Stücks, die am Anfang der Arbeit stand.

Dieser Kleidertausch findet in einer Höhle statt und ist eine Art erotischer Fantasie. Ottokar entkleidet Agnes, aber nicht um sie zu lieben, wie sie für einen Moment glaubt, sondern um sie zu verkleiden.

Er gibt ihr sein Gewand und zieht selbst ihres an. Damit will er seinen herbeistürmenden Vater überlisten, der Agnes ermorden möchte. So geschieht es auch. Der Vater stürzt sich in der Höhle nun aber auf seinen eigenen Sohn statt auf die Tochter des verfeindeten Hauses und ermordet ihn.

Kleist ist zu diesem frühen Zeitpunkt, am Anfang seines Dichtens, noch nicht in der Lage, für die Liebenden eine Sprache zu finden, aber er ist schon in der Lage, das Motiv von Schiller und Shakespeare in einer zugespitzten Szene zu verdichten. Vor den Eltern sterben die Kinder, mehr, die Eltern ermorden ihre eigenen Kinder.

Die Szene bekommt durch die Zuspitzung nicht nur etwas höchst Tragisches, sondern auch etwas Groteskes. Der herzzerreißende Kontrast, der bei Shakespeare und Schiller zwischen der verfeindeten oder nur an politischen Zwängen orientierten Väterwelt und der zart verliebten Welt der Kinder als verstärkender Hintergrund der Liebesgeschichte oder der politischen Entwicklung dient, wird bei Kleist zum Selbstzweck. Agnes und Ottokar versuchen weitaus hilfloser, weitaus bedrängter von der Familie als bei Shakespeare, eine Sprache der Liebe zu finden. Wo Shakespeare eine Tragödie geschrieben hat, Schiller ein historisches Gedicht, hat Kleist insgesamt eine Groteske verfasst: Das gesamte Stück ist auf die Zuspitzung des Konflikts zwischen Eltern und Kindern hin konstruiert. In dem Stück steckt von Anfang an das Hohnlachen über Eltern, die ihre Kinder töten.

Vergleicht man die drei Texte, Shakespeares Lyrismus, Schillers von politischen Rücksichten durchsetztes Sprechen auch bei Thekla und Max und die irrwitzige Unmöglichkeit der Liebe, das verhinderte Vertrauen bei Kleist – sie alle drei sind unterschiedliche Reaktionen auf die gleiche Ausgangslage: die reine Liebe zwischen zwei gerade erwachten Jugendlichen, die in der Welt, die die Väter geschaffen haben, unmöglich ist.

Niemand wird eines der drei Dramen ansehen können, ohne an den entsprechenden Stellen schmerzliches Mitleid zu empfinden. Das aber ist bedauerlicherweise ein Problem geworden. Mitleid ist, seit es das Drama gibt, das Zentralwort der Dramentheorie. Über das Wort ist seit Aristoteles unendlich viel geschrieben worden. Die Geschichte der Dramentheorie ist fast eine Geschichte der Aristoteles-Rezeption, und der Kern dieser Rezeption liegt meistens in der Übersetzung der Worte »Eleos« und »Phobos«. Lessing hat sie mit »Mitleid« und »Furcht« übersetzt, was die klassische Übersetzung geblieben ist, obwohl seit Längerem überzeugend dargelegt wird, dass »Jammer« und »Schauder« weitaus treffendere Übersetzungen sind.

Eleos, Mitleid, Jammer, was soll das sein? Mittlerweile ist jeder so verunsichert, dass man sich die Worte Furcht und Mitleid oder Jammer und Schauder nur noch mit spitzen Fingern anzufassen traut. Irgendwie ist in der langen Geschichte des Wortes das Wesentliche verschüttet worden. Wir wissen gar nicht mehr, was wir uns darunter vorzustellen haben.

Dabei ist doch vergleichsweise einfach, was gemeint ist. An den drei verwandten Szenen von Shakespeare, Schiller und Kleist kann man sehen, worum es geht, denn da gibt es immer »Eleos«. Es meint das heftige Gefühl, das einen ergreift, wenn man dem unverschuldeten Unglück anderer Menschen zusieht.

Wenn man sich vorstellt, dass man dabei »Wie schlimm!« oder »Schau mal, wie furchtbar!« ruft, ist das sicher nicht verkehrt. Man empfindet mit den Unglücklichen und bangt um sein eigenes Leben und Glück. Dieses Gefühl aber hat laut Aristoteles befreiende Wirkung, und nichts anderes ist die berühmte Katharsis.

Ich kann mir nicht helfen, aber ich finde, dass »Mitleiden« dafür immer noch ein besserer Ausdruck als »Jammer« ist. Mitleiden heißt Miterleben, Mitgehen, in einer anderen Haut stecken. Mitleid heißt aber auch Teilnehmen, sehr wohl wissen, dass man nicht unmittelbar selbst gemeint ist, gleichwohl aber das emotionale Interesse an dem Gegenstand bzw. der Person erhalten und das dann auf sich beziehen. So verstanden ist Mitleid jene wunderliche Kraft, die das Drama am Leben hält.

»Kein Kaiser hat dem Herzen vorzuschreiben. Und willst du mir das Einzige noch rauben, was mir mein Unglück übrig ließ, ihr Mitleid«, fragt Max seinen Vater Octavio in *Wallensteins Tod*. Da haben wir das Wort Mitleid in seiner einfachen klaren Form. Mitleid ist das, was wir von anderen im Moment des Unglücks bekommen. Oder: Geteiltes Leid ist halbes Leid. Das Drama ist die Schule dieses Gefühls. Das ist der Kerngedanke des Theaters in Deutschland, ob man das nun moralische Anstalt nennt, wie Schiller, oder es bleiben lässt. Das hat nicht nur mit Erziehung zu tun, sondern ist auch der Grund des Vergnügens an theatralen Gegenständen. Geht man ins Theater, muss man zu Regungen, die dieses Mitleid sein können, bereit sein. Das steckt übrigens auch schon in Aischylos' *Persern*, auf deren Seite sich ihre Gegner, die Griechen, begeben haben.

NACHWORT MIT MICROPORT

Sprechen fristet in unserer Kultur ein Dasein im Schatten von Bild und Schrift. Es gilt zwar als echter, authentischer, weil körpernäher als die geschriebene Sprache. Das führt aber keineswegs dazu, dass ihm mehr Autorität zugestanden würde – im Gegenteil. In Kultur, Wissenschaft und Medien herrschen Schrift oder Bild über das Sprechen. Die Vorherrschaft des Digitalen tut seit einiger Zeit ein Übriges: die gesprochene Sprache wirkt unverbesserlich analog.

Vielleicht kommt es daher, dass Theater und mit ihm alle, die dort arbeiten, einen Mündlichkeitskomplex haben. Sie halten alle, in einer verborgenen Falte ihrer Seele, die sie öffentlich nie zeigen würden, das Theater für eine minderwertige Kunst. Das ist tragisch. Sie haben ja recht. Nichts am Theater ist für die Ewigkeit gemacht. In dem Moment, in dem es ist, ist es auch schon wieder verflogen. Man kann es nicht kaufen und nach Hause tragen. Das Theater ist wesentlich nicht Sprache, sondern Sprechen.

Nun ist das, worum es hier die gesamte Zeit ging, Sprechtheater. In der Vergangenheit gehörten Sprechtheater, Tanztheater und Musiktheater meist zusammen. Dass es heute ein Singspiel, bekannter unter dem Namen Oper oder Operette, und ein Tanztheater, auch Ballett genannt, gibt, ist Ergebnis einer langen, nicht immer glücklichen Geschichte des Theaters.

Obwohl das Sprechen also ohne Zweifel im Zentrum des Sprechtheaters steht, ist das Sprechen im Sprechtheater alles andere als selbstverständlich. Das Sprechen zieht sich immer weiter aus dem Theater zurück. Viele Theatermacher wollen es dort nicht mehr sehen. Sie sagen: Wir wollen mit dem Körper sprechen, weil wir an das Wort nicht glauben. Das Wort klingt im Theater falsch, wie eine Pose. Es wird sofort schwergewichtig und bekommt unweigerlich etwas Offiziöses. Das ist sicher nicht von der Hand zu weisen, eine Antwort auf die Zukunft des Sprechtheaters aber kann es genauso sicher nicht sein.

Auf der anderen Seite heißt es, dass die Schauspieler nicht mehr sprechen könnten, dass es die große Sprech-, Sprach- und Stimmkultur, die so lange auf der Bühne zu Hause war, nicht mehr gebe. Auch diese Haltung hat etwas für sich, gleichzeitig ist sie aber unverbesserlich anachronistisch. Sie tut so, als sei die Welt – im Theater und sonst auch – seit hundert Jahren gleich geblieben, als könne man heute so sprechen wie zu der Zeit, als es nicht einmal Grammophone, geschweige denn Medien und Werbung gab.

Übrig geblieben, als kleinster gemeinsamer Nenner, ist eine eigenartige Angst vor dem hohen Ton. Diese Angst ist heute die wichtigste geheime Vereinbarung zwischen Schauspielern und Zuschauern. Sie wird nicht ausgesprochen, sie wird nicht diskutiert, aber sie ist da. Das Theater tut heute alles, um authentisch und nicht nach Deklamation zu klingen. Schauspieler sehen Film und Fernsehen, wo man alltägliche Sätze alltäglich sagt, kommen ins Theater und müssen da Shakespeare sprechen, der ganz anders klingt, oder Tschechow, der auch nicht klingt wie »Hallo Schatz! Wie war dein Tag?« Schauspieler aber wollen so sprechen, dass es echt, lebendig, zeitgemäß und damit überzeugend wirkt. Schauspieler wollen unbedingt so klingen, dass sie sich selbst glauben können.

Deswegen ist der Microport – seit etwa zehn Jahren auf den Bühnen verwendet – das wichtigste Werkzeug des Theaters geworden. Es handelt sich um ein kleines, fest am Kopf installiertes Mikrofon, das den Schauspieler nicht weiter behindert und für den Zuschauer kaum sichtbar ist. Das also eigentlich gar nicht da ist. Es ermöglicht dem Schauspieler, zu sprechen wie im Film: beiläufig, flüsternd, alltäglich. Und es ist das ideale Gerät gegen den hohen Ton, gegen das Übertriebene und Pathetische.

Die Schauspielschulen, an denen die kommenden Generationen von Schauspielern ausgebildet werden, befinden sich also in einer schwierigen Situation. Sie müssen den Schauspielern Stimmtechnik mitgeben, dürfen sie aber nicht zu einem rhetorischen Ton erziehen. Sie müssen Sprechtechniken wie die Vokalbildung lehren, den Schauspieler aber gleichzeitig als Persönlichkeit ausbilden, der dann zusammen mit einem Regisseur in der Lage ist, eine eigenständige Interpretation des Hamlet zu erarbeiten.

Die Schauspielschulen müssen den Schauspieler also als eigenständiges, eigenverantwortliches, teamfähiges Individuum entwickeln und ihn Techniken lehren, die immer etwas Mechanisches behalten werden. Das ist ein Paradox. Gelänge es, dies aufzulösen, hätte man das Theater der Zukunft. Das Theater wäre dann kein Regietheater mehr, sondern eine Art intelligentes Schauspielertheater.

*

Dieses Buch hat die meiste Zeit so getan, als sei das Theater eine einheitliche Angelegenheit, als gäbe es irgendwo eine gemeinsame Vorstellung vom heutigen Theater. Nichts aber ist weniger der Fall. Es gibt im Gegenteil heute unglaublich viele unterschiedliche Vorstellungen von Theater. Sie waren in seiner gesamten Geschichte mit Sicherheit noch nie vielfältiger als heute.

Es kann vorkommen, dass man an zwei aufeinanderfolgenden Tagen in ein und demselben Theater zwei Aufführungen sehen kann, die nicht nur grundverschieden sind, sondern die sich widersprechen. In der Gralsburg der Theaterkunst, im Wiener Burgtheater, gingen in der letzten Zeit die Stile, etwa von Andrea Breth und René Pollesch, ziemlich wild durcheinander.

Und trotzdem gab es bei aller Vielfältigkeit und Widersprüchlichkeit immer etwas Verbindendes. Alles hat sich aufgesplittert, nur das Theater kämpft noch immer um eine Einheit – und es ist nicht die des Ortes und der Zeit. Es ist die der Institution. Man muss nur das Theater mit der Musik vergleichen, wo es unterschiedliche Szenen gibt, die nichts, aber auch gar nichts miteinander zu tun haben. Klassik, Jazz, Pop und Volksmusik sind da nur grobe Einteilungen, tatsächlich lässt Verfechter von Originalinstrumenten Lang Lang eher ratlos zurück; wer Bob Dylan gut findet, findet Tokio Hotel wahrscheinlich doof; wer Portishead mag, muss Massive Attack noch lange nicht gut finden; und wer Miriam Makeba mag, wird mit der Volksmusik im Fernsehen wenig anfangen können.

Im Theater aber lebt das alles zusammen. Das hat einerseits natürlich etwas Zwanghaftes. Aber es ist auch eine schöne Utopie: ein Ort, an dem sich wirklich die gesamte Gesellschaft versammelt, an den jeder mit seinen Vorlieben und Abneigungen kommen kann und an dem man am Ende auch noch über die Geschmäcker, über die sich eben schon streiten lässt, reden möchte. Das Theater ist nicht nur ein Speichermedium für alte Texte, es ist die letzte Institution, die uns alle verbindet.

Entsprechend ist der zeitgemäße Intendant heute ein Verbinder. Er ist, wie Ulrich Khuon oder Frank Baumbauer, einer, der Unterschiedlichstes nebeneinander bestehen und blühen lassen kann. Er ist ein Vermittler, einer, der am besten nicht selbst inszeniert, sondern verschiedene Stile verbindet. Was ist besser: ein regieführender oder ein nicht inszenierender Intendant? Diese Frage, die die Kulturpolitiker bei der Suche nach geeigneten Intendanten lange beschäftigt hat, ist mittlerweile entschieden. Der nicht regieführende Intendant ist die zeitgemäße Interpretation dieser Rolle.

Diese Art von Theater als Verbindung aller Sphären ist eine durch und durch deutsche Angelegenheit. Und das deutsche Stadttheater, diese weltliche Kirche in der Mitte des Dorfes, ist die Institutionsform dieses Theaters. Es ist immer noch flächendeckend über das Land verstreut. Niemand weiß, wie es mit diesem Stadttheater weitergeht, es gibt genug Auguren, die seinen Untergang prophezeien. Es erweist sich aber andererseits auch als ziemlich widerstandsfähig und innovativ. Nicht immer leben Totgesagte länger. Aber das Stadttheater behauptet nun schon lange tapfer seine bedrängte Position. Das ist doch schön.

FOTO- UND BILDNACHWEIS

Seite 4/5
Thalia Theater, Hamburg,
Zuschauerraum
ohne Publikum
© Matthias Vogel

Seite 11
Martin Perscheid, Ohne Titel
© PERSCHEID / Distr. Bulls

Seite 12
Düsseldorfer
Schauspielhaus,
Macbeth
© Sonja Rothweiler

Seite 18
Burgtheater, Wien, *Viel Lärm
um Nichts*
© Georg Soulek, Burgtheater

Seite 26, beide Fotos
Schauspielhaus Zürich,
Hamlet
© Leonard Zubler

Seite 34
Hauck & Bauer, Ohne Titel
© Hauck & Bauer,
www.hauckundbauer.de

Seite 39
Salzburger Festspiele, *König
Ottokar*
© Hans Jörg Michel

Seite 42
Tatort, Axel Milberg
© picture-alliance / dpa

Seite 49
Freimut Woessner, Ohne Titel
© Freimut Woessner

Seite 56
Volksbühne am Rosa-Luxem-
burg-Platz, Berlin
© drama-berlin.de

Seite 65
Deutsches Theater Berlin,
Vorhang
© Freese / drama-berlin.de

Seite 69
Rudi Hurzlmeier, Ohne Titel
© Rudi Hurzlmeier

Seite 73
Martin Perscheid, Ohne Titel
© PERSCHEID / Distr. Bulls

Seite 76
Schauspiel Köln,
*Die Erscheinungen der
Martha Rubin*
© Sørensen, Köstler

Seite 85
Deutsches Theater Berlin,
Die Perser
© Freese / drama-berlin.de

Seite 94
Theater Basel,
Der Kirschgarten
© Sebastian Hoppe

Seite 99
*Empty Stage with
Blue Wall and Two Doors*
© Jim Vecchi / Corbis

Seite 101
Theater Basel, *Virus*
© Klaus Fröhlich

Seite 104
Deutsches Schauspiel-
haus in Hamburg,
Die Möwe
© Wonge Bergmann

Seite 108
Burgtheater, Wien,
Glaube und Heimat
© Christian Brachwitz

Seite 111
Rattelschneck, Ohne Titel
© www.rattelschneck.de

Seite 117
Freimut Woessner, Ohne Titel
© Freimut Woessner

Seite 119
Volksbühne am Rosa-Luxem-
burg-Platz, Berlin,
L'affaire Martin
© Braun / drama-berlin.de

Seite 126
Christoph Schlingensief
© Braun / drama-berlin.de

Seite 130
Schauspielhaus Zürich,
Hamlet
© Leonard Zubler

Seite 132
Ruhrtriennale, *Eine Kirche der
Angst vor dem Fremden in mir*
© David Baltzer /
bild-buehne.de

Seite 139
Volksbühne am Rosa-Luxem-
burg-Platz, Berlin, *Schmutzige
Hände*
© drama-berlin.de

Seite 147
Schauspielhaus Zürich,
Was ihr wollt
© Leonard Zubler

Seite 150
Volksbühne am Rosa-Luxem-
burg-Platz, Berlin, *Murx den*

*Europäer! Murx ihn! Murx ihn!
Murx ihn! Murx ihn ab!*
© drama-berlin.de

Seite 154
Münchner Kammerspiele,
Die drei Schwestern
© Arno Declair

Seite 166
Dresdner Staatsschauspiel,
Die Dresdner Weber
© Hans-Ludwig Böhme

Seite 171
Salzburger Festspiele,
Molière – eine Passion
© Matthias Horn

Seite 175
Schauspielhaus Zürich,
Elementarteilchen
© Leonard Zubler

Seite 177
Münchner Kammerspiele,
Anatomie Titus
© Andreas Pohlmann

Seite 182
Fritz Kortner
© Liselotte Strelow /
Presseamt Bundesregierung

Seite 186, *oben*
Thalia Theater, Hamburg,
Nora
© Arno Declair

Seite 186, *unten*
Schaubühne Berlin, *Nora*
© Foullois / drama-berlin.de

Seite 191
Deutsches Theater Berlin,
*Wer hat Angst vor Virginia
Woolf?*
© Freese / drama-berlin.de

Seite 193
Schauspielhaus Zürich,
im Schiffbau
Hier und Jetzt
© Matthias Horn

Seite 202
Deutsches Schauspielhaus
in Hamburg, *Othello*
© Arno Declair

Seite 209
Nicolas Mahler, *Ökodrama*
© 2009 Nicolas Mahler

Seite 218
Thalia Theater, Hamburg,
Das letzte Feuer
© Arno Declair

Seite 231
Freimut Woessner, Ohne Titel
© Freimut Woessner

Seite 239
Schauspielhaus Zürich,
Die Perser
© Tanja Dorendorf

Seite 253
Rattelschneck, Ohne Titel
© www.rattelschneck.de

Seite 257
Hauck & Bauer, Ohne Titel
© Hauck & Bauer,
www.hauckundbauer.de

Seite 264
Thalia Theater, Hamburg,
Zuschauerrraum mit
Publikum
© Arno Declair

Seite 8/22/54/82/
112/206/228/254
Detail aus der Umschlags-
illustration © PERSCHEID /
Distr. Bulls

Dank an die vielen Schauspieler, Regisseure, Dramaturgen und an alle anderen, die mit mir über das Theater diskutiert haben.